高等学校通识教育系列教材

大学生创新创业基础

主　编　张会利　高泽金

参　编　杨启梅　刘晓云　孔令浩　冯育强　周　霆

　　　　汪汝武　李金泉　毛晓丹　贺嘉贝　郝春艳

主　审　吕　勇

西安电子科技大学出版社

内容简介

　　本书立足新时代背景之下高校创新创业教育的需求，着力体现时代特点，反映高校创新创业教育新探索。作为面向低年级学生创新创业类课程的通识课教材，本书介绍了创新的概念、创新思维、创新方法、创新能力、创新方法和创业的概念、创业机会、创业团队管理、创业计划、创业资源、PPT 设计与创业路演、企业的创立与管理、创新创业训练计划与大赛等内容，并结合新工科、新医科、新农科、新文科的要求，注重专创融合和创新创业新实践，着重培养大学生的创新思维、创业意识、创新创业精神和能力。

　　本书既可作为高校本科和专科学生的通识课教材，也可作为有志于创新创业的社会青年的启蒙读本，还可作为创新创业教师的参考用书。

图书在版编目 (CIP) 数据

大学生创新创业基础 / 张会利，高泽金主编 . -- 西安：西安电子科技大学出版社，2023.9
(2024.7 重印)
ISBN 978－7－5606－7023－2

Ⅰ . ①大…　Ⅱ . ①张…　②高…　Ⅲ . ①　大学生—创业　Ⅳ . ① G647.38

中国国家版本馆 CIP 数据核字 (2023) 第 160011 号

策　　划　秦志峰　杨丕勇
责任编辑　秦志峰　杨丕勇
出版发行　西安电子科技大学出版社 (西安市太白南路 2 号)
电　　话　(029)88202421　88201467　　　　邮编　710071
网　　址　www.xduph.com　　　　　　　电子邮箱　xdupfxb001@163.com
经　　销　新华书店
印刷单位　陕西精工印务有限公司
版　　次　2023 年 9 月第 1 版　　2024 年 7 月第 2 次印刷
开　　本　787 毫米 ×1092 毫米　1/16　印张　15.5
字　　数　365 千字
定　　价　48.00 元
ISBN 978－7－5606－7023－2
XDUP 7325001－2
*** 如有印装问题可调换 ***

当前，世界百年未有之大变局加速演进，新一轮科技革命和产业变革蓬勃兴起，全球科技创新进入密集活跃期，颠覆性技术创新层出不穷，新产业、新业态相继出现，引发了生产力和生产关系的重大调整。科技创新是增强国家核心竞争力的不二选择，并因此成为国际战略博弈的主战场。培养创新型人才，是国家、民族长远发展的大计，事关国家长治久安和民族复兴。党和国家事业发展对拔尖创新人才培养的要求比以往更为迫切。高校作为创新人才培养的主力军、科技创新的策源地，担负着比以往更加崇高而艰巨的历史使命。加强创新创业教育，培养更多符合现代化强国建设需要的创新型人才，是高校实现高质量发展的必然选择。

2015 年 10 月，国务院印发《统筹推进世界一流大学和一流学科建设总体方案》，提出推进世界一流大学和一流学科建设 (以下简称"双一流"建设)，强调深化高校创新创业教育改革，全面提升大学生创新能力，培养一批具有国际视野的拔尖创新人才。"双一流"建设进一步推动了高校创新创业教育的发展，高校创新创业课程建设力度明显增强，学生的创新精神、创业意识和创新创业能力显著提升。各高校也进行了有益的尝试，开发了不少各具特色的创新创业教材。但不同类型的高校，应该有体现时代发展和要求、适合本校培养特色的校本教材，以更好地满足新时代创新创业人才培养的需要。为此，我们组织一直从事创新创业理论教学与实践工作的一线教师及企业家，总结了教学、科研、创业及管理方面的经验，编写了本书。

作为启蒙性普及教材，本书主要面向低年级大学生，以普及创新创业基本知识和技能，提升大学生创新创业意识，激发大学生创新创业热情为主要目的。

本书的主要内容包括创新创业的基本理论知识和实践，主要围绕创新内涵、要素、实践，介绍创新的基本理论、创新思维和创新方法、大学生创新创业训练计划与大赛等内容。本书在内容上有以下三方面的特点：

其一，注重时代性。本书着眼于新时代对拔尖创新人才培养的要求，着力体现时代特点。

其二，注重针对性。本书的编写人员，大多都从事了多年的创新创业教育，有着较为丰富的教学实践经验，充分了解低年级学生的认知特点，因此所选内容符合当前创新人才培养要求，更易于被学生所接受。

其三，注重实践性。本书注重理论联系实际，实践可操作性较强，既有理论阐述，又有实践练习，有助于学生将知识转化为能力，促进学生创新创业精神的培养。

本书共 13 章，第一章由杨启梅编写，第二章由刘晓云编写，第三章由孔令浩编写，第四章由冯育强编写，第五章、第六章由周霆、李金泉编写，第七章由汪汝武编写，第八章由毛晓丹编写，第九章、第十一章由高泽金编写，第十章由贺嘉贝编写，第十二章由张会利编写，第十三章由郝春艳编写。全书由张会利负责统稿，由吕勇主审。

本书在编写过程中参考了相关的文献和研究资料，吸收了其中不少有益的见解和精彩的案例，在此对其作者一并表示感谢。

由于编者水平有限，书中难免有疏漏与不妥之处，敬请各位读者批评指正。

编　者

2023 年 6 月

目录 >>>>>

第一章 绪 论

第一节 创新与时代发展

一、"创新"的来源

创新是人类文明共通的核心理念，其内涵丰富而宽广。"创新"一词的英文"innovate"来源于 16 世纪中期拉丁文的"innovatus"，意为"重建、改变"，其动词是"innovare"，由"in"（变为）和"novare"（变成新的）构成，其含义指向创造、改革、新思想与新方法。换言之，创新即通过找到新的方法来改变事物，关键的意义在于"创造新价值"。中文中的"创新"一词最早出自《魏书·李彪列传》，作为北魏名臣，李彪将"革弊创新"视为先皇之志。在当代西方经济学中，"创新"一词最早是由美国经济学家约瑟夫·熊彼特于 1912 年出版的《经济发展理论》一书中提出的，他所指的创新是"建立一种新的生产函数"，或者是"生产要素的新的组合"，具体表现形式包括开发新产品，使用新的生产方法或者工艺，发现新的市场、原料或半成品，创建新的组织管理方式等。他把"创新"和因"创新"而使经济过程发生的变化，以及经济体系对"创新"的反映，称为经济发展。西方经济学关于创新问题的理论学派林立，各自都从不同视角论述了技术进步对经济增长的意义及内在机理，构成了庞杂的理论体系。

二、变革创新是中国的历史常态

在中华民族绵延 5000 多年的历史长河中，创新始终是中国的历史常态。创新思想古已有之。几千年前，中华民族的先民们就秉持"周虽旧邦，其命维新"的精神，开启了缔造中华文明的伟大实践。其后"维新"的思想对后世产生了深远影响。商汤时期的《盘铭》曰"苟日新，日日新，又日新"，要求时刻贯穿"创新"的精神。《易传·系辞传上》云"富有之谓大业，日新之谓盛德。生生之谓易"，从天人合一的角度，将天地之道概括为日新月异、气象万千，盛德大业兴焉。张岱年教授对此解释为："世界是富有而日新的，万物生生不息。""生"即是创，"生生"即不断出现新事物。新的不断代替旧的，新旧交替，继续不已，这就是"生生"，这就是"易"。此外，《易传》还提出，"天行健，君子以自强不息""穷则变，变则通，通则久"，将"变革"与"创新"视为事物的一体两面，强调"创新"是事物发展的根本规律。

　　自古以来，创新思想都贯穿于中国历史的长河中，中国大地上发生了无数变法（改革）图强运动，留下了"治世不一道，便国不法古"等豪迈宣言。春秋时期，秦孝公大胆起用商鞅，改革变法，革除弊政。商鞅首先在经济上"废井田开阡陌"，将原有氏族贵族制的井田制改为土地私有化，大大改善了生产要素的重组，打破了旧的奴隶制的生产关系，促进了封建生产关系的发展；其次，通过"重农抑商"，申饬农业的基础地位，鼓励农民垦荒，使得耕地面积大大增加，促进了农业的快速发展；再次，废除了原有的以血缘为基础的贵族封建制，改为郡县制，将全国的官吏选拔收归中央，强化中央集权，使得政令通达，施政效能得到极大提升；最后，通过奖励军功爵制，使得秦国军力大幅增强，最终促成了一统天下之势。商鞅变法十年，"秦民大悦，道不拾遗，山无盗贼，家给人足"。北宋神宗时期，为改变积贫积弱的局面，王安石发动了变法运动。改革以"理财""整军"为中心，涉及政治、经济、军事、社会、文化各个方面。在经济方面，以青苗法、募役法、方田均税法、农田水利法、市易法、均输法为主要内容；在军事方面，以保甲法、裁兵法、将兵法、保马法、军器监法为主要内容；在政治方面，改革科举制度、整顿太学、唯才用人。王安石的变法历经15年，使得北宋政府的财政收入大幅增加，大大抑制了豪强地主的土地兼并势力。其强兵之法，扭转了西北边防长期屡战屡败的局面。晚清时期，为救亡图存，康有为、梁启超等人发起了"维新变法"。戊戌变法虽然仅仅维持百日便以失败告终，但仍具有历史进步意义，使得清政府开始实行新政，推动知识分子由维新向革命转化，为中国近代社会的转型奠定了重要基础。

　　中国古代的科技创新不仅为中华文明的持续发展提供了重要的物质保障，而且加速了中国历史发展进程。在天文学领域，先后涌现出了《颛顼历》《甘石星经》《太初历》《大衍历》等著作；在数学领域，有《周髀算经》《九章算术》《缉古算经》等；在地理学领域，有张衡的地动仪、郦道元的《水经注》；在农学领域，有《氾胜之书》《齐民要术》《农书》《农政全书》《天工开物》；在医学领域，有《黄帝内经》《伤寒杂病论》《脉经》《唐本草》《千金方》《本草纲目》等著作。这些科技创新深刻影响了当时的社会生产，也正是由于不断的创新，才铸就了中国五千年文明连续演进的基本品格。

三、创新是推动人类社会发展的第一动力

　　16世纪以来，人类社会进入前所未有的创新活跃期。几百年里，人类在科学技术方面取得的创新成果超过过去几千年的总和。自18世纪中叶英国工业革命开始，创新逐渐成为世界发展的主旋律。世界发生了多次重大科技革命，如近代物理学的诞生、蒸汽机和机械、电力和运输、相对论和量子论、电子和信息技术发展等。在这些科技革命的带动下，世界经济发生了多次产业革命，每一次科技和产业革命都深刻改变了世界发展面貌和力量格局。

（一）第一次工业革命——手工劳动向机械化的跨越

　　18世纪初，第一次工业革命最先在英国发生，以蒸汽机为标志的第一次工业革命率先实现了人类生产方式和生活方式从手工劳动向机械化的跨越。它彻底改变了人类的生产方式和生活方式，奠定了现代经济社会的基础。它不仅是一次技术改革，更是一场深刻的社会革命，而这场变革本身就是创新。

英国率先走上工业之路离不开其领先于世界的创新意识。在政治领域，当世界各国还处在封建制以及割据状态下时，英国已经确立资本主义制度，这为英国资本主义的迅速发展奠定了基础；在经济领域，英国进行海外殖民扩张以及奴隶贸易，不仅开辟了广阔的海外市场，也掠夺了大量的财富，为工业革命的发展准备了市场和资金；在劳动力市场，英国新兴的资产阶级和新贵族通过暴力把农民从土地上赶走，强占农民份地及公有地的"圈地运动"，使得土地上的农民成为自由劳动力；而工场手工业时期积累的生产技术为英国的发展提供了技术条件，一场解放生产力的创新革命顺势而生。可以说，第一次工业革命是时代发展的必经之路，是政治、经济、文化发展的必然选择。英国工业革命首先出现在纺织领域，从钟表匠凯伊的飞梭到哈格里夫斯的"珍妮机"，从理发师阿克莱特的水力纺纱机到克伦普顿的"骡机"，再到卡特莱特的动力织布机。在这一过程中，纺织效率在短短 50 年内比以前提高了近 40 倍。纺织领域的创新更是推动了采煤、冶金等众多工业领域的发展。机器的产生，对动力有了新的要求。传统的水力、风力等动力因受到各种条件的限制而不适用于社会发展的需要，此时代表着新的动力的蒸汽机应运而生。1785 年，瓦特制成的改良蒸汽机投入使用，为生产提供了更加便利的动力，推动了机器的普及和应用，人类社会由此进入了"蒸汽时代"；在蒸汽动力驱动下，汽船、蒸汽机车等发明相继涌现。19 世纪中叶英国率先完成了工业革命，成为世界上第一个工业国家。继英国后，法国、美国、德国、俄国、日本等国家也陆续开始了工业革命，一场创新的风暴迅速蔓延至全世界。

第一次工业革命大大加强了世界各地之间的联系，确立了资产阶级对世界的统治地位。以蒸汽机为标志的这场史无前例、影响深远的革命导致了机器制造业、钢铁工业、运输工业的蓬勃兴起，初步形成了完整的工业技术体系，开启了欧美各国工业化道路，特别是 1830 年蒸汽机车与铁道组成的运输系统的完成，使蒸汽机车和铁道在当时没有其他交通工具可与之竞争的情况下迅速普及到欧美和俄罗斯，促进世界发生了翻天覆地的变化。英国在率先完成工业革命后很快成为世界霸主。虽然第一次工业革命加速了以英国为首的霸权主义向世界范围的扩张，但在客观上传播了先进的生产技术，冲击了旧思想和旧制度，为进一步思想解放、制度变革和科技革命奠定了基础。

（二）第二次工业革命——蒸汽时代向电气时代的转变

19 世纪末 20 世纪初，世界科学技术由蒸汽时代进入了电气时代，这是第二次工业革命。第二次工业革命也有其产生的条件：一是第一次工业革命为第二次工业革命积累了宝贵经验；二是世界政治、经济、理论领域发生了更为深刻的变革，资本主义制度在世界范围内的确立为第二次工业革命提供了政治保障；三是大机器生产下的资本积累以及对殖民地的商品输出和掠夺积累了大量资金；四是能量守恒和转化定律以及电磁科学为第二次科学技术革命提供了理论支撑；五是随着资本主义工业生产的发展，第一次工业革命的蒸汽动力逐渐暴露出效率较低、结构笨重、传动操纵系统不灵便、使用不够安全、蒸汽动力不能远距离输送等缺陷。在这样的条件下，各国顺应历史发展的要求，积极在生产领域进行创新。在电磁理论的指导下，发电机和电动机相继于 19 世纪中叶后问世，并逐渐应用到工业生产领域，这是一次动力领域的巨大创新。电力作为一种方便利用的能源，突破了以往蒸汽的弊端，成为技术和产业发展的强大动力。许多国家的工业结构由此发生了重大变化。随后，有线电报、电话、无线电报等相继出现，通信领域也进行了一场大变革，大大改变了人们的生活方式。电子理论的确立还促使了一大批新兴学科的出现，如无线电学、微电子学、射电天文学、X射线学、高能物理学等，进一步推动了技术的创新。此外，内燃机的发明使汽车和飞机制造成为可能，从而促使汽车、飞机、轮船、石油等工业相继兴起并不断发展。从这个时期开始，工业化真正走进了广大民众的生活，特别是电既可作为工业生产、交通工具的动力，又可直接作为家庭生活的能源，深刻改变了人们的生活。

第二次工业革命是对第一次工业革命的继承和发展。首先，第二次工业革命以发展重工业为主，以改变旧的工业格局为目的，确立了重工业在国民经济中的统治地位。其次，第二次工业革命是科学的理论与实践相结合的产物，第二次工业革命的产生有其理论基础，实现了从理论到实践的飞跃。再次，第二次工业革命在规模上是自开始就相继在几个国家发展起来的，新的技术和发明也随后在多国迅速发展起来。第二次工业革命使创新真正成为了社会趋势及发展潮流。

美国抓住了第二次工业革命的机遇，赶超英国，成为世界第一。如果说第一次工业革命是以机器生产代替手工生产、以工厂制代替手工工场制，那么第二次工业革命则催生了垄断制。企业的规模进一步扩大，劳动生产率进一步提高，极大地促进了生产力的发展，社会面貌发生了翻天覆地的变化，加速了资本主义对世界的统治。

（三）第三次工业革命——电气化向信息化的变革

第三次工业革命是人类社会史上继蒸汽技术革命和电力技术革命之后科技领域的又一次巨大创新。20世纪40年代末50年代初开启了以原子能、电子计算机、空间技术等为代表的第三次科技革命，这场革命在上个世纪50年代到70年代初达到高潮，在80年代则以更大的势头发展着。它是基于科学理论的又一次重大创新。爱因斯坦的相对论和量子力学的提出，将人们从宏观世界引向微观世界，而第二次世界大战（以下简称二战）后初期出现的控制论、信息论和系统论也成为其发展的理论基础。第二次工业革命中无线电技术的发展为电子计算机的产生奠定了基础。二战时期交战双方为取得战争的胜利，纷纷进行了科技创新，加速科技革命的到来。二战结束后，各资本主义国家为发展而纷纷调整生产关系并通过教育来培养创新型技术人才，国家对于科技的投入使得科学研究能够有计划、有组织地展开，直接推动了科技革命的产生和发展。

第三次科技革命在原子能技术、电子计算机以及空间技术等领域取得了突破性的进展。在原子能方面，继1945年美国成功地试制原子弹后，苏联、英国、法国和中国相继试制核武器并取得成功。在电子计算机领域，从20世纪40年代后期的第一代计算机——电子管计算机的产生到1959年的晶体管计算机，再到80年代的智能计算机，再到90年代的光子计算机、生物计算机等，计算机的运算速度越来越快。在空间技术领域，1957年，苏联发射了世界上第一颗人造地球卫星，开创了空间技术发展的新纪元。在冷战时期苏联取得的成就极大地刺激了美国，1958年美国也发射了人造地球卫星。美苏双方的对抗从客观上推动了该领域的创新。1959年苏联发射了"月球2号"卫星，之后苏联宇航员加加林又在1961年乘坐飞船率先进入太空。美国于20世纪60年代开始了规模庞大的登月计划，终于在1969年实现了人类登月的梦想。70年代以来，空间活动由近地空间为主转向飞出太阳系。1981年美国的哥伦比亚航天飞机试飞成功，它身兼火箭、飞船、飞机三种特性，是宇航事业的重大突破。除了以上几个领域之外，人工合成材料、分子生物和遗传工程等方面也获得了发展。

第三次科技革命的创新之处在于科学技术在推动生产力的发展方面起到越来越重要的作用，科学技术转化为直接生产力的速度大大加快。科学和技术密切结合，相互促进，推动着科研领域不断向纵深发展。科学技术各个领域之间的相互联系加强了，研究越来越深入，联系越来越密切，科学研究朝着综合性方向发展。20世纪七八十年代，在信息通信技术领域出现了具有划时代意义的三个重大创新——个人计算机、互联网和手机，并掀起了规模空前的互联网革命。总之，第三次科技革命带领世界进入了信息化时代，对人类社会产生了巨大的影响。一系列新兴现代科学技术的发展与应用，使得生产要素发生了根本性的变化，改变了生产资料的性能，提高了劳动者的综合素质，使得社会生产力迎来飞跃式的发展。此外，第三次科技革命还推动了产业结构的变化与管理的现代化，第一、二产业比重下降，第三产业比重上升，在企业组织和管理模式的变化方面越来越专业化和合理化。在社会生活方面同样迎来了一场巨变，人们的物质生活大大丰富，生活越来越便利，人们的生活方式、消费模式以及生活质量产生了深刻的变化。

纵观这三次工业革命，每一次革命都带来了深刻的变化，每一次革命都是在前一次革命的基础上发展创新，而工业革命的推动离不开无数手工业者、科学家、工程师的伟大创造，离不开他们的钻研和努力。这不仅是个人的创新，也是时代的召唤。一个国家顺应历史发展的潮流，顺势而上发展创新时，便可获时代之便、发展之利。正如资本主义国家在工业革命后对东方各国呈现出的优势，其影响一直延续至今。一个国家闭关自守或是满足于已有的成就而因循守旧时，必然会落后。2015年，二十国集团领导人第十次峰会指出，"世界经济长远发展的动力源自创新。总结历史经验，我们会发现，体制机制变革释放出的活力和创造力，科技进步造就的新产业和新产品，是历次重大危机后世界经济走出困境、实现复苏的根本。"三次工业革命不仅是创新的产物，更是推动创新的动力。近代以来，创新已然成为一个永恒的课题，一个国家没有创新就没有发展，就会在工业革命的浪潮中处于落后的地位。时代的车轮滚滚向前，国家唯有在各个领域不断创新，才能跟上时代的脚步，引领时代的发展。

第二节　新时代下的创新发展理念

时间之河川流不息。我们所处的新时代，是中国特色社会主义新时代；我们面临的新时代，既是近代以来中华民族发展的最好时代，也是中华民族伟大复兴的最关键时代。

一、新时代是大变革的时代

当今科技发展呈现出三大特征：一是信息时代的特征还在维持并不断发展，电子产品仍然是人们生活中密不可分的一部分；二是多领域科学发现和技术发明多轨并行、交叉推动，科学创新与技术创新相辅相成，密不可分；三是信息技术与多领域科学技术深度融合。这些特征标志着当前我们正处于后信息化时代，处在信息化时代后期向智能化时代迈进的时刻，即第四次工业（科技）革命时期。又一大创新时代的序幕已经拉开，未来的产业和就业市场即将出现革命性的变化。第四次工业革命是硬核技术的时代，人工智能、物联网、大数据、云计算、机器人、无人机、3D打印技术……在第四次科技革命的尖端技术不断深入社会每个角落的当下，已经形成或正在形成若干趋势——颠覆式创新和新型商业模式纷纷涌现、制造业向服务业转型、生产无人化与人类的超人化等。人类对客观世界规律的认识发生了巨大的变化，由此引起了科学观念、科学模式以及科学研究活动方式的根本变革。它是人类认识领域的革命，也是改造世界方式的根本性变革。这场革命正深刻地改变着人们的生活方式，影响着世界格局的变化。后信息时代的创新，不仅是科技层面的创新，还是应用科技能力的创新；不仅是解决单一问题的创新，还是解决系统问题的创新；不仅是企业机构内部流程的创新，还是吸引上、下游两面市场成员融入共建生态系统的创新。在"互联网+"背景下，新一轮科技革命中创新的迸发和传播速度空前迅速，风起云涌的创新成果向全世界各个国家和角落传播的速度大大超过前几次科技革命。从早期韩国的"U-Korea"计划到美国的"智慧地球"计划、德国政府提出的"工业4.0"时代，再到我国提出的"互联网+"行动计划，各国都深刻意识到当今时代所蕴含的发展契机。我国要赶上新一轮科技革命的浪潮，必须从时代中寻找答案。

在人类近代史的200多年中，人类由农耕时代进入蒸汽时代，再到电气时代、信息时代，工业史上先后历经了三次革命，经济全球化的进程不断加速，世界各地区、各个国家的政治经济格局被不断改写，只有抓住时代机遇，致力于创新的国家才能够在激烈竞争中脱颖而出，而闭关锁国、止步不前的国家终将会埋没在时代发展的洪流之中。在未来的技术竞赛中，最成功的国家将是那些积极变革并能够跟上技术进步的国家。中国曾经在历史上的三次工业革命中错失机遇，如今，面对不断升级的第四次工业革命，创新的重要作用已成共识，唯有紧紧抓住，才有可能实现弯道超车。当今世界全球化为中国各行各业提供了搭建全球创新网络、创新能力赶超路径、创新组织模式和创新治理战略机制的理论框架的契机。事实上，无论是科技进步还是社会繁荣，无论是寻找新增长点还是应对危机，都需依靠创新。在第四次工业革命背景下，我国已经涌现出了一系列紧抓时代机遇深化创新的企业，如华为、联想、海尔等，并在世界舞台上获得了广泛认可。但必须承认的是，我国在第四次工业革命中还未取得"领跑"地位，我国在创新之路上取得的优势还不够明显，在一些基础性专利方面，依然大量需要依靠国外。所以，要想在这场竞赛中实现弯道超车，就必须深入实施创新驱动发展战略，方能屹立于当今时代发展洪流之中。

二、创新发展理念的特点

党的十八届五中全会在深入分析"十三五"时期我国发展环境的基本特征、战略机遇、叠加矛盾、风险隐患和严峻挑战后，提出了创新、协调、绿色、开放、共享的新发展理念，为我们党治国理政开创了一个新的境界。创新是引领发展的第一动力，创新发展理念在新发展理念中居于首位。全会提出，坚持创新发展，必须把创新摆在国家发展全局的核心位置，不断推进理论创新、制度创新、科技创新、文化创新等各方面创新，让创新贯穿党和国家的一切工作，让创新在全社会蔚然成风。必须把发展基点放在创新上，形成促进创新的体制架构，塑造更多依靠创新驱动、更多发挥先发优势的引领型发展。这意味着创新已成为我国未来发展的基点、核心和第一动力，我国的发展将在创新驱动下更多地向引领型发展转变。

我国的创新发展理念，是以马克思主义为指导，基于我国已有的发展经验，立足于我国经济社会发展的阶段变化和出现的新条件、新问题和新实践，顺应当前世界技术、经济发展形势的新要求，博采西方经济学各学派有关创新的各种观点，继承和丰富马克思主义创新思想，提出的更具科学性、人民性、全面性、系统性的创新发展观。

1. 创新发展理念具有科学性

从理论上看，创新发展理念是以马克思主义为指导，是对马克思主义创新思想的继承和发展。创新发展理念是中国特色社会主义政治经济学的重要内容，是以马克思主义政治经济学为指导，吸收当代西方经济学有关技术进步促进经济增长、科学技术发展规律等方面理论认识综合创新的结果，继承和发展了马克思主义政治经济学。马克思认为，技术作为一种渗透性的生产要素，通过提高劳动者的能力、促进资本积累以及改进劳动资料特别是生产工具，把巨大的自然力和自然科学并入生产过程，使生产过程科学化，进而对提高生产力、促进经济发展具有巨大的促进作用。创新不仅对经济增长具有促进作用，还是推动社会发展的重要力量。马克思总是把技术创新看作是推动社会发展的有力杠杆，看成是最高意义上的革命力量，认为技术创新在推动社会发展中的巨大作用，不仅表现在对没落社会制度的摧毁上，而且也表现在对上升的社会制度的引领和推进上。同时马克思也认为，在人类社会发展的不同时期，技术进步推动社会发展的作用是不一样的，技术成果只有运用到生产中，转化为现实的生产力，才会对社会发展产生相应的推动作用，才能成为推动社会发展的强大动力。西方经济学关于创新问题的理论学派从不同视角论述技术进步对经济增长的意义及内在机理。这些理论的意义更多地体现在对具体的创新政策的制定和实施的指导上，但即使指导创新政策时，面对庞杂的知识体系，也需要根据国情和时机进行权衡选择。中国的创新发展理念，就是借鉴西方经济学中的关于创新问题的理论价值，以马克思主义为指导，结合我国国情而提出的发展观。

从实践层面看，创新发展理念是中国共产党治国理政的实践经验的科学总结概括，是基于对中国发展阶段以及当今世情、国情的科学把握，基于对世界经济社会和科技发展趋势以及我国发展面临的新机遇、新挑战、新问题的深刻认识而提出的科学的发展理念。中华人民共和国成立以来各个时期的经济发展实践表明，科技进步和技术创新工作的发展与我国的经济增长和健康发展紧密相关。中华人民共和国成立之初，科技水平总体上落后西方发达国家近百年，经济上则是"一穷二白"；中华人民共和国成立以后，我党开始号召在海外的科学家回国并培育自己的知识分子和工业化人才，1956年党中央又向全党全国发出"向科学进军"的号召，到1966年，我国工业化奠定了初步基础；1966—1976年的"文革"期间，科技水平与世界先进水平的距离不断拉大，国民经济一度濒临崩溃；1978年3月18日，党中央召开全国科学大会，提出"四个现代化"的关键是科学技术的现代化、科学技术是第一生产力、科学技术工作者是劳动者等重要论断，"科学技术是第一生产力"成为指导我国科技创新和经济发展的核心理念；1995年5月6日，中共中央、国务院作出《关于加速科学技术进步的决定》，提出科教兴国战略；进入21世纪，党中央又创造性地提出建设创新型国家的重大决策，与这一系列对科技创新的重视所伴随的是改革开放几十年来经济的高速增长。改革开放以来，我国快速地从工业化初期走到了工业化后期阶段。从发展动力角度区分，我国已走过了以生产要素驱动为主的发展阶段和以高储蓄率的投资驱动为主的发展阶段。在科技水平、经济基础、综合国力大幅度提升的同时，原先大量投入资源和消耗环境的经济发展方式已难以为继，无论是从现实的可能性还是从理论的必要性来看，我国都应该转向以创新驱动为主的新发展阶段。

2. 创新发展理念具有人民性

创新发展理念坚持马克思主义政治经济学的根本立场，旗帜鲜明地提出发展要以人民为中心，坚持发展为了人民、发展依靠人民、发展成果由人民共享，既把增进人民福祉、实现好、维护好、发展好最广大人民根本利益作为发展的出发点和落脚点，又把调动人民的积极性、主动性、创造性作为发展的根本动力。党的十八届五中全会提出着力践行以人民为中心的发展思想，体现了我们党全心全意为人民服务的根本宗旨，体现了人民是推动发展的根本力量的唯物史观。

创新发展理念突出体现了以人民为中心的发展思想，强调创新发展的主体是人民，体现出人民本位论的核心理念。一方面实施创新的主体是人民，也就是创新依靠人民。党中央强调，要激发创新创业活力，推动大众创业、万众创新，释放新需求，创造新供给，推动新技术、新产业、新业态的蓬勃发展，加快实现发展动力转换；要充分尊重群众的首创精神，着眼于解放和发展生产力，放手支持群众大胆实践、大胆探索、大胆创新，及时发现、总结和推广群众创造的成功经验，把群众的积极性和创业精神引导好、保护好，充分发挥人民群众在改革开放和现代化建设中的主体作用，为改革发展创造一个宽松的环境。"要全面调动人民的积极性、主动性、创造性，为各行业各方面的劳动者、企业家、创新人才、各级干部创造发挥作用的舞台和环境。"另一方面强调创新发展的目的是增加人民福祉，也就是创新为了人民。创新发展的目标是实现全面小康，这是人民的全面小康。全面小康的成果，理应由人民共享。创新发展与共享发展密不可分，共享发展要求发展为了人民、发展成果由人民共享，使全体人民在发展中有更多获得感，发展成果普惠人民群众。创新发展搞得成功不成功，最终的判断标准是人民是否享受到了发展的成果。

3. 创新发展理念具有全面性

创新发展理念的全面性，是指以科技创新为核心的包括社会、经济、文化、生态、教育、政治等各个领域在内的全面创新发展，也包括理论创新、技术创新、制度创新、管理创新等各个要素的创新，这意味着创新发展需要国家的全面创新体系果支撑，其中科技创新又是整个国家全面创新体系的核心。创新发展是以科技创新为核心的全面创新发展。创新发展主要是通过创新活动来推动科技进步和经济发展的。科技创新发展与经济创新发展是国家发展的关键。当今世界，科技创新已经成为提高综合国力的关键支撑，成为社会生产方式和生活方式变革进步的强大引领，谁牵住了科技创新这个牛鼻子，谁走好了科技创新这步先手棋，谁就能占领先机、赢得优势。科技创新是提高社会生产力和综合国力的战略支撑，必须摆在国家发展全局的核心位置。同时，科技创新是一种复杂性的活动。当今世界上创新活动的竞争，不仅是一个企业或一个产业的竞争，而且是一个创新生态系统的竞争。这意味着，创新不仅是寻求科学技术突破的单方面创新，而且涉及社会、科技、经济、文化、政治等各个方面。实施创新驱动发展战略，就是要推动以科技创新为核心的全面创新，坚持需求导向和产业化方向，坚持企业在创新中的主体地位，发挥市场在资源配置中的决定性作用和社会主义制度优势，增强科技进步对经济增长的贡献度，形成新的增长动力源泉，推动经济持续健康发展。必须强调创新国家体系的建设，推动科技和经济社会发展的深度融合，打通从科技强到产业强、经济强、国家强的通道，加快建立健全国家创新体系，推动科技创新、产业创新、企业创新、市场创新、产品创新、业态创新、管理创新等各种形式的创新，形成以创新为主要引领和支撑的经济体系和发展模式。

4. 创新发展理念具有系统性

创新发展理念的系统性，是指创新发展理念是创新、协调、绿色、开放和共享"五位一体"的新发展理念中的首位和核心发展理念，同时与我党历代领导集体提出的创新思想是一脉相承的，具有系统继承性。其中，创新发展注重的是解决发展动力问题，协调发展注重的是解决发展不平衡问题，绿色发展注重的是解决人与自然的和谐问题，开放发展注重的是解决发展内外联动问题，共享发展注重的是解决社会公平正义问题。五大发展理念相互贯通、相互促进，但核心在于创新。以创新发展为核心的新发展理念，一是指明了发展的动力来自创新，来自不断推进理论创新、制度创新、科技创新、文化创新等各方面的创新；二是界定了发展的内涵重点，包括城乡区域协调发展、经济社会协调发展、"四化同步"发展、物质文明和精神文明协调发展、经济建设和国防建设融合发展、人与自然和谐发展、中国与世界深度融合的互利合作共同发展等重要内容；三是提出了发展的最终目标是实现全体人民共同富裕、共享发展成果。新发展理念一方面继承了以人为本、全面协调可持续的科学发展观，另一方面把创新摆在国家发展全局的核心位置，把发展基点放在创新上，这是在坚持科学发展观的基础上进一步对我国发展理念的新突破。

第三节 大学教育与创新创业

一、培养创新人才是大学的基本职能

大学是一种功能独特的文化机构，是与社会的经济和政治机构既相互关联又相对独立的传承、研究、融合和创新高深学术的高等学府。大学时期是人提升社会认知能力和知识储备能力的重要阶段，是大学生人生发展极其重要的阶段。

大学职能随着时代的发展不断发展变化。从世界大学发展来看，大学职能经历了以宗教理念教化为主到传授学问为主，再到传授知识和发展知识相结合的发展过程，至20世纪30年代，美国教育家弗莱克斯纳将大学职能发展为人才培养、科学研究和社会服务。这一理念延续至今并被广泛传播和应用。2017年2月，中共中央、国务院印发的《关于加强和改进新形势下高校思想政治工作的意见》中强调"高校肩负着人才培养、科学研究、社会服务、文化传承创新、国际交流合作的重要使命"。《高等教育法》中规定，高等学校应以人才培养为中心，同时开展教学、科学研究和社会服务等多项活动。大学的根本

任务是立德树人，其首要职能是培养人。中国大学要为强国建设培养德、智、体、美、劳全面发展的社会主义事业建设者和接班人。在激烈的国际竞争中，谁走好了科技创新这步先手棋，谁就能占领先机，赢得优势，而科技创新需要创新人才，培养创新人才是大学的基本职能之一。

二、新时代呼唤创新创业教育

创新能力是当今国际竞争新优势的集中体现。在激烈的国际竞争中，唯创新者进，唯创新者强，唯创新者胜。今天，国际竞争的新优势越来越集中体现在创新能力上。21世纪以来，全球科技创新进入空前密集活跃时期，谁在创新上先行一步，谁就能拥有引领发展的主动权。新一轮科技革命和产业变革正在重构全球创新版图、重塑全球经济结构，就像体育比赛换到了一个新场地。面对科技创新和产业革命新趋势，世界主要国家都在积极调整应对，努力寻找创新的突破口，抢占发展的先机，纷纷出台新的创新战略，加大投入，加强人才、专利、标准等战略性创新资源的争夺，创新战略竞争在综合国力竞争中的地位日益重要。

2014年夏季，"万众创新""人人创新"首次在达沃斯论坛开幕式上呈现在人们的视野中。2015年，"大众创业、万众创新"正式出现在《政府工作报告》中，创新创业开始走进我国全社会的经济建设中，走进大学和大学的教学科研之中。随着创新创业对经济发展的推动作用越来越大，对人才的创新创业能力和素养提出了更高要求。作为我国人才培养的摇篮，大学开展创新创业教育成为现阶段我国社会发展的必然趋势。

自2015年首届"互联网+"大学生创新创业大赛举办以来，我国累计600多万个团队、2500多万名大学生参赛，青年大学生创新创业热情不断攀升。大学生已成为我国创新创业的一支重要生力军，但创新创业仅有热情是难以为继的。我国大学生群体在上大学前，基本没有受过创新创业课程训练，进入大学后，他们才开始接收到大量与创新创业相关的信息。来自武汉理工大学的创新创业调研数据显示，对于大学生创业的态度，有41%的被访者是很支持的；42%的受访者则持开放态度，他们认为创业应该因人而异，更适合具备一定创新创业素质的人做这件事，而不是所有的大学生都应该去创业；13%的人对大学生创业比较担心，只有4%的受访者表示不支持创业。来自襄樊职业技术学院的调研显示，40.1%的同学对创业有很大兴趣，46.5%的学生认为创新创业是一个实现自我价值的途径，其中53%的同学表示不了解创业的内容和方法；在创业者中，有43.6%的人的首要目的都趋向于赚钱，而只有29.7%的人把创业看作一个挑战自我的机会。来自西安财经学院的一份调研结果显示，50%的学生认为创新创业就是开创新的事业，实现自己的人生观和价值观；55%的受访者有过创业的打算，且大多数受访者认为毕业工作一段时间后为最佳创业时间；63%的学生对学校创新创业工程不很了解；83%的学生认为所学专业与创业联系并不紧密。根据几组关于大学生创新创业的调研数据，基本可以判断出大学生创新创业的意愿并不强烈，50%以上的学生没有创新创业意愿，即使在有一半有意愿创新创业的学生调查中，其中多数人不知道如何从事创新创业和采用何种办法去创新创业。因此，在大学生中开展创新创业教育尤为重要。

目前，全国大学创新创业教育的知识体系和社会体系还都处于基础建设阶段，高校的创新创业教育主要是通过在校内建立校园产业孵化园的方式，实现从专业教学到实践教学的逐步转变。当前大学创新创业教育存在的问题有：第一，各高校创新创业教育组织机构还不健全，从校内创业实习到企业实践合作不通畅。第二，校内没有完整、系统的课程体系，专业针对性较弱。第三，创新创业教育缺乏有实践能力的企业导师去引导，难以架起理论教学和实践应用之间的桥梁。第四，创新创业教育缺乏社会支撑体系的帮助，应多增加学生与企业之间的参观、讲座和实习的机会，包括有可能的资金支持。第五，在大学教育中，平衡大学教育和创新创业之间的关系，做到将大学教育融入创业教育，允许学生休学参加实践教学活动。以上五个问题是创新创业教育中经常见到的现象，因此需要在大学生、教师和企业家之间建立起长期有效的合作机制，完善较为系统的创新创业教育体系，更好地服务于国家建设。

三、培养高素质创新创业人才

党的二十大报告指出，教育、科技、人才是全面建设社会主义现代化国家的基础性、战略性支撑。必须坚持科技是第一生产力、人才是第一资源、创新是第一动力，深入实施科教兴国战略、人才强国战略、创新驱动发展战略，开辟发展新领域、新赛道，不断塑造发展新动能、新优势。这为我国在未来相当长一段时期内科教及人才事业的发展指明了方向。

创新创业是指基于技术创新、产品创新、品牌创新、服务创新、商业模式创新、管理创新、组织创新、市场创新、渠道创新等方面的某一点或几点创新而进行的创业活动。创新与创业相互联系、相辅相成。创新的本质是推陈出新，创业的本质是资源的整合和再创造。创新是创业的灵魂与基础，是创业立足并获得长期发展的前提。创业是创新的动力来源。站在创业的角度来看，如果没有新的价值为用户所使用，就没有客户的消费，创业就无法成功，因此没有创新的创业是难以维持的。对于创业者来说，创新是基本生存能力。创新能力与创业成功呈显著正相关关系，创新能力越强，创业越成功，创业的意愿也就越强烈。

2015年，国务院《关于大力推进大众创业、万众创新若干政策措施的意见》中指出，中国未来的发展要靠科技创新驱动，而不是传统的劳动力以及资源能源驱动。大学创业者通常都具有较高的知识储备和技能水平，具备科技创新的基础条件，是我国现阶段创新型人才的主体。自2015年首届中国国际"互联网+"大学生创新创业大赛举办以来，到现在已举办8届。大赛的主要目的是以赛促学，培养创新创业生力军；以赛促教，探索素质教育新途径；以赛促创，搭建成果转化新平台。大赛已经成功孵化出一批优秀的创业项目和创业者，为国家的科技创新奠定了一定的基础。创新创业大赛是高校进行创新创业教育实践的重要途径。培养大学生创新创业的自觉意识，增强大学生创新创业能力是高校创新创业教育的根本任务。

培养大学生创新创业的自觉意识，就是培养大学生自觉增强创新创业的责任感，树立敢于突破陈规的意识，树立大胆探索未知领域的信心。创新创业需要一种不甘落后、奋勇争先、追求进步的责任感，有为推动社会发展进步贡献力量的责任担当。创新创业之路充满艰辛，且要勇于奉献，没有强烈的责任感，很难克服和战胜创新创业过程中的艰难曲折。"要创新，就要有强烈的创新意识，要有打破砂锅问到底的劲头，敢于质疑现有定论，勇于开拓新的方向，攻坚克难，追求卓越。"敢于大胆突破陈规甚至常规，敢于大胆探索尝试，善于观察发现、思考批判，不唯书、不唯上、只唯实。创新就是要走前人没有走过的路。要创新，就要有强烈的创新自信。未知领域可能是人类认识的盲区，也可能是人类实践的处女地。未知常常令人心生怯意，但未知领域也往往蕴含着沃土和机遇。"路漫漫其修远兮"，最需要"上下而求索"的勇气和信心。

增强大学生创新创业能力，就是夯实大学生宽厚的创新创业基础，培养大学生创新创业思维，鼓励大学生积极投身创新创业实践中。当今时代，知识更新不断加快，社会分工日益细化，新技术、新模式、新业态层出不穷，创新创业者需要创业者具有扎实的专业知识基础。没有深厚的专业知识积淀，盲目追求创新创业，往往容易流于不切实际的空想，或者是"无知者无畏"的蛮干。培养创新思维就是要注重求异、批判而不入窠臼和俗套；善于发现问题；思维灵活而开放，发散而多维甚至"异想天开"。积极投身创新创业实践，就是培养大学生在新一轮科技革命和产业革命时期，置身于我国全面深化改革、创新创造的伟大实践中。要有积极创业的思想准备，积极关注经济社会发展的趋势，了解国家鼓励大学生自主创业的相关政策，为今后自主创业打下良好的基础。大学生既要敢于创业，又要善于创业，努力提高自主创业的能力，做一个真正的创业者。

1. 简述创新与时代发展的关系及其重要作用。
2. 如何理解创新是推动人类社会发展的第一动力？
3. 如何在新时代做创新创业的生力军？

第二章　创　新　概　述

第一节　创 新 的 概 念

党的十八届五中全会提出要牢固树立创新、协调、绿色、开放、共享的发展理念，并把创新摆在五大发展理念之首，强调必须抓住科技创新这个核心。创新是引领发展的第一动力。这是习近平同志提出的一个重要论断，是对创新与发展关系的新认识。纵观人类发展历史，创新始终是推动一个国家、一个民族向前发展的重要力量，也是推动整个人类社会向前发展的重要力量。

"创新"一词，出自《南史·后妃传上·宋世祖殷淑仪》："据《春秋》，仲子非鲁惠公元嫡，尚得考别宫。今贵妃盖天秩之崇班，理应创新。"创新亦作"剏新"，一指创立或创造新的，二指首先。

创新是指人们为了发展的需要，运用已知的信息和条件，突破常规，发现或产生某种新颖的、独特的、有价值的新事物、新思想的活动。创新是以现有的思维模式提出有别于常规或常人思路的见解为导向，利用现有的知识和物质，在特定的环境中，本着理想化需要或为满足社会需求而改进或创造新的事物，包括但不限于各种产品、方法、元素、路径、环境，等等，并能获得一定有益效果的行为。

创新的本质是突破，即突破旧的思维定式和旧的常规戒律。创新活动的核心是"新"，它或者是产品的结构、性能和外部特征的变革，或者是造型设计、内容的表现形式和手段的创造，或者是内容的丰富和完善。

一、创新概念的发展

自古以来，科学技术就以一种不可逆转、不可抗拒的力量推动着人类社会向前发展。16 世纪以来，世界发生了多次科技革命，每一次都深刻影响了世界力量格局。在激烈的国际竞争中，唯创新者进，唯创新者强，唯创新者胜。抓创新就是抓发展，谋创新就是谋未来。不创新就要落后，创新慢了也要落后。在十八届五中全会讲话中，习近平同志突出强调要树立创新发展理念，指出创新发展注重的是解决发展动力问题。创新能力不强，科技发展水平总体不高，科技对经济社会发展的支撑能力不足，科技对经济增长的贡献率远低于发达国家水平，这是我国这个经济大个头的"阿喀琉斯之踵"。如果科技创新搞不上去，发展动力不足，我国在全球经济竞争中就会处于下风。

经济学上，创新概念的起源为美籍经济学家熊彼特在 1912 年出版的《经济发展概论》。熊彼特的创新概念包含的范围很广，如涉及技术性变化的创新及非技术性变化的组织创新。

到 20 世纪 60 年代，新技术革命得到了迅猛发展。美国经济学家华尔特•罗斯托提出了"起飞"六阶段理论，将"创新"的概念发展为"技术创新"，把"技术创新"提高到"创新"的主导地位。

1962 年，由伊诺思 (J. L. Enos) 在其《石油加工业中的发明与创新》一文中首次直接明确地对技术创新下了定义：技术创新是几种行为综合的结果，这些行为包括发明的选择、资本投入的保证、组织建立、制订计划、招用工人和开辟市场等。伊诺思是从行为的集合的角度来下定义的。而首次从创新时序过程角度来定义技术创新的林恩 (G. Lynn) 认为，技术创新是"始于对技术的商业潜力的认识，而终于将其完全转化为商业化产品的整个行为过程。"

美国国家科学基金会 (National Science Foundation of U.S.A.)，也从 20 世纪 60 年代开始兴起并组织对技术的变革和技术创新的研究，迈尔斯 (S. Myers) 和马奎斯 (D. G. Marquis) 作为主要的倡议者和参与者，在其 1969 年的研究报告《成功的工业创新》中将创新定义为技术变革的集合，认为技术创新是一个复杂的活动过程，从新思想、新概念开始，通过不断地解决各种问题，最终使一个有经济价值和社会价值的新项目得到实际的成功应用。到 70 年代下半期，他们大大拓宽了对技术创新的界定，在 NSF 报告《1976 年：科学指示器》中，将创新定义为"技术创新是将新的或改进的产品、过程或服务引入市场"。而明确地将模仿和不需要引入新技术知识的改进作为最终层次上的两类创新，并划入技术创新定义范围中。

20 世纪 70 到 80 年代开始，有关创新的研究进一步深入，开始形成系统的理论。厄特巴克 (J. M. Utterback) 在创新研究中独树一帜，他在 1974 年发表的《产业创新与技术扩散》中认为，"与发明或技术样品相区别，创新就是技术的实际采用或首次应用"。缪尔赛在 80 年代中期对技术创新概念作了系统的整理分析。在整理分析的基础上，他认为："技术创新是以其构思新颖性和成功实现为特征的有意义的非连续性事件。"

著名学者弗里曼 (C. Freeman) 把创新对象基本上限定为规范化的重要创新，他主要从经济学的角度考虑创新。他认为，技术创新在经济学上的意义只是包括新产品、新过程、新系统和新装备等形式在内的技术向商业化实现的首次转化。他在 1973 年发表的《工业创新中的成功与失败研究》中认为，"技术创新是技术的、工艺的和商业化的全过程，其会导致新产品的市场实现和新技术工艺与装备的商业化应用"。其后，他在 1982 年的《工业创新经济学》修订本中明确指出，技术创新就是指新产品、新过程、新系统和新服务的首次商业性转化。

我国 20 世纪 80 年代以来开展了技术创新方面的研究，傅家骥先生对技术创新的定义是：企业家抓住市场的潜在盈利机会，以获取商业利益为目标，重新组织生产条件和要素，建立起效能更强、效率更高和费用更低的生产经营方法，从而推出新的产品、新的生产 (工艺) 方法，开辟新的市场，获得新的原材料或半成品供给来源或建立企业新的组织，它包括科技、组织、商业和金融等一系列活动的综合过程。此定义是从企业的角度给出的。彭玉冰、白国红也从企业的角度为技术创新下了定义："企业技术创新是企业家对生产要素、生产条件、生产组织进行重新组合，以建立效能更好、效率更高的新生产体系，获得更大利润的过程。"

　　进入 21 世纪，在信息技术推动下，知识社会的形成及其对技术创新的影响进一步被认识，科学界进一步反思对创新的认识：技术创新是一个科技、经济一体化的过程，是技术进步与应用创新"双螺旋结构"（创新双螺旋）共同作用催生的产物，而且知识社会条件下以需求为导向、以人为本的创新 2.0 模式进一步得到关注。《复杂性科学视野下的科技创新》在对科技创新复杂性分析的基础上，指出了技术创新是各创新主体、创新要素交互复杂作用下的一种复杂涌现现象，是技术进步与应用创新的"双螺旋结构"共同演进的产物；信息通信技术的融合与发展推动了社会形态的变革，催生了知识社会，使得传统的实验室边界逐步"融化"，进一步推动了科技创新模式的嬗变。要完善科技创新体系，亟需构建以用户为中心、以需求为驱动、以社会实践为舞台的共同创新、开放创新的应用创新平台，通过创新双螺旋结构的呼应与互动形成有利于创新涌现的创新生态，打造以人为本的创新 2.0 模式。《创新 2.0：知识社会环境下的创新民主化》进一步对面向知识社会的下一代创新，即创新 2.0 模式进行了分析，将创新 2.0 总结为以用户创新、大众创新、开放创新、共同创新为特点的，强化用户参与、以人为本的创新民主化。

二、创新的多维度解析

1. 创新的社会学概念

　　从社会学角度来讲，创新是指人们为了发展需要，运用已知的信息和条件，突破常规，发现或产生某种新颖、独特的有价值的新事物、新思想的活动。

2. 创新的经济学概念

　　从经济学角度来讲，创新是以现有的思维模式提出有别于常规或常人思路的见解为导向，利用现有的知识和物质，在特定的环境中，本着理想化需要或为了满足社会需求而改进或创造新的事物，包括但不限于各种产品、方法、元素、路径、环境等，并能获得一定有益效果的行为。

　　简单地说，创新就是利用已存在的自然资源或社会要素创造新的矛盾共同体的人类行为，或者可以认为是对旧有的一切所进行的替代、覆盖。

3. 创新的哲学概念

　　创新从哲学角度来讲，是一种人的创造性实践行为，这种实践的目的是增加利益总量，是对事物和发现的利用和再创造，特别是对物质世界矛盾的利用和再创造。人类通过对物质世界的利用和再创造，制造新的矛盾关系，形成新的物质形态。

　　创意是创新的特定思维形态，意识的新发展是人对于自我的创新。发现与创新构成人类相对于物质世界的解放，是人类自我创造及发展的核心矛盾关系，其代表两个不同的创造性行为。只有对于发现的否定性再创造才是人类创新发展的基点。实践是创新的根本所在。创新的无限性在于物质世界的无限性。

三、创新所包含的哲学要点

　　创新所包含的哲学要点如下：

(1) 物质的发展。物质形态对于我们来说是具体矛盾。我们认识的宇宙与哲学的宇宙在哲学概念上代表了实践范畴与意识范畴两个不同的含义。创新就是创造属于实践范畴的新事物。任何有限的存在都是可以无限再创造的。

(2) 矛盾是创新的核心。矛盾是物质的本质与形式的统一。物质的具体存在与存在本身是矛盾的。

(3) 人是自我创新的结果。人以创新创造出人对于自然的否定性发展。这是人超越自然达成自觉自我的基本路径。人的内在自觉与外在自发构成内在必然与外在必然的差异。创新就是人的自我否定性发展。

(4) 创新是人自我发展的基本路径。创新与积累行为构成一个矛盾发展过程。创新是对于重复、简单方式的否定，是对于人类实践范畴的超越。新的创造方式创造新的自我。

(5) 认识论认为创新是自我意识的发展。自我意识的发展是自我存在的矛盾面，其发展必然推动自我行为的发展，推动自我生命的成长。

(6) 从认识的角度来说，就是更有广度、深度地观察和思考世界；从实践的角度来说，就是能将这种认识作为一种日常习惯贯穿于具体实践活动中。所以创新是无限的。

(7) 从辩证法的角度来说，创新包括肯定和否定两个方面，从而也就包括肯定之否定与否定之肯定。前者是从认同到批判的暂时过程，而后者是一种自我批判的永恒阶段。所以创新从这个角度来说就是一种"怀疑"，是永无止境的。

四、创新行为及创新方法

1. 创新行为

创新行为包括思、行、评三个流程。思，包括了创新的发端 (还只是想法处于思维阶段)；行，包括了创新的展现 (展示、表现、实施等)；评，包括了创新评价方式 (既然是创新，就需要评价才能确定)。也就是说，创新包括思维、展现、评价等三个阶段。

(1) 思维阶段：孕育创新。这是基于自身或者团队过去的知识经验所获得的一些思路、灵感，即以现有的思维模式作为基础，提出有别于常规的思路或有别于常人的见解，以此为导向确定出发点或目的、目标。当然，该阶段在某些偶然得到创新成果 (例如吸水纸的意外发明) 的情况下也可以进行反推或补充。

(2) 展现阶段：实施。我们需要利用现有的知识和物质，在特定的环境中，本着理想化需要或为满足社会需求，而改进或创造新的事物 (包括但不限于各种产品、方法、元素、路径、环境等)。创新若只有想法而不展现、不实施，只永远停留在大脑中，那么这是不能称之为创新的，例如把新的理论写出来、把新诗歌唱出来、把新的创意制作出来变成产品……，这才是创新。

(3) 评价阶段：定义创新有必要加入评价体系，因为创新本身是一种行为，如果没有评价体系，那么什么都是创新了，也就没有旧的了。因此，某些行为是不是属于创新，需要进行评价才能确定。例如，获得的成果有没有实现既定的目标？能不能申请专利？能不能满足社会需求？既然是创新，那么起码需要能够获得一定的有益效果；当然，评价的时候需要考虑环境的因素，环境和知识面及数据库都对评价创新成果有直接的影响。

2. 创新方法

创新方法包括试错法、六顶思考帽法、头脑风暴法、6 西格玛等。TRIZ 是俄文 теории решения изобретательских задач 译成拉丁文 Teoriya Resheniya Izobreatatelskikh Zadatch 的缩写，其英文全称是 Theory of the Solution of Inventive Problems，在我国被直译为"萃智"，意译为发明问题解决理论。该方法源于前苏联，于 1946 年由著名的教育家、发明家根里奇•阿奇舒勒及其团队在分析专利的基础上总结而成并最先提出。因其在不同技术领域发挥的巨大作用，TRIZ 理论成为前苏联的最高国家机密，被西方国家誉为"神奇的点金术"。前苏联解体后，TRIZ 理论传播至欧美国家及日本和韩国等地，并得到了进一步发展，逐渐成为各国实现创新的制胜法宝。

TRIZ 理论之所以被世界各国所推崇，是因为其源于前人的实践，是从辩证唯物主义出发，应用进化论的观点，浓缩数百万份世界各国优秀专利后所揭示出的创新问题的内在规律，并由此形成了一套强有力的技术创新理论、方法和工具。TRIZ 理论拥有 4 大分离方法、8 大进化法则、40 个发明原理、76 个标准解和 101 个科学效应库等工具，拥有矛盾分析法、物场分析法、HOW TO 模型和功能分析法等分析模型。其中，TRIZ 理论的思维方法和问题分析方法可以有效地打破思维惯性，使人们从传统的思维中解放出来，以更广阔的视角看待问题，快速发现问题的本质；"最终理想解"指明解决问题的目标所在，明确解决问题的方向，从而有效避免盲目性；系统进化法则可以帮助人们认清技术系统的进化规律，并预测产品与服务的未来；分析模型可以帮助人们正确定义问题的矛盾，细致梳理产生矛盾的过程和原因，保证有效、彻底地解决问题。此外，TRIZ 理论还可以与其他优秀的创新方法如 6 西格玛、头脑风暴法等方法或理论结合使用。TRIZ 理论自身也在进一步发展完善，主要应用于工程技术领域，但也在向社会科学领域发展和渗透。TRIZ 理论所揭示的规律和提供的工具具有一定的普适性，从事任何行业的人在学习过 TRIZ 理论后都会受益匪浅。

五、创新的重要性

创新是一个民族进步的灵魂，是一个国家兴旺发达的不竭动力，也是一个政党永葆生机的源泉。要把创新作为引领发展的第一动力，把人才作为支撑发展的第一资源，把创新摆在国家发展全局的核心位置，不断推进理论创新、制度创新、科技创新、文化创新等各方面创新，让创新贯穿党和国家的一切工作，让创新在全社会蔚然成风。要坚持科学技术是第一生产力，发挥科技创新在全面创新中的引领作用，形成促进创新的体制架构，塑造更多依靠创新驱动、更多发挥先发优势的引领型发展。

近代以来，人类文明进步所取得的丰硕成果主要得益于科学发现、技术创新和工程技术的不断进步，得益于科学技术应用于生产实践中形成的先进生产力，得益于近代启蒙运动所带来的人们思想观念的巨大解放。可以这样说，人类社会从低级到高级、从简单到复杂、从原始到现代的进化历程，就是一个不断创新的过程。不同民族发展的速度有快有慢，发展的阶段有先有后，发展的水平有高有低，究其根本，民族创新能力的水平是影响民族兴衰和社会发展的主要因素之一。

创新方法一直为世界各国所重视，在美国被称为创造力工程，在日本被称为发明技法，在俄罗斯被称为创造力技术或专家技术。我国学者认为创新方法是科学思维、科学方法和科学工具的总称。其中，科学思维是一切科学研究和技术发展的起点，始终贯穿于科学研究和技术发展的全过程，是科学技术取得突破性、革命性进展的先决条件。科学方法是人们进行创新活动的创新思维、创新规律和创新机理，是实现科学技术跨越式发展和提高自主创新能力的重要基础。科学工具是开展科学研究和实现创新的必要手段和媒介，是最重要的科技资源。由此可见，创新方法既包含实现技术创新的方法，也包含实现管理创新的方法。2007年6月，我国学者王大珩、刘东生、叶笃正三位资深院士提出了《关于加强我国创新方法工作的建议》，国家领导人对此作了重要批示。之后，科技部会同国家发展改革委、财政部、教育部和中国科协，联合启动了创新方法工作。

第二节　创新的基本理论

　　创新理论起源于拉丁语，原意有三层含义：更新、创造新的东西、改变。创新就是利用已存在的自然资源创造新事物的一种手段。美籍奥地利经济学家熊彼特首先提出用以解释资本主义经济发展和周期的理论。熊彼特把创新定义为建立一种新的生产函数，即企业家实行对生产要素的新结合，它包括：引入一种新产品，采用一种新的生产方法，开辟新市场，获得原料或半成品的新供给来源，建立新的企业组织形式。当然随着科技进步、社会发展，对创新的认识也在不断演进。

一、创新理论的发展

　　创新作为一种理论，可追溯到1912美国哈佛大学教授熊彼特的《经济发展概论》。熊彼特在其著作中提出："创新是指把一种新的生产要素和生产条件的'新结合'引入生产体系。"熊彼特独具特色的创新理论奠定了其在经济思想发展史研究领域的独特地位，也成为他经济思想发展史研究的主要成就。熊彼特认为，资本主义经济打破旧的均衡而又实现新的均衡主要来自内部力量，其中最重要的就是创新，正是创新引起了经济的增长和发展。熊彼特在由创新波动引起的繁荣和衰退交替出现的"纯模式"的基础上，提出了"第二次浪潮"的概念，即创新浪潮的后续反应，其特点是需求、物价和投资膨胀，投机行为急剧增加，并导致失误和过度投资。由此说明了"纯模式"和资本主义实际经济周期的"四阶段模式"（繁荣、衰退、萧条、复苏）之间的内在联系。他还认为，由于经济领域中存在多种创新活动，不同的创新活动所需的时间长短不一，因此对经济的影响范围和程度也各不相同，从而出现多种周期。

　　熊彼特关于创新的基本观点中，最基础的观点即创新是生产过程中内生的。他认为经济生活中的创新和发展并非是从外部强加而来的，而是从内部自行发生的变化，这实际强调了创新中应用的本源驱动和核心地位。然而，20世纪60年代，新技术革命的迅猛发展，美国经济学家罗斯托提出了"起飞"六阶段理论，"技术创新"在创新活动中的地位显得日益重要，但随着技术创新的迅猛发展，其表现出了越来越强的知识依赖性，使创新由易变难，逐渐成为高知识积累群体才能完成的工作，这也无形中造成了创新与应用间壁垒的形成。

创新在研究领域产生，随后经过一段时间后在应用领域得到接受和采纳，这成了第二次世界大战后人类更熟悉的创新扩散模式。在创新扩散模式研究中，最有代表性的是罗杰斯的研究工作，他提出的创新扩散理论从20世纪60年代起一直在领域内居于主导地位。罗杰斯认为创新扩散受创新本身特性、传播渠道、时间和社会系统的影响，并深入分析了影响创新采纳率和扩散网络形成的诸多因素。进入21世纪，人们认识到在信息技术推动下知识社会的形成及其对创新的影响，科学界进一步反思对技术创新的认识，创新被认为是各创新主体、创新要素在交互复杂作用下的一种复杂涌现现象，是创新生态下技术进步与应用创新的创新双螺旋结构共同演进的产物，关注价值实现和用户参与的以人为本的创新2.0模式也成为新世纪对创新重新认识的探索和实践。

值得注意的是，有关创新2.0模式研究的出发点并不是纯粹的概念创新和理论探讨，而是从产生之初就与实际应用和实践价值紧密结合的。创新2.0概念的实践价值即能将国内外诸多崭新的科技创新体系规划、平台建设以及制度完善方面的尝试纳入一套科学体系下进行探讨，把握相关实践思路的共性优势和思想火花，有助于在不同的条件和环境下实践民主化的科技创新，应属于科技政策科学的研究范畴。

科技政策科学 (Science of Science Policy，SoSP) 源自美国自然科学基金研究项目，是近一两年兴起的一个全新的研究领域。作为一个交叉学科，相关研究的主要目的是帮助决策者和研究者制定科学严谨的科技政策体系，理解其运行机制，并应用推动其创新成果。进行 SoSP 研究的基础是正确地理解科技创新，涉及的科学问题包括：什么是创新的行为基础？如何理解技术研发、采纳与扩散？科技创新群体是如何发展和演变的？创新2.0的相关研究和探讨即是围绕上述科学问题展开的。

二、创新 2.0 及其发展方向

《创新2.0：知识社会环境下的创新民主化》一文从理论沿革和模式探索的角度入手，对创新2.0概念的由来、含义及潜在影响进行了简要的阐述和分析，并结合国内外相关案例探讨了创新2.0实践活动的模式和制度设计。由于创新2.0是一个新生概念，其外延和内涵在学术领域尚未达成共识。在此背景下，试图将与创新2.0相关的理论和实践纳入一个开放的体系内进行讨论，从而引发学术界和实践领域从多个角度对创新2.0相关问题展开研究和探索。

基于创新2.0的研究和实践尚有广阔的发展空间，在这一理论框架下有大量的未知领域亟待探索，创新2.0的发展大致可划分为以下三个方向：

(1) 理论基础。复杂性科学视野下创新2.0所倡导的用户创新、大众创新、开放创新、共同创新，有利于实现创新双螺旋驱动下的创新涌现并形成全新的创新生态和扩散环境，在突破了传统创新扩散理论后，如何用社会科学领域以及复杂性科学的相关理论描述和解释这种创新生态是一个极具挑战的问题。小世界理论和社会网络理论等相关理论成果在创新研究领域的应用，将有助于我们深刻理解这一创新生态环境。

(2) 支撑条件。创新2.0的探索必然会引发对传统科技管理体系的冲击，也会带动科技管理模式、科研组织方式、科技创新体系建设、创新生态环境培育方面的变革。同时，创新2.0得以实现和长效发展的知识检索、知识封装和知识构件化技术尚有较大的发展空间，甚至已经突破了信息资源管理学科的传统界限，成为一个普适性的科学问题。

(3) 实践探索。国内外不同角度的创新 2.0 模式及其创新协作分享网络的实践探索，发挥了应用创新理念的优越性和前瞻性，但仍均处在探索阶段，需要更多的实践探索和实证研究来不断补充和完善。

综上所述，创新理论发展及创新 2.0 本身的研究和发展与它自身的理念不谋而合，同样需要不同角度、不同领域的知识聚集，依靠多研究主体的共同智慧探索其更大的发展空间和潜在价值。

三、创新理论的四个学派

熊彼特的创新理论提出之后，学者对技术进步与经济增长关系开展了深入研究，创新理论得到了长足的发展，形成了新古典学派、新熊彼特学派、制度创新学派和国家创新系统学派等四个学派。

1. 新古典学派

新古典学派以俄林等人为代表，运用新古典生产函数原理，提出经济增长率取决于资本和劳动的增长率、资本和劳动的产出弹性以及随时间变化的技术创新，提出经济增长的两种不同来源：一种是由要素数量增加而产生的"增长效应"，另一种是因要素技术水平提高而产生的"水平效应"。在《在资本化过程中的创新：对熊彼特理论的述评》一文中，俄林提出了创新成立的两个条件，即新思想的来源和以后阶段的实现和发展。

1957 年，索洛在其发表的《技术进步与总生产函数》一文中，推算出 1909—1949 年间美国制造业总产出中约有 88％应归功于技术进步。在继续深入研究技术进步对经济增长作用的同时，新古典学派还开展了技术创新中政府干预作用的研究，提出当市场对技术创新的供给、需求等方面出现失效时，或技术创新资源不能满足经济社会的发展要求时，政府应当采取金融、税收、法律以及政府采购等间接调控手段，对技术创新活动进行干预，以提高技术进步在经济发展中的促进和带动作用。新古典理论仍采用正统经济理论模型作为分析工具，不能反映技术变化和创新处于时时动态的经济现实，没有充分考虑经济发展中技术和制度的作用及其发挥作用的方式。新古典学派将技术创新过程看成是一个"黑箱"(Black Box)，并不关心这个黑箱内部的运作。

2. 新熊彼特学派

新熊彼特学派的代表人物有爱德温•曼斯菲尔德、莫尔顿•卡曼、南希•施瓦茨等，他们秉承经济分析的熊彼特传统，强调技术创新和技术进步在经济增长中的核心作用，主要是将技术创新视为一个相互作用的复杂过程，重视对"黑箱"内部运作机制的揭示，提出了许多著名的技术创新模型，研究的主要问题有新技术推广、技术创新与市场结构的关系、企业规模与技术创新的关系，等等。曼斯菲尔德对新技术的推广问题进行了深入的研究，分析了新技术在同一部门内推广的速度和影响其推广的各种经济因素的作用，并建立了新技术推广模式。尽管曼斯菲尔德的理论填补了熊彼特创新理论中的一个空白——技术创新与模仿之间的关系以及二者变动的速度，在一定程度上有助于对技术模仿和技术推广的解释，但其理论假设的前提条件与实际相差太大，对现实经济的解释是有限的。

卡曼、施瓦茨等人从垄断与竞争的角度对技术创新的过程进行了研究，把市场竞争强度、企业规模和垄断强度三个因素综合于市场结构之中来考察，探讨了技术创新与市场结构的关系，提出了最有利于技术创新的市场结构模型。卡曼、施瓦茨等人认为：竞争越激烈，创新动力就越强；企业规模越大，在技术创新上所开辟的市场就越大；垄断程度越高，控制市场能力就越强，技术创新就越持久。在完全竞争的市场条件下，企业的规模一般较小，缺少足以保障技术创新的持久收益所需的控制力量，而且难以筹集技术创新所需的资金，同时也难以开拓技术创新所需的广阔市场，故难以产生较大的技术创新。而在完全垄断的条件下，垄断企业虽有能力进行技术创新，但由于缺乏竞争对手的威胁，难以激发企业重大的创新动机，所以也不利于引起大的技术创新。因此，最有利于创新的市场结构是介于垄断和完全竞争之间的所谓中等程度竞争的市场结构。

卡曼、施瓦茨的研究成果是对熊彼特创新理论的丰富和发展，研究层次虽然仍偏重宏观层面，但更深入、更具体，对技术创新原因或动力问题的解释更有说服力。卡曼、施瓦茨的研究虽然揭示了技术创新与市场结构关系的实质，但缺乏对每一种市场结构具体的分析，按照经济学上对市场结构的划分来看，"中等程度竞争的市场结构"可以理解为包括两种市场结构，即寡头垄断市场和垄断竞争市场，对于在这两种市场结构下，技术创新有何不同，以及这两种市场结构比较，哪种市场结构更容易引发技术创新，他们没有作进一步的分析和阐述。

新熊彼特学派对技术创新理论进行了系统的研究，对熊彼特的创新理论也从不同角度进行了研究和发展。该学派虽然坚持熊彼特创新理论的传统，但所关注的是不同层次的问题，熊彼特忽略了创新在扩散过程中的改进和发展，而新熊彼特主义者的着眼点则在于创新的机制，包括创新的起源、创新过程、创新的方式等内容。新熊彼特学派通过系统的、科学的研究和探索已经初步搭起了技术创新的理论框架，但没有得出更多深层次的理论规律。

3. 制度创新学派

制度创新学派以美国经济学家兰斯·戴维斯和道格拉斯·诺斯等人为代表，戴维斯和诺斯在 1971 年出版的《制度变革与美国经济增长》一书中，提出了制度创新理论。他们认为，所谓制度创新，是指经济的组织形式或经营管理方式的革新。该学派利用新古典经济学理论中的一般静态均衡和比较静态均衡方法，在对技术创新环境进行制度分析后，认为经济增长的关键是设定一种能对个人提供有效刺激的制度，该制度确立一种所有权，即确立支配一定资源的机制，从而使每一活动的社会收益率和私人收益率近乎相等；产权的界定和变化是制度变化的诱因和动力，新技术的发展必须建立一个系统的产权制度，以便提高创新的私人收益率，使之接近于社会收益水平；一个社会的所有权体系若能明确规定和有效保护每个人的专有权，并通过减少革新的不确定性，使发明者的活动得到最大的个人收益，则会促进经济增长等。

以戴维斯和诺斯等人为代表的新制度经济学家把熊彼特的"创新"理论与制度学派的"制度"理论结合起来，深入研究了制度安排对国家经济增长的影响，发展了熊彼特的制度创新思想。但制度创新理论中所说的制度是指具体的政治经济制度，如金融组织、公司制度和工会制度等，而没有包括作为背景的社会政治环境。另外，戴维斯和诺斯的制度创新理论是在"经济人"假设的前提下展开的，忽视了市场规模扩大和技术进步本身是制度的函数，即制度安排是决定市场规模和技术进步的重要因素。

4. 国家创新系统学派

国家创新系统学派以英国学者克里斯托夫·弗里曼、美国学者理查德·纳尔逊等人为代表，该学派认为技术创新不仅仅是企业家的功劳，也不是企业的孤立行为，而是由国家创新系统推动的。国家创新系统是参与和影响创新资源的配置及其利用效率的行为主体、关系网络和运行机制的综合体系，在这个系统中，企业和其他组织等创新主体通过国家制度的安排及其相互作用，推动知识的创新、引进、扩散和应用，使整个国家的技术创新取得更好的绩效。20 世纪 80 年代弗里曼在考察日本企业时发现，日本的创新活动无处不在，创新者包括工人、管理者、政府等。日本在技术落后的情况下，以技术创新为主导，辅以组织创新和制度创新，只用了几十年的时间，使国家的经济出现了强劲的发展势头，成为工业化大国。这个过程充分体现了国家在推动技术创新中的重要作用，也说明一个国家要实现经济的追赶和跨越，必须将技术创新与政府职能结合起来，形成国家创新系统。弗里曼在《技术和经济运行：来自日本的经验》一书中提出国家创新系统理论。他认为国家创新系统有广义和狭义之分，前者包括国民经济中所涉及引入和扩散新产品、新过程和新系统的所有机构，后者则是与创新活动直接相关的机构。

纳尔逊以美国为例，分析国家支持技术进步的一般制度结构。他在 1993 年出版的《国家创新系统》一书中指出，现代国家的创新系统在制度上相当复杂，既包括各种制度因素和技术行为因素，也包括致力于公共技术知识研究的大学和科研机构，以及政府部门中负责投资和规划等的机构。纳尔逊强调技术变革的必要性和制度结构的适应性，认为科学和技术的发展过程充满不确定性，因此国家创新系统中的制度安排应当具有弹性，发展战略应该具有适应性和灵活性。弗里曼和纳尔逊的研究强调国家创新体系在优化创新资源配置上的重要作用，可以更好地指导政府如何通过制订计划和颁布政策，来引导和激励企业、科研机构、大学和中介机构相互作用、相互影响，从而加快科技知识的生产、传播、扩散和应用。但弗里曼和纳尔逊的研究是集中在对一国创新体系结构中各组成部分效率和结合的研究，没有对各国创新体系的比较进行研究，因此对不同国家支持技术创新的组织和机制，国家之间的异同和这些异同是如何形成的，以及这些差别能在何种程度上以什么方式来解释各国不同的经济绩效等问题没有进行深入的研究。

四、新时代的创新观

教育、科技和人才是全面建设现代化国家的战略性、基础性支撑。其中，科技创新体系建设是落实创新的第一动力职能的战略支撑。科技创新体系包括企业创新体系、产业创新体系、区域创新体系等，所有这些子系统在国家不同发展阶段所呈现的形态各不相同。在科技自立自强的新发展阶段，要把科教兴国战略确立为科技创新体系建设的根本性基础，建设好国家战略科技力量，激活科技人才的创新活力，促进企业自主创新能力建设，完善国家科技创新体制机制。

(1) 落实科教兴国战略，需要把科教融合培养人才作为国家创新体系的基础。为此，要解决两个战略性问题：一是如何科教融合培养创新人才？长期以来，科教融合培养人才不属于创新管理领域的课题，科技创新与人才培养是脱节的，导致高校培养出来的人才创新能力和活力严重不足，大学教育与创新实践成为"两张皮"。建议尽快把科教融合作为科教兴国的主线贯穿到国家创新体系建设的全过程，让国家创新体系成为现代化国家建设的系统性、基础性支撑的保障。二是如何培养适应未来战略科技力量的创新型人才？创新研究不能局限在科技研发、产品化和市场化等传统创新链环节，要特别关注以科教融合激发学生在基础研究、关键核心技术研发上的兴趣，改革教育教学模式，提高学生的创新能力、创新精神和社会责任，为国家战略科技力量建设源源不断输送后备人才。

(2) 要把建设好国家战略科技力量作为国家科技创新体系的关键。把国家战略科技力量纳入国家创新体系，研究如何建设好战略科技力量，如何运行好这样的力量，如何把这样的力量转化为国家实力等问题，尤其要探索出市场经济背景下新型举国体制的形成和运作机制。比如，国家实验室和国家重点实验室如何建设？如何布局战略性、全局性国家重大项目？如何集聚力量进行原创性、引领性科技攻关？这些都是全世界没有遇到过的问题。

(3) 把构建开放创新生态作为国家创新体系建设的战略要求。经济的可持续发展和高质量发展必须依靠开放创新生态的建设，要坚定不移地走开放科技创新道路。我国经济经历了从机会驱动、要素驱动、投资驱动向创新驱动的转变过程。在创新驱动时期，不但要继续开放，还是加大国际合作步伐，稳步推进规制、管理和标准的制度型开放，以制度型开放推进开放创新生态建设，实现生产要素的全球流动型开放。既要充分赋予和保障外资合法性，又要引导本土企业遵守国际规制与标准，在全球竞争中具备合法性。

(4) 把激活科技创新人才作为国家创新体制机制建设的根本主线。人才是第一资源，激活人才是科技创新能力提升的根本，为此，要把激发科技人才的活力作为实施人才强国战略的出发点。从体制机制角度来看，激发科技人才创新活力需要在破"五唯"(唯分数、唯升学、唯文凭、唯论文、唯帽子)上探索出有效的体制机制，营造尊重劳动、尊重知识、尊重人才、尊重创造的社会氛围。创新型企业家是关键之一，要发扬企业家精神，培育创新驱动创业人才，为创新型企业家创造良好的政策条件。战略科学家也是关键，要把战略科学家作为重中之重给予重视和激活，由此来加快建设世界重要人才中心和创新高地，着力形成人才国际竞争的比较优势。

(5) 构筑多层次科技创新体制机制，提高国家科技创新体系的整体效能。要从国家、区域、产业、企业、高校、科研机构等多层面、多主体协同来完善科技创新体制机制。在国家层面，关键是构筑具有全球竞争力的开放创新生态；在区域层面，要凝聚区域内企业、科研院所，建设区域科技创新生态，推动区域创新体系建设；在产业层面，要完善产业创新体系，加速创新链、价值链、产业链的融合，构筑新型产业集群；在企业层面，坚持企业的创新主体地位，增强企业技术创新能力，鼓励企业参与基础研究和核心技术攻关，突破高端制造壁垒，打造国际品牌。

第三节 创新的分类

以往对创新的分类研究大都褊狭于创新方法和经济学领域，所采取的视角和方法是具体科学的。例如，按制度状态把创新分为程序化创新和非程序化创新；按创新的组织方式可分为独立创新、联合创新和引进创新等。有的提出知识创新可划分为技术创新、制度创新、管理创新和文化创新等。本书则立足于人类的创新史，从哲学的角度探讨创新的分类。以知和行的关系问题为标准，把创新分为实践创新与理论创新；以某一社会占主导地位的生产部门及其产品为标准，从宏观的角度把创新分为农业创新、工业创新和知识创新；根据创新的社会意义大小，把创新分为渐进性创新和根本性创新。

一、实践创新与理论创新

以知和行的关系为标准，创新可以分为实践创新与理论创新。

马克思考察人同自然的关系时，就指出人与自然发生着"理论关系和实践关系"，理论关系是人以其思想反映对象的关系，这是一种主观与客观的关系。实践的关系是人以其物质力量借助物质手段改造对象的，这是一种物质关系。即人类的活动可以分为实践的客观物质活动和理论的主观认识活动。基于此，创新活动也有两种基本的存在形式：实践创新和理论创新。这是对创新所作的最一般、最基本的分类。

1. 实践创新

实践创新是标志人类活动本质——实践的一种特殊形式的范畴，是人类突破传统、寻求新的发展时空的客观存在方式。它所标志的人类存在方式就是突破前人旧有的（已有的），而不断现实地创造"新的"这一客观活动，这种活动的性质是现实的、物质性的，具体来说就是实际地改变现存事物，是一种"武器的批判"（马克思语），改变的结果体现"新的"特征。这种"新"，不一定是时间或地理意义上的"新"，而是产权和功能属性上的"新"。

实践创新是具体的技术创新、制度创新和管理创新等创新的客观方面的概括和总结。其中，技术创新是社会主体重塑人与自然关系的社会实践活动。制度创新是人为自己创造新关系的社会实践活动。管理创新是一种运用创新的"物质技术"和创新的"社会技术"手段来进行组织资源的优化配置以实现组织目标的实践活动。

实践创新事实上是非常普遍的一种人类活动，因为一部人类文明史就是一部创新史，同时也就是一部人民群众现实地改变旧世界，不断创造新世界的历史，实践创新发生在经济、政治、文化等客观活动领域，同时它本身也是经济、政治、文化得以产生的先决条件。

在人类祖先从猿转变到人的过程中，其标志性的事件就是会制造和使用工具，当"类猿人"会制造哪怕是最粗糙的石器并用来打猎时，这就是人类的第一次创新，从此以后就揭开了人类实践创新发展的序幕。工具时代的演变，科技的进步无不反映着实践创新在人类社会活动中的存在。同时自有了人类社会，人作为一种"类"存在物，自诞生起就有协作的职能，在活动中不断组织、协调和相互配合，并把其习惯初步上升为共同意志。这就是制度创新的萌芽。进入阶级社会以后，产生了现代意义上的政治活动，阶级斗争是最明显、最直接的表现，这样就有了人类社会的政治改良、改革和革命。以一种体制或政治制度代替另一种体制或政治制度，以一种社会形态代替另一种社会形态，政治领域的创新也伴随了人类文明的几千年。文化领域的创新也显而易见，在物质财富的创造过程中，社会经济、政治的发展无不体现出文化的创新。从广义上讲，文化就是人类创造的物质财富和精神财富的总和，实践创新促成了人类物质财富的积淀，同时也决定着精神财富的形成和发展。

2. 理论创新

理论创新是标志人类活动的另一种特殊形式，是与实践创新这一物质性活动相对应的主观创新。它往往以理论的形态表现出来，或者通过指导实践创新，外化或物化在实践创新的结果中表现出来。

理论创新，作为一种创造性、突破性的思维活动，是理论通过形成实践的目的和方法来指导在实践过程中分析实践中所遇到的新情况，研究实践中所涌现的新问题，形成能重新把握实践的新的认识成果，从而使理论由原来的水平提升到新的境界。理论创新要求所获成果不仅是新的、过去没有的，而且是科学的，即与客观对象及其规律是一致的。理论创新不是纯粹思辨的推理活动，也不是纯粹的思维形式，它须以客观材料为依据，在概括和总结经验材料的基础上形成科学的理论。发现前人尚未发现的新材料，或者对已有的材料从新的角度作出新的分析，或在某一领域里提出新的理论或研究方法等，这都是理论创新。

理论创新作为创新的主观存在形式，是对科学创新、知识创新、观念创新、思维创新等主观方面的抽象概括。理论创新是社会发展和主体提升自己的巨大精神动力，是科学理论发展的内在要求和本质特征，在知识经济时代强调理论创新更具有现实意义。

观念创新或思维创新，一方面是一切创新活动的认识源泉，因为人们的活动都是有意识、有目的的活动，总是受一定的思想观念支配；另一方面，观念创新或思维创新对其他一切创新具有指导作用。它可以使人们了解和把握创新本身和各种创新之间的规律，指导人们自觉地按照客观规律去从事创新实践，可以使人们在进行创新活动之前确立符合创新实际的目标、方案、步骤和措施，选择创新目标实现的最佳行为方式，也可以使人们更深刻地认识创新本质，并自觉地调整创新行为，以适应不断创新的需要。观念创新、思维创新基本的体现形态就是知识。知识的本质就在于不断更新，它实际是人类在实践基础之上观念、理论创新的凝结。古今中外，知识的进化和更新，就是在实践基础上理论创新、思维创新的结果。放眼世界近百年的重大理论创新，如基因论、相对论、量子论等，无一不是冲破旧思想、旧观念的束缚，不断进行观念创新，标新立异的结果。

当然，实践创新与理论创新作为创新的两种基本分类，它们不是截然对立的，而是有密切联系的。前者是后者得以产生的基础和源泉，后者可以说是前者超前的观念的反映或实践创新的观念理论提升，并反过来指导前者。总之，二者是辩证统一的。

二、农业创新、工业创新和知识创新

人类文明史大体经历了农业文明、工业文明和知识文明。这些不同的社会文明形态区分的标志就是生产部门及其产品在社会生产中的地位。所以，根据以社会占主导地位的生产部门及其产品为标准，创新可以从宏观的角度分为农业创新、工业创新和知识创新。一部人类文明史就是一部人类创新史，这是人类发展史和进化史所证明了的不可辩驳的事实和真理。既然如此，从人类文明演化形态的宏观角度把握创新的历史形态，就不无合理科学之处。当然，这里对创新从产业形态的变化或其历史形态的划分所作的分类，并非等同于文明形态，也不是承袭前人的旧窠，文明是一个动态演化的过程，它既是创新的结果又是创新得以继续的基石。文明是静态的创新，创新是动态的文明。文明中不全是创新，但创新一定是文明。

不同的文明形态或社会经济形态相区别的关键因素，是某一生产部门及其产品在社会生产中的地位。在这种意义上，美国未来学家托夫勒把人类社会的进程划分为"三次浪潮"，即大约在公元前8000年，人类的农业活动及其产品取代渔猎活动和渔猎物，成为社会生产的主导，所以称为第一次浪潮；自18世纪中叶以后的200年间，工业部门和工业产品成为社会生产的主导，所以称为第二次浪潮；20世纪60年代后期至今，以及今后的几十年，社会将以信息产业部门及其信息产品为主体，因而称为第三次浪潮。托夫勒是用"浪潮"来形容人类社会文明形态的更替。事实上，人类社会几种形态既是创新的结果，又是创新过程的宏观体现。具有相同或相似特征的产业和创新归为某一文明形态，这样可概括出人类历史进程中宏观的创新形态。

1. 农业创新

最早的创新是石器制造，大约发生在250万年以前。在旧石器时代，人活动的目的主要是为了获取食物，创新的速度非常缓慢。在发明取火、弓箭和房屋等之后，人类加快了创新的步伐。大约1万年前，为了进入新石器时代，自此出现了大批有历史意义的知识创新。例如，人类发现和发明了原始种植和养殖知识，并逐步转变成为食物生产者。原始农业的创新，使人类逐步摆脱了对自然食物的依赖。随着文字的发明和国家的形成，人类步入农业时代。在农业时代，人类主要的生产活动是粮食生产。农业时代大体经历了两个阶段：自然农业的发明和传播阶段，灌溉农业的发明和传播阶段。前一阶段使人类从食物采集者变成食物生产者，而从"刀耕业种"的自然农业到人工排灌的灌溉农业，是人类农业生产的一次飞跃，也是人类历史上一次伟大的创新。原始农业的创新导致了农业革命和农业的诞生，而农业诞生的标志就是粮食生产超过食物采集，由此形成了农业创新。

2. 工业创新

尽管最早的工业技术是石器制造，但这里考察的工业创新是指从18世纪工业革命开始的工业创新。工业创新是由于一系列工业技术的创新使得工业生产及其产品在整个社会生产部门中占主体地位，其标志就是工业生产超过粮食生产。其表现形态是18、19世纪以至20世纪发生的一系列工业技术创新及其各工业产业部门的大量涌现。正如诺思所言："工业革命是把人类历史分开的分水岭。"而第一次工业革命是技术创新及其扩散的产物，技术创新导致了工业革命和现代工业的产生，并使工业生产超过农业生产，实现了产业结构的第二次创新，由此形成了工业创新。

3. 知识创新

如同人类社会的每一次转变，从工业时代向知识时代的转变也是一个历史过程。推动这次转变的力量就是知识革命或知识创新。美国国家研究理事会1997年发表的《国家知识评估大纲》中指出："近几年来，主要受技术创新的推动，世界运行方式发生了根本的变化。长途电信价格下降、计算机的普及、全球网络（因特网）的出现，以及生物技术、材料科学和电子工程等领域的发展，创造出10年前根本不可想象的新产品、新服务系统、新兴行业和新的机会，这就是当今人们称之为的知识革命。"知识革命的本质就是知识创新的加速，它包括以现代科技革命为标志的知识生产方式的革命，以知识传播为标志的信息革命和以知识应用为标志的学习革命。知识创新时代来临的标志就是知识产业超过物质产业。知识创新的加速，导致知识革命和知识产业的崛起，而"知识生产"超过其他产业，是产业结构的第三次创新或大转变。

这三种创新是就人类历史进程的总体而言的，它们的关系并不是截然对立的，尽管后一种创新形态代表着更为先进的生产力和社会进步发展的方向，但也不可否认各自在特定社会历史时期所起的作用。前一创新形态往往是后一创新形态得以产生的基础，后一创新形态是前一创新形态的进一步发展。就历史事实而言，非特定意义的几种创新往往是相互交错而存在的，譬如，农业创新中也有工业创新和知识创新，工业创新中存在农业创新和知识创新，在知识创新的时代也必然存在农业创新和工业创新。

三、渐进性创新和根本性创新

根据创新的社会意义大小进行分类，可以把创新分为渐进性创新和根本性创新，是立足于经济、政治等广阔领域和视角来探讨创新的分类的。以此为标准对创新所作的分类比较普遍，但不同的学者持不同的观点。我国学者何传启、张风在《知识创新》一书中把创新分为渐进性创新、突破性创新和革命性创新。而英国苏塞克斯大学的科学政策研究所，他们把创新分为渐进性创新、根本性创新、技术系统创新和技术 - 经济范式的变更。

何传启与张风对创新的分类尽管没有局限于技术经济角度，但他们在突破性创新和革命性创新的划分上是不准确的，因为有时突破就意味着革命，更何况创新本身就有突破，否则就不称其为创新。

1. 渐进性创新

渐进性创新是一种新进的、连续的小创新。这种创新在生活中最为常见，它也是其他一系列创新的基础环节，没有它，根本性创新就不可能发生。在经济技术领域，它表现为许许多多的小发明和小创造，譬如产品性能和外观设计的改进。在政治领域的"改良"和文化领域某一科学或艺术、理论观点的补充和改进等都是渐进性创新。

2. 根本性创新

根本性创新是在观念上和实践中都发生根本变化的创新，它不是一种观念、理论和产品、工艺、制度等的部分或点滴创新，而是要求以一种全新的观念、理论、产品和工艺、制度等取代旧有的观念、理论、产品和工艺、制度等。在经济领域中，常伴有产品创新、过程创新和组织制度创新的连锁反应；在社会政治中，则表现为"改革"；在文化中，多为新文化潮流的兴起，如中国的"五四"新文化运动。根本性创新派生的结果表现为经济范式创新和社会范式创新。

(1) 经济范式创新：指整个社会经济领域的创新，对整个经济系统或经济形态产生重大影响并使之发生变更的创新，它往往伴随经济部门的产生和出现。如工业革命使许多工业 (轻工业和重工业) 部门产生，并形成第二产业，主导了社会的经济文明形态。

(2) 社会范式创新：是一种社会影响最为显著的创新形态，这种创新往往使经济、政治和文化等各个领域都发生巨大变化，它涉及的不是某一领域或某一部门，也不是部分产业和个别制度。在经济中，表现为新的社会经济形态代替旧的社会经济形态，以一种经济运行方式代替另一种经济运行方式，如公有制代替私有制、市场经济代替计划经济等；在政治上，有新的社会制度的诞生和旧的社会制度的灭亡，如在人类历史上，奴隶制度取代封建制度，资本主义制度取代封建制度，以及社会主义制度取代资本主义制度，它们都是社会范式创新的典范；在思想文化上，往往生成新的价值观和新的文化形态，如社会主义制度确立以后，必然以马克思主义为指导的新文化取代旧文化。

根本性创新包含渐进性创新，渐进性创新是根本性创新的前提和准备；渐进性创新在量的积累达到一定程度后，就可能导致根本性创新的发生和实现。

四、创新空间的四个维度

一般人都知道营销组合策略 4Ps，它是由麦卡锡教授在 20 世纪 60 年代提出的。4Ps 即产品 (product)、价格 (price)、渠道 (place)、促销 (promotion)，但很少有人知道创新类型中也有个 4Ps，即产品创新 (product innovation)、流程创新 (process innovation)、定位创新 (position innovation)、模式创新 (paradigm innovation)，它是创新空间的四个维度。

(1) 产品创新：主要有改进和突破两种形式。例如，提高白炽灯的性能是产品改进，用 LED 灯替代白炽灯照明是产品突破。

(2) 流程创新：是对企业内部流程进行改进或突破。例如，证券公司扩展交易服务网点是流程改进，采用在线交易平台、网上交易是流程突破。

(3) 定位创新：是指企业对产品和服务进入目标市场的创新。例如，戴尔公司为个人提供个性化定制电脑是"做得更好"，而让每个孩子都拥有一台笔记本电脑的项目——价值 100 美元的通用电脑就是"做得不同"。

(4) 模式创新：是指企业盈利方式的变革。例如，IBM 从硬件制造商转变为咨询、服务和软件公司是"做得更好"，而劳斯莱斯从制造高质量的飞机引擎变为一家"按飞行小时包修"的服务公司是"做得不同"。

1. 什么是创新？创新有哪些基本特征？
2. 创新理论的发展历程体现了什么？
3. 如何理解创新对于一个国家的发展来说有着重要意义？
4. 创新有哪些划分依据？

拓展阅读

第三章　创　新　思　维

第一节　概　述

一、思维的定义

从古希腊哲学家巴门尼德 (Parmenides of Elea，公元前 5 世纪) "思想与存在是同一的"这一可知观点开始，使人类思维脱离了与自然界浑然一体的状态，成为独立的认识对象，打开了人类认识史上用思维研究思维的大门。当时的学者认为思维的研究主要是思辨性的，思维属于哲学的范畴。德国维尔茨堡学派 (Wurzburg School) 对思维、判断和意志等高级心理现象进行了实验研究，认为思维的内容有非感觉、非意象的因子，此时思维在心理学方面又进行了大量的研究。现代心理学诞生后，学者们认为思维是人脑借助于语言对事物的概括和间接的反应过程，思维以感知为基础又超越感知的界限。

前苏联心理学家波果斯洛夫斯基认为思维的定义是："思维是一种心理过程，借助于它，人们反映现实的对象和现象的本质特征，并揭示对象与现象之中及它们之间的各种联系。"这一定义说明了思维是一种心理过程，思维反映的核心目标是"联系"抑或是"关系"。

我国心理学家曹日昌教授主编的《普通心理学》对思维的定义是："思维与感觉和知觉一样，是人脑对客观现实的反应。不过感觉和知觉是对客观现实的直接反应，而思维是对客观现实概括的、间接的反应。"北京理工大学田运教授将思维定义为"思维是在特定物质结构 (脑) 中以信息变化的方式对对象深层远区实现穿透性反应的、可派生出和可表现为高级意识活动的物质运动。"还有学者认为：思维是人们探索客观事物属性、内在联系和内部规律性的有意识活动过程，是对客观事物属性、内在联系和内部规律性的反应。

我们认为：思维是高级的认知过程，是对客观事物间接的、概括的反应，并反映事物的关系特征。间接性体现在人们可以根据感知的客观事物，推演出更多没有直接表明的信息、规律等。概括性体现在人们可以将一些事物的相同属性归纳总结并剥离出来，再用固定的语言、文字表达出来。

根据思维的内容分类，思维可分为直观动作思维、具体形象思维、抽象逻辑思维；根据思维的逻辑性分类，思维可分为直觉思维、分析思维；根据思维的指向性分类，思维可分为聚合思维、发散思维；根据思维的创新性程度分类，思维可分为常规思维、创造性思维；思维根据信息加工的操作方式分类，可分为言语思维和意象思维。

二、创新思维的含义

创新是用新的思维模式提出非常规或非常人的观念，利用现有知识和物质或者新的知识和物质，改进或创造新思想、新方法、新事物的过程。创新的本质是改进或创造，马克思主义认为，创新是人类的本质特征。美国哈佛大学教授约瑟夫·熊彼特 (Joseph Alois Schumpeter) 在 1912 年第一次把"创新"引入经济领域，轰动了当时的西方经济学界。

创新思维是指人类在探索未知领域或者解决问题时，充分发挥认识的能动作用，突破固定的思维模式，不断以新颖的、多角度的思维来获得新成果的思维活动。

创新思维的含义可以从两个方面去理解。从狭义上讲，创新思维是指在人类认识史上首次产生的、具有较大社会意义的高级思维活动。从广义上讲，对某一具体的思维主体而言，凡是具有新颖独到意义的任何思维，都可以视为是创新思维。因此，创新思维既出现在重大问题的思维活动中，也出现在日常问题的思维活动中。创新思维的结果是实现了知识的增值，一方面是以新知识 (观点、理论等) 来增加知识的积累，从而增加了知识的数量，另一方面是对现有的知识进行新的分解和组合，创造了新方法，从而增加了知识的结构。

总之，创新思维需要人们付出一定的脑力劳动，进行创新思维的能力也要通过知识积累，不断训练、总结才能提高，一项创新思维成果的取得，往往需要经过长期的探索、不断的钻研，甚至需要经历多次的失败。

三、创新思维的原理

人的思维活动是在一定思维方式的基础上进行的。关于思维方式，也有其他一些名称，如思维结构、认知结构、思维框架、思维格局、思维模式等。通俗地说，思维方式就是人的思维反映外部事物的桥梁，是人脑加工信息的生产线。离开了思维方式，人是不能进行思维活动的。在学习和实践中，人们把获取的知识、经验和形成的观念、方法等慢慢地积淀和贮存于大脑的潜意识中，逐步建构起一定的思维方式。

思维方式具有相对的稳定性，一般来说，我们感觉不到它的存在。无论遇到什么样的思维对象，它总是力图按照自己现有的结构和模式，去筛选、组合、评价、解释信息，从而得出相应的思维结果。思维方式的这种相对稳定性，人们通常称之为思维定式。思维定式具有双重作用，它可以帮助人们凭借现有的经验和习惯的思路，驾轻就熟地解决一般的常规性问题。而对于那些超出了现有经验和认识范围的、非常规的问题，思维定式就会妨碍人们去解决问题。因此，按照已有的思维方式形成的思维定式是创新思维的主要障碍。创新思维，从根本上就是突破思维定式的阻碍，超越既定的思维方式。

创新思维不但与个体的思维方式有关，也与群体乃至整个时代的思维方式存在着不可忽视的联系，因为任何个体都生活在群体之中，都不能脱离时代背景。创新思维有时要突破的可能不仅仅是个体的思维方式，还可能是整个时代所造就的思维方式。

四、创新思维的特征

1. 独创性

独创性表现在思维方式、方法和结论上，能提出新的见解，找到新的发现，实现新的突破，具有一定范围内的首创性、开拓性和延展性。敢于打破陈规陋习，敢于摒弃陈旧观念，敢于向权威挑战。一位希望事业有成或做一个称职领导的人，就要在前人、常人没有涉足、不敢前往的领域"开辟"出自己的一片天地，就要站在前人、常人的肩上再前进一步，不被司空见惯的事物所迷惑。因此，具有创新思维的人，对事物必须具有浓厚的创新兴趣，在实际活动中善于超出思维常规，对"完善"的事物、平稳有序发展的事物进行重新认识，以求新的发现，这种发现就是开创未来之先河，是一种独创。

2. 求异性

创新思维是一种求异性思维，其突出的表现是打破常规、独辟蹊径、标新立异。无论思考问题的方式、方法，还是思维活动的结果等，创新思维均体现出与其他常规思维活动形式所不同的独到和新颖之处。可见，求异性既是创新思维区别于其他思维形式的根本特征，也是其存在和发展的基础和前提。

3. 灵活性

要创新，就必须处在不断地运动变化状态中，在这种运动变化过程中，自身也相应地发生结构性的变化，体现出明显的灵活性。比如，可以迅速地从一个思维角度转向另一个角度，从一种思维方式进入另一种思维方式，多方位地试探解决问题的办法，举一反三，触类旁通，形成多视角、多方位的思维活动态势。能及时摒弃旧的思维观念、方式、方法和材料等，形成富有创新意义的新思维方式和方法，以保持其旺盛的生命力。比如，面对一个处于世界经济一体化、竞争日趋激烈的小企业前途问题，企业领导者不能无动于衷或沿用老思路，否则就可能有生存危机。企业领导者或是考虑引进外资联合办厂，或是改组人力、财力、物力的配置结构，进行技术革新，或是加强产品宣传，在包装上下功夫，或是上述三者并用。创新思维的灵活性还表现为，人们在一定的原则界限内的自由选择、发挥等。

4. 批判性

人类的思维活动是人类对客观世界和自身的认识，不断地深化和升华的过程。在人类认识的长河中，创新思维起着十分重要的作用。可以说人类认识的每一次深化和升华都是在新的实践基础上对旧思维的批判和否定，是创新思维的结晶。从本质上讲，创新思维不拘泥于常规，不轻信权威，它总是以怀疑和批判的态度对待一切事物和现象，总是建立在对现有的不满、批判、否定和超越的基础之上。因此说，人类认识无止境，人类的创新思维也无止境，它不可能僵化，也不可能止步不前，而是在不断地创新，不断地在对旧思维的扬弃中表现出鲜明的批判性和强大的生命力。

5. 整体性

整体性是一切系统存在的特性，创新思维作为一个系统的整体思维过程，作为人的最具自觉能动性的高级复杂活动，它不是一个孤立的封闭系统，而是一个建立在人脑的生理和心理活动基础之上的，与社会环境密切相关的开放系统。创新思维不是与生俱来的，也不是空穴来风，更不是一种简单的、片面的和孤立的思维活动，而是在良好的生理活动和心理活动基础上，在思维能力的驱动下，遵循某种特殊的运动方式，使思维问题、思维观点及知识语言等思维要素充分相互联络、相互作用、协同建构的功能运动。是把对事物各个侧面、部分和属性的认识统一为整体的认识，从而把握事物的本质和规律的一种思维方式，也是按照事物内在的、必然的、本质的联系把整个事物在思维中再现出来的思维方法。同时，在创新思维过程中，社会环境对其活动的形成和发展也具有重要的影响。由此可见，创新思维是一个具有多结构性、多层次性、多因子影响的整体性的运动。

6. 风险性

由于创新思维活动是一种探索未知的活动，因此要受多种因子的限制和影响，如事物发展及其本质暴露的程度、实践的条件与水平、认识的水平与能力等，这就决定了创新思维并不一定每次都能取得成功，甚至有可能毫无成效或者作出错误的结论。

五、中国传统文化对创新思维的积极影响

中华民族五千年的历史孕育了光辉灿烂的文明，同时随着社会的变迁和时代的发展，中国传统文化同各国、各民族文化不断碰撞、融合，不断地变化发展着。中国传统文化在潜移默化地发展中为人们灌输着丰富的创新理念。在中国的传统文化中，有"苟日新，日日新，又日新"的思想，也有"穷则变，变则通"的精神。中国古代四大发明对中国的政治、经济、文化的发展产生了巨大的推动作用，经各种途径传至西方，对世界文明的发展同样产生了巨大的影响。

创新思维的基本方法在《周易》中已有体现，《周易》被瑞士心理学家荣格称之为智慧宝典，数学家莱布尼茨认为《周易》是二进制数学之始。《周易》的类比联想思维，体现了"中国传统文化天人合一，推天道，明人事"的思维特点。孔子说"温故而知新，可以为师矣"，它强调温习旧知识，重在获取新知识。很多现在被人们广泛使用的创新方法就体现了温故知新的思想。此外，孔子在教学实践中提出"举一隅不以三隅反，则不复也"，意思是说如果教给学生一个方面，他却不能以此来说明另外三个方面，就不要再教他了。其中的"反"就是类推，人们积极开动脑筋，广泛联想和推理，由此及彼，从一件事类推出其他事情，举一反三，这也是创新思维的体现。

中国传统文化相对更擅长从整体思维的角度和方式提出问题、应对问题、验证结果。人类只有一个地球，一个世界，2012年11月党的十八大明确提出要倡导"人类命运共同体"意识，人类命运共同体这一全球价值观包含相互依存的国际权力观、共同利益观、可持续发展观和全球治理观。2022年11月，"人类命运共同体"理念写入了联合国大会一委三项决议。中国正在积极倡导构建"人类命运共同体"的治理创新，走向开放式全面创新和科技自立自强的中国特色自主创新道路。与此同时，中国传统文化的相辅相成、亦此亦彼的辩证思维方式也给众多东西方科学家的科技创新带来了积极影响。创新是一个民族的灵魂，是一个国家不竭的动力，创新精神对于个人、组织、国家和民族的重要意义，已是不需争辩的公理。

第二节　创新思维的类型及应用

一、创新思维的类型

创新思维的目标是突破思维定式，打开思维空间。在分析总结思维分类各种观点的基础上，对创新思维分类的标准是必须兼顾理论性与实用性，即创新思维的分类既要理论明确，又要通俗易懂。按照此标准，创新思维分类如下：

1. 创新思维的基本形式

创新思维的基本形式分为发散思维、求异思维和逻辑思维。这三种创新思维形式是其他思维形式的基础，它们之间相互独立。

2. 创新思维的派生形式

创新思维的派生形式分为正向思维、逆向思维、横向思维、纵向思维、立体思维、形象思维、联想思维、想象思维、直觉思维、潜思维、梦境思维、灵感思维、形象思维。

3. 创新思维的应用形式

创新思维的应用形式是指其中的思维方式都包含一个确定的思维目的，但实现这个思维目的所用到的创新思维却是不固定的，分为转换思维、换位思维、变通思维、变异思维、超前思维、预测思维、越障思维、综合思维。

二、创新思维的过程

1. 准备阶段

准备阶段就是提出问题，为着手解决问题作充分的准备。这种准备包括必要的资料收集，必需的知识和经验储备，技术和设备的准备以及其他条件的准备等。需要注意的是，深入分析前人在同一问题上积累的经验和尚存的疑虑，这样既可以避免重复前人的劳动，又可以使自己站在新的起点从事创新性的工作，还可以帮助自己从旧问题中发现新问题，从前人的经验中获得有益的启示。

2. 酝酿阶段

酝酿阶段要对第一阶段所获得的各种资料和事实进行消化吸收，明确问题的关键所在，并提出解决问题的各种假设和方案。这个阶段有些问题虽然经过反复思考、酝酿，仍未获得完美的解决，思维常常出现中断的现象。许多人在这一阶段常常表现为如痴如醉、神魂颠倒，令人难以理解，如我们非常熟悉的科学家牛顿，他长时间凝视太阳，记录视觉出现的斑点和闪光，把手表当作鸡蛋在锅里煮等。

3. 顿悟阶段

顿悟阶段也叫作灵感产生阶段，经过酝酿阶段对问题的长期思考，创新观念可能突然出现，人们往往有种豁然开朗的感觉，这一心理现象就是灵感。"山重水复疑无路，柳暗花明又一村"，灵感的产生，往往是突然的、不期而至的。如俄罗斯化学家门捷列夫，为证明元素之间的科学排列规律，夜以继日地工作了数年，仍一无所获。有一天因过度疲惫睡着，做了一个梦，就发现了元素周期表。实际上元素周期表的发现并非完全依据梦境，而是睡梦中的门捷列夫依然在紧张地思考探索，然后奇妙的事情发生了。

4. 验证阶段

思路豁然开朗后，所得到的构想和方案还必须在理论和实践上进行反复论证和检验，以验证其可行性。经验证后，有的方案还需要改进，有的方案甚至完全被否定，进而再回到酝酿阶段。

三、创新思维的影响因子

在创新思维的发展过程中，存在许多阻碍创新思维的因子，主要包括智力因子和非智力因子两大类。其中，智力在一定程度上来说是与生俱来的，它在生活中可以得到开发，但在一定程度上仍然存在差距。智力因子对创新思维的影响主要表现在认知能力和认知的误区，包括观察力和记忆力较弱，想象力不够丰富，以及过分相信视觉等感觉，这些因子都会导致我们过分相信假设或是错觉，甚至把它们作为我们做事和行为的原则。非智力因子，包括守旧的观念、传统的教育体制和方式、传统的思维方式等客观因子，以及固定观念、思维定式、自我思维、思维障碍等主观因子。

（一）阻碍创新思维的客观因子

创新需要一个鼓励创新的良好社会环境。而我们生活在一种相对传统的社会环境中，学校的教育体制和家庭教育模式也都比较传统，造成了我们相对保守的思维模式，这些都在客观上严重压抑了创新。

1. 守旧观念

中国古代传统社会的基本特征是农业为主，信息闭塞，缺乏交流。社会主体是一元的而非多元的，所以极少发生横向之间的竞争，人们习惯于按照老规矩办事。在这种传统的社会风气下，创新思维只属于极少数天才伟人的特权，而广大民众则不需要创新思维，只需要去理解和执行就可以了。这些特征也或多或少对现代人的思想产生一定的影响，守旧观念对创新的影响主要表现在如下三个方面。

(1) 社会观念的影响。创新意识是创新思维产生的首要条件，但中国古代的统治阶级一直宣扬"天不变，道亦不变"的思想，并且这一思想也一直起着主导作用，于是，因循守旧变成了人们的行为典范，与之相应的科考制度更是很少超出《四书五经》，这样就导致了大家只会死记硬背，这种一成不变的教育内容和学习方法严重阻碍了人们的创新思维。

(2) 中庸思想的阻碍。儒家学派所宣传的"谦下不争""不敢为天下先"的中庸思想告诫人们要具有谦卑的心态，不断学习，它为民族的发展作出了不可磨灭的贡献。但是这种思想也否定了自我表现，使我们不敢表达与众不同的想法，致使整个社会缺少了产生创新思维的氛围，而自我表现恰恰是创新思维产生的必要条件。

(3) 忽视个性的氛围。中华民族一直都非常注重群体的发展，这固然是一种美德，也是值得提倡的，但长期以来，这种观念也使人们忽视了人的个性发展。随之而来的结果就是人们的主体性和独立性逐渐丧失，个性化受到阻碍，很多人越来越缺乏独立性和主体性，而个性却恰好是创新思维发展的基础条件。

2. 传统教育体制和家庭模式

(1) 传统教育体制对创新的影响。传统教育注重书本知识，轻视甚至反对学生提出与之不同的观点或想法，从而扼杀了学生的创新意识。传统教育以教为中心，重权威、重灌输，学习基本建立在安静"倾听"的基础之上，学生处于被动接受的状态，这种教学模式严重阻碍了孩子们身心的自由发展。在学习过程中学生表现为缺乏自主观念、独立思考能力、怀疑精神和创新意识。这种教育方法不仅影响了学生的身心健康，也会消磨他们对知识追求的自觉性和热情。

(2) 传统家庭教育模式对创新的影响。中国传统的家庭教育模式强调听话，在对孩子的培养教育中，带有强烈的家长意识，有的家长批评孩子时不听孩子申辩，不容许孩子顶嘴，大人说话时不许孩子插嘴等。重人伦、重权威的传统价值观使孩子不仅在人格上依附于成人，而且使他们养成了对成人思想无条件认同的习惯，这就压抑了孩子的个性发展和思维创新。

（二）阻碍创新思维的主观因子

由于创新思维的本质在于对现有思维方式的超越，因此这就决定了阻碍思维创新的主观因子必然来自于被超越者——思维方式本身。阻碍思维创新的主观因子包括固定观念、思维定式、自我中心型思维以及思维障碍等。

1. 固定观念

人们在实际的思维过程中，反复地运用某种观点、某种认识去思考、评价问题，经过多次重复，久而久之，这些观点积淀到大脑深层意识之中而达到"无意识""下意识"的状态，这就形成了固定观念。由于观念是人的思维长期积淀的结果，所以它一旦形成，就具有相对的稳固性和不易更改性。

2. 思维定式

思维定式就是一种思维模式，是存在于头脑当中的认知框架。在现实生活中，人们的头脑中随时会遇到各种信息、各种事物和问题，而人们在筛选信息、分析问题、作出决策时，总是自觉不自觉地沿着过去所熟悉的方向和路径进行思考，而不愿意另辟新路，这就是所谓的思维定式。它阻碍了思维的开放性和灵活性，造成思维的僵化和呆板，使得人们不能灵活运用知识，创造性思维的发展受到阻碍。思维定式从另一个角度来讲，也可以说思维定式是思维的惯性，或思维的惰性。在人的思维能力上是一种重要的表现，是人们通过不断的学习和实践累积下来的经验和形成自己独有的对客观世界的认识、认知的规律和途径，所以思维定式具有明显的个体性。

当一个问题的条件发生质的变化时，思维定式会使解题者墨守成规，难以涌出新思维、作出新决策，造成知识和经验的负迁移。思维定式所强调的是事物间的相似性和不变性。在解决问题时，它是一种"以不变应万变"的思维策略。所以，当新问题相对于旧问题若是其相似性起主导作用，由旧问题的求解所形成的思维定式往往有助于新问题的解决；而当新问题相对于旧问题若是其差异性起主导作用，思维定式就会变成"思维枷锁"，阻碍新观念、新点子的构想，同时也会阻止头脑对新知识的吸收。

3. 自我中心型思维

在日常思维活动中，人们自觉或不自觉地按照自己的观念、站在自己的立场、用自己的目光去思考别人乃至整个世界，由此产生了自我中心型的思维定式。自我中心主义是当今社会及其发展中比较稳定且普遍发生着深层次作用的一种价值理念。在观念方面，自我中心主义使人们形成了相对稳定的极端利己型的思维准则；在实践操作方面，自我中心主义在目标的确立、方案的制订、手段的选择等方面都以自我利益的追求为前提或基础；在制度层面，自我中心主义总是基于最大化地追求自我利益的角度来进行制度设计或安排。

4. 思维障碍

客观事物是复杂的，而人的大脑思维有一个特点，即一旦沿着一定的方向、按一定的次序去思考，久而久之，大脑中就会形成一种惯性，以后遇到类似的问题或表面看起来相似的问题，就会不由自主地按照原来的方向或次序去思考，这就是思维惯性。多次以这种思维惯性来对待客观事物，就形成了非常固定的思维模式——思维定式。思维惯性和思维定式共同作用就形成了思维障碍。思维障碍阻碍了我们创造性地解决问题，对于创新是非常不利的。

产生思维障碍的原因有以下几种。一是知识贫乏，缺少对生活的观察，这样则会缺少思维创新的基础，对于从事任何一项工作都是会产生障碍的。二是偏见，我们往往会因为所处位置的不同，而对事物作出不同的判断，正如"盲人摸象"中的盲人，当他的双手触及大象身体的某部位时，由于视力上的障碍，他就以为自己已经获得了大象整体的形状概念，因此造成了偏见。三是封闭性思维，面对新问题的时候，封闭性思维的人总是被自己的思维所束缚，局限在自己过去的圈子里，最终往往无法解决问题。四是线性思维，是把认识停留在对事物质的抽象而不是本质的抽象，并以这样的抽象作为认识出发点，形成片面的、直线的、直观的思维方式。五是惰性思维，是指人们习惯于用老眼光来看待新的问题，用旧的概念去解释新的现象，是人类思维深处保守力量的体现。惰性思维的人总是被动地应付着去解决问题，不愿意主动去发现一些新的问题，也不愿意去尝试，更不敢去冒险，因此错失了大好时机，潜能也被埋没了。

四、克服阻碍创新思维的应用方法

创新思维的技法，是根据创造性思维发展规律总结出来的一些原理、技巧和方法。它的应用既可直接产生创新成果，同时也可以启发人的创新思维，提高人们的创造力、创新能力，以及创新成果的实现率。常用的克服阻碍创新思维的应用方法，主要包括设问检查法、头脑风暴法、思维导图法等。

（一）设问检查法

思维活动始于发现问题，提问会激发我们观察和思考，并借助想象力把知识和现象联系起来，然而，我们似乎已经习惯了去了解答案，而忽视了问题才是智力的发动机，它可将好奇心转变成可控的探询，它是创新的灯塔。

1. 设问检查法的含义

设问检查法是指通过有序地提出一些问题，使问题具体化，缩小了需要探索和创新的范围，从而启发人们系统地思考解决问题的可能性，产生创新方案的创造技法。设问检查法中最为经典的就是奥斯本检核表法，另外较常用的技法还有 5W1H 法、和田十二法、系统提问法等。

(1) 奥斯本检核表法。奥斯本检核表法是以该技法的发明者奥斯本命名，其方法为引导人们在创造过程中对照 9 个方面的问题进行思考，以便启迪思路，开拓思维想象的空间，促进人们产生新设想、新方案的方法。

奥斯本检核表法具有设问检查法的基本特征，由于设问形式的表达能使作答者处于较为自然、轻松的状态，给人以可以商量的感觉，往往对人启发较大，特别是对尚不确定的、试探性的内容，用设问的形式更为合理，所以检核表中的各项具体内容较多地采用了设问形式。其核心要旨是，在考虑问题时，将多数人常使用的办法收集在一起，制成一览表，对每个项目逐一进行检查，以避免遗漏要点。

奥斯本检核表启发我们提出问题和思考问题，使思路沿着正向、侧向、逆向及合向发散开来，因此它的侧重点是提出思考问题的角度而不是步骤，它的核心是启发和发挥联想的力量。

(2) 5W1H 法。1948 年，美国传播学先驱哈罗德拉斯韦尔在其文章中总结出新闻的"5W"模式。由于 5W 模式简洁清晰，遂成为传播经典，在新闻传播学中取得了不可撼动的基础地位。后来新闻 5W 模式被引入管理课程中，成为一种通行的管理方法，或者说成为了一种常规性管理工具，并发展出丰富多彩的应用版本。经过不断运用和总结逐步形成了一套成熟的 5W1H 分析法，即通过采用英语中的 6 个疑问词来进行设问，这些词的英文第一个字母正好是 5 个 W 和 1 个 H，5W1H 分析法因此而得名。

5W1H 分析法是一种思考方法，也是一种创造技法，是对选定的项目、工序或操作，都要从原因 (何因)、对象 (何事)、地点 (何地)、时间 (何时)、人员 (何人)、方法 (何法) 六个方面提出问题，进行思考。这种看似很简单的问话和思考办法，可使思考的内容深化、科学化。这种方法对于制订计划、工作流程等非常实用。当行为主体是人时，根据职责分工可以更好地规范工作行为。

(3) 和田十二法。和田十二法也称为动词提示检核表法、思路提示法，是我国著名创造教育工作者许立言、张福奎提出的。该方法是在奥斯本检核表法的基础上，结合我国实际情况提炼出来的创造技法，是一种有效的发明用检核表，主要包括如下"十二个一"。

加一加：加高、加厚、加多、组合等。

减一减：减轻、减少、省略等。

扩一扩：放大、扩大、提高工效等。

变一变：变形状、颜色、气味、次序等。

改一改：改缺点、不便之处。

缩一缩：压缩、缩小、微型化。

联一联：原因和结果有何联系，把某些东西联系起来。

学一学：模仿形状、结构、方法，学习先进。

代一代：用别的材料代替，用别的方法代替。

搬一搬：移作他用。

反一反：能否颠倒一下。

定一定：定个界限、标准。

(4) 系统提问法。系统提问法是以系统发问为先导的创造技法。这种技法从事物的表象出发，找出它具备的所有特性或属性，将它们归纳后上升为几大类一般的抽象属性，然后再抛开事物已有的特征，进行发散式的想象，得到多种备选属性，最后通过发问的形式找出其中最为合理的属性。

2. 设问检查法的分析

上述不同的方法都是由问题出发，寻找解决方案的方法。各种方法之间可以相互借鉴、结合使用。奥斯本检核表法，通过设问的方式，启发人们的思考，同时也容易吸引大家共同讨论。5W1H 法，则是通过提问，不断地对问题、原因等进行追问，在提问中发现关键要素，进而有利于提出合理的解决办法。和田十二法是对奥斯本检核表法的改造、扩展，问题更加具体细致且结合了我国实际情况。系统提问法，以系统发问为先导，遵循先收敛后发散，先找到一般特征，然后再对一般特征发散思考后找到具体属性，从而找到解决问题的方案。

(二) 头脑风暴法

1. 头脑风暴法的含义

头脑风暴法，是由美国创造学家亚历克斯·奥斯本 (Alex Faickney Osborn) 于 1939 年首次提出、1953 年正式发表的一种激发性思维的方法。它是一种通过会议形式，让所有参加者在自由愉快、畅所欲言的气氛中，通过相互之间的信息交流，每个人毫无顾忌地提出自己的各种想法，让各种思想的火花自由碰撞，引起思维共振产生组合效应，从而产生创造性思维的定性研究方法，它是对传统的专家会议预测与决策方法的修正。至今已经形成了一个发明技法群，如奥斯本智力激励法、默写式智力激励法、卡片式智力激励法等。

头脑风暴法是管理决策中一种非常重要的定性分析方法，它可以有效地克服传统会议决策法的缺陷，让所有参加会议的人在自由愉快、畅所欲言的气氛中，通过相互之间的信息交流引起思维共振，对于提高整个组织的创新水平具有非常重要的意义。

2. 头脑风暴法的基本原则

(1) 自由畅想。在头脑风暴会议上，人们提出的意见越新颖、越离奇，效果就会越好。奇异的想法不一定切合实际，但它的作用是可激发想象，突破习惯的思维模式，意见本身不一定具有价值，但它会激发出有价值的设想。

(2) 延迟批判。在整个头脑风暴会议期间，应集中精力去提出设想，而放弃对设想的批评。因为批评会使与会者的心理安全、心理自由无法保证，破坏良好的气氛，致使无法提出好的意见。

(3) 以量求质。在开会的前 10 分钟所提的设想一般质量较低，随着思维的互相启发，特别是大量设想源源不断地提出后，这时所提的新设想往往会带有综合性，并会考虑到各种情况、各种角度。意见越多，产生好意见的可能性越大，这是获得高质量创造性设想的条件。

(4) 综合改善。与会者除了提出本人的设想以外，还被要求提出改进他人设想的建议，将几个人的设想综合起来，形成新的设想。评价别人的想法不是批判，而是找出他人意见中的可取之处，在此基础上再进行改善、组合，将其变为你感觉更合理、更实用的意见。

3. 头脑风暴法的实施步骤

(1) 确定议题。头脑风暴法要研究的问题是特殊的，而不是一般性的。集体会议仅能用来解决一些要求探索设想的问题，而不能用来解决那些事先需要作出判断的问题。问题要限定范围，使组内每个成员集中一个目标提出设想。

(2) 确定参加人选。人数以 5 ～ 15 人为宜，人数太少不利于交流信息，太多又不利于掌控。与会人员的专业结构要合理，应保证大多数与会者是精通该问题的专家，同时还应有其他行业的有关人员参加，也可有少数外行人员，目的在于既能保证问题讨论的深度，又能突破专业习惯的束缚。与会者中应让对头脑风暴会议有一定经验的人占一定的比例，最好能从设想能力强的人中挑选出小组的核心成员。与会者应事先参加过有关培训，并对要讨论的问题有所了解和准备。指定一人为主持人，一人作为记录员 (最好不是参加会议的人员)。

(3) 会前准备。为了使会议取得较好的效果，可以提前将问题和一些资料分发给参与人员，同时可以对会场进行适当的布置。比如，可以准备一块大的白板，这样主持人可以不断写出所提出的设想并让大家看到。在会议开始时，为使会议活跃，会前可做一些智力游戏、讲幽默小故事、做简单的发散思维练习等活动，主持人要向参与者重点强调头脑风暴法的原则。

(4) 讨论会议主题。在会议过程中，主持人要鼓励参与者发表看法，并尽力让他们轻松地讨论，以产生尽可能多的思路。在会议中，如有参与者违反原则，主持人可以立即予以制止；如果参与者多次违反原则，主持人要重申原则。记录员在一个简单的表格中记下提出的思路，在会议中不要录音或者录像，以免影响参与者的情绪，抑制他们的思路。主持人要掌控好会议时间，最好安排在 30 ～ 45 分钟之间。

(5) 评价与发展。头脑风暴会议结束后，可组织专门的小组，召开专门的会议来评价头脑风暴会议上形成的各种设想，对其中一些荒诞的设想可暂时放弃，对富于创见的想法可再进行加工完善，以便形成方案。

（三）思维导图法

1. 思维导图法的含义

思维导图又叫作心智图，是用放射状图形的方式记录创意，同时结合了逻辑思维、发散思维和图形化思维的创新思考工具。它运用图文并重的技巧，把各级主题的关系用相互隶属与相关的层级图表现出来，把主题关键词与图像、颜色等建立记忆链接。

2. 思维导图的要素

(1) 中心主题：顾名思义就是这张思维导图的总思想、总脉络，思维导图的分支都是围绕这个中心思想展开的。

(2) 图形：思维导图本身就是图形。一张图顶千句话，图形可以使人充分发挥想象力，把不熟悉的东西与自己熟悉的事物联系起来，不仅能刺激创意性思维，同时也会强化记忆。无论是思维导图中的中央图像，还是分支上的关键图像，或者是思维导图整体，越是生动有趣，越有利于使人集中注意力和发挥联想。

(3) 颜色：色彩给思维导图带来活力，避免单调。对色彩的有效利用会极大地刺激大脑，这使思维导图明显区别于其他传统的平面信息。思维导图利用图形、关键词、分支、色彩，以及线条、代码和多维度等图文并茂的形式来增强记忆效果，允许学习者产生无限制的联想，使思维过程更具有创造性。

(4) 分支：思维导图呈现出一种放射状的结构，分支是由关键词和紧贴在下边的曲线构成。关键词既可以用文字表达，也可以用图形表达。不同分支按照层级关系连接起来。围绕中心主题延伸出来的是一级分支，从一级分支中延伸出来的是二级分支，以此类推。线条要求平滑有弧度，从同一个点出发，保持连续性。

(5) 关键词：记忆的主体是某些关键概念特征的组合，而不是逐字逐句再现的过程。关键词可以勾起人们的经历与感受，有利于新创意的产生，能够使思维导图更加醒目。一般关键词是以名词为主，动词次之，形容词以及副词为辅。这样不仅锻炼了我们归纳总结的能力，还能锻炼我们的发散思维。

3. 思维导图的绘制

(1) 思维导图的绘制步骤：

① 将白纸横放，在白纸中间用图像表达问题的核心。中央图像越有趣，越能令大脑兴奋。

② 从中央图像向四周拓展绘制一级分支，并在分支线条上使用适当的关键词，画分支时通常从时钟钟面 2 点钟的位置开始。关键词可以是文字，也可以是图像。

③ 从一级分支向周围拓展绘制二级分支，保证分支线条与上一层级的线条末端衔接，同样在分支线条上要使用关键词。以此类推，逐层展开。

④ 给思维导图的线条增加颜色。上颜色的目的是突出重点，呈现层次，加深记忆。

⑤ 根据需要，对思维导图的内容使用连线、箭头、图像、符号、代码、边界等进行修饰和整理，形成个人风格，帮助理解记忆。

(2) 思维导图的绘制规则：

① 顺序的规则。思维导图分支绘制按照顺时针方向，起点一般在 2 点钟方向。这是思维导图绘制的基本常识，我们在阅读自己或他人的思维导图时也是按照同样的顺序。在绘制时，需要合理布局，从白纸的中心开始，周围留出空白，即根据分支及内容的多少，让各分支基本对称，避免出现重心偏移。

② 图像的规则。图像能帮助人们更好地运用想象力，可以自动吸引眼睛和大脑的注意力，能够有效地突出重点。图像越有趣，越能使人全神贯注地发散、联想，越能使大脑兴奋。因此，绘制思维导图时，一定要用中央图像，在绘制过程中只要有可能就要使用图

像，这样可通过视觉促进理解和记忆，并且触发更多的联想。

③ 线条的规则。思维导图的分支线条是曲线，曲线更容易激发大脑思维，由中心向四周是由粗到细变化，彼此相连。因为大脑是通过联想来进行记忆的，如果把中心和四周分支连接起来，就会更容易理解和记住这些要点，也会使自己的思路越来越清晰，思维结构更丰富具体。注意：曲线线条的长度与在线条上的关键词长度应相一致。

④ 色彩的规则。色彩是各种思想的最主要的刺激物，可使大脑保持兴奋，能够提高使用思维导图的兴趣。在思维导图的绘制中都要使用色彩，主要图像要使用两种以上的颜色，这样更易于激发大脑。每个主干分支或内容紧密联系的分支，可使用同一种颜色，以方便理解和辨别。为了层次分明、便于区分，线条与写在上面的关键词不要使用同样的颜色。

⑤ 文字的规则。思维导图中的文字是我们提炼的关键词，越精练越好，最忌把大段文字都写上去。每条曲线上只写一个关键词，词在线上。由于大脑更习惯接受横着写的词语，因此关键词的倾斜角度应有一定限度，以方便阅读。

第三节　"互联网 +" 时代的创新思维

一、"互联网 +" 时代概述

1. 互联网

互联网始于 1969 年美国的阿帕网。互联网是网络与网络之间所串联成的庞大网络，这些网络以一组通用的协议相连，形成逻辑上的单一巨大国际网络。通常 Internet 泛指互联网，这种将计算机网络互相连接在一起的方法可称作"网络互联"，在此基础上发展出覆盖全世界的全球性互联网络称作互联网，即互相连接在一起的网络结构。

2. 中国互联网的发展

互联网在中国的发展历程可以初步划分为三个阶段：

第一阶段为 1986—1993 年，是研究试验阶段 (E-mail Only)。在此期间，中国一些科研部门和高等院校开始研究 Internet 联网技术，并开展了科研课题和科技合作工作。这个阶段的网络应用仅限于小范围内的电子邮件服务，而且仅为少数高等院校、研究机构提供电子邮件服务。

第二阶段为 1994—1996 年，是起步阶段 (Full Function Connection)。1994 年 4 月，中关村地区教育与科研示范网络工程进入互联网，实现和 Internet 的 TCP/IP 连接，从而开通了 Internet 全功能服务，从此中国成为有互联网的国家。之后，ChinaNet、CERnet、CSTnet、ChinaGBnet 等多个互联网络项目在全国范围相继启动，互联网开始进入公众生活，并得到了迅速发展。1996 年底，中国互联网用户数已达 20 万人，利用互联网开展的业务与应用开始逐步增多。

第三阶段是从 1997 年至今，是快速增长阶段。国内互联网用户数 1997 年以后基本保持每半年翻一番的增长速度。据中国互联网络信息中心 (CNNIC) 公布的统计报告显示，截至 2022 年 12 月，我国网民规模达 10.67 亿人，较 2021 年 12 月增长 3549 万人，互联网普及率达 75.6%。

3. "+ 互联网"和"互联网 +"

"+ 互联网"和"互联网 +"是两个不同的概念。通俗来讲，"+"在左边，可以理解为在已有方式基础上的新增互联网模式；"+"在右边，则是以互联网为基础的新的运营模式。下面以滴滴打车为例来进行详细区分。

站在司机的角度来看，司机和车是主角，滴滴打车这个软件是配角，司机要做的是利用好这个软件，更有效地使车子运转起来，让车子使用效率更大化，减少闲置情况下的养车成本，得到更多的利润。因此，对于司机来说，这个软件只是一个接单工具，他的赚钱工具还是车子本身，即使没有软件，也还是有人打车的。所以，司机应该养好车，练好驾车技能，并提供最好的服务给消费者，合理安排时间和路线，提高运行效率，这才是他应最要关注的地方，这就是"+ 互联网"的精髓。

同样的，滴滴打车站在另一个角度来看，则是一种典型的"互联网 +"模式。作为一种运营模式，主角是滴滴打车这个软件，车和司机本身是固定存在于市场的，只是原先是以一种无规则分布的社会闲散资源存在，但在经过滴滴打车软件的整合和运作后，打车市场从根本上发生了改变，这种改变让社会闲散资源可以充分利用起来，方便了打车消费者的出行，也使车主能更好地利用车子，与传统出租车相比效率提升了 N 倍，这就是"互联网 +"的力量。

简而言之，"+ 互联网"是把互联网当作技术，一般都是"传统企业 + 互联网"，"互联网 +"则是在知识社会创新的推动下的互联网形态演进及其催生的经济社会发展的新形态。

二、互联网和"互联网 +"时代的特征

（一）互联网的特征

随着互联网完全融入我们生活和学习，我们的社会生活较以前发生了很大变化。虽然我们都在享用互联网带来的种种便利，但是你知道互联网具体有哪些特点和优势吗？互联网的特点我们可以总结为四个字"多、快、好、省"。"多"指的是用户多、信息量多、服务器多，在如此多的用户、信息、服务器中，无疑隐藏着巨大的利润市场；"快"指的是获取信息和信息传递的速度快，这种快传输给信息交流和商贸活动提供了快速便捷的通道；"好"指的是在互联网上我们可以根据需要进行选择，不会因为其他因素而耽搁；"省"指的是省时、省力、省财、省物、省心、省神，通过互联网可以节省很多线下需要支付的费用。

互联网带给我们生活便利，使地球成为信息网络互联的地球村，与面对面交互相比，有其自身优势：

(1) 实时交互性：你可以随时通过网络和别人进行互动，打破以前需要面对面才能进行的交互情形。

(2) 资源共享：在互联网中，同一个资源是面向所有网民的，大家可以共同使用，这

样也能最大限度地节省成本、提高效率。

(3) 超越时空：即可以超越时间和空间的限制，在网上聊天、看电影、看新闻等，是不受时间、空间限制的。

(4) 个性化：每一个人都可以在网上发表自己独到的见解和创意，都可以在互联网上得到很好的生存和发展。

(5) 人性化：互联网之所以能如此快速实现普及，是因为它在很多方面都是按人性化标准来进行设定的。

(6) 公平性：人们在互联网上发布和接收信息是平等的，互联网上人们不分地段、不讲身份、机会平等。

（二）"互联网＋"时代的特征

1. 跨界融合

"互联网＋"的"＋"本身就是跨界、变革、开放的意思，是一种重塑融合。只有实现了跨界，创新的基础才能更坚实；只有融合协同了，大范围的群体智能才会实现，从研发到产业化的路径也才会更垂直。

2. 创新驱动

现在我们处在时刻动态变化的时代，如何正确应对这个特定阶段的变化显得愈发重要。中国以往粗放式资源驱动型增长早就难以为继，必须转变到创新驱动发展上来，这正是互联网的特质，用互联网思维求变、革命，更能发挥创新的力量。

3. 重塑结构

随着信息革命、全球化、互联网的深入发展，原有的社会结构、经济结构、地缘结构、文化结构被打破，权力、议事规则、话语权也随之不断发生变化。"互联网＋"社会治理则是新时代下的新兴社会治理方式。

4. 尊重人性

互联网力量的强大之处在于它对人性最大限度的尊重、对人的体验的敬畏、对人的创造性发挥的重视，这种尊重人性的特性，也是其实现快速普及的重要原因。

5. 开放生态

依靠创新、创意、创新驱动，同时进行跨界融合、协同发展，就一定要优化生态、实现生态创新，如技术和金融结合的生态，产业和研发连接的生态等。生态本身就是开放的，我们推进"互联网＋"，一个重要的方向就是要化解过去制约创新的环节，把孤岛式的创新连接起来，实现价值的最大化。

6. 连接一切

马化腾在"互联网＋"上致力于要建设一个连接一切的生态，该定义体现了互联网未来将会对这个社会、世界施加重要影响，所以理解"互联网＋"就一定要把握它和"连接"的关系，可能连接会有层次化、有差异性，但连接一切是"互联网＋"的终极目标。

三、"互联网+"时代的思维模式

1. 理解互联网思维的关键

(1) 便捷。互联网信息的传递和获取比传统方式更方便、更快捷。

(2) 表达(参与)。互联网让人们表达、表现自己成为可能。每个人都有表达自己的愿望，都有参与到一件事情的创建过程中的愿望。

(3) 免费。互联网让我们享受到更多的免费服务。

(4) 数据思维。互联网让数据的搜集和获取更加便捷，随着大数据时代的到来，数据分析预测对于提升用户体验有非常重要的价值。

(5) 用户体验。任何运营的落脚点都是用户，要让用户满意，让用户体验更舒适。

2. 理解互联网思维的多层次

1) 战略层面的互联网思维

如果把前两次工业革命理解为计算机的技术层面准备，那么第三次科技革命则是一次完全的质变，这种质变的结果就是互联网虚拟世界的出现。虚拟世界的快速场景和规则重建，便捷的技术、市场反馈机制，大大压缩了现实世界的变革周期和成本，对原有产业模式进行了全面改造。从战略层面理解互联网思维，就是要理解虚拟世界的意义。

2) 战术层面的互联网思维

战术层面最关键的是组织结构的改变，以此促进工作方式、社会结构和服务理念的改变。如流水线式的 O2O 结构：以淘宝组织模式为例，线上虚拟的网络商店结合线下扁平的层级结构，充分的信息沟通和消息驱动，实现互联网时代跨时空的大规模高效协作，改造了传统区域分销模式，消除了多层级金字塔结构的封闭、缓慢和等级压制。这种结构适合于层级结构的互联网扩展，除了电子商务，电子政务、互联网公益、制造企业产业链、物流、教育、医疗等各个领域也慢慢看到这种高效的组织结构。战术层面理解的互联网思维就是关注线上、线下结合，快速交互的扁平高效组织带来的经营模式大改造。

3) 政治维度的互联网思维

互联网时代改变了组织大众的技术可能，爱心的原驱动力开始凸显，并依此在互联网建立自己的虚拟组织和经济实体，引发新的聚集质变，大众互联网公益开始分担政府职能，互联网应用改变原本的社会活动组织方式，让爱心更加普惠，由此实现过剩权力和过剩利润的流转，和谐社会就此到来。

4) 经济维度的互联网思维

"互联网+"是互联网思维的进一步实践成果，它推动经济形态不断地发生演变，从而带动社会经济实体的生命力，为改革、创新、发展提供广阔的网络平台。通俗地说，"互联网+"就是"互联网+各个传统行业"，但这并不是简单的两者相加，而是利用信息通信技术以及互联网平台，让互联网与传统行业进行深度融合，创造新的发展生态。更灵活的创新服务机制就是经济维度的互联网思维。

5) 经营理念的互联网思维

经营理念的互联网思维也叫作用户体验思维，它是基于平等、透明、互动、快捷的商业理念，以用户体验为中心。在过去信息及商品都很稀缺的时代，用户更多是"被动选择"，随着信息时代的到来，万物皆可互联，用户更多的是"主动选择"，面对这种质的变化，用户就成为互联网人的上帝，必须去想用户所想。

3. 大数据与人工智能

1) 大数据思维

"大数据"是从英语"big data"翻译而来，最早提出"大数据"时代来临的是全球知名咨询公司麦肯锡，认为"大数据指的是所涉及的数据集规模已经超过了传统数据库软件获取、存储、管理和分析的能力。这是一个被故意设计成主观性的定义，并且是一个关于多大的数据集才能被认为是大数据的可变定义，即并不定义大于一个特定数字才叫作大数据"。因此，所谓大数据，狭义上来说就是用现有的一般技术难以处理大量数据的集合。以往只有像谷歌、微软这样的全球化公司才能做关于大数据的深挖和分析，现在大数据已经平民化，越来越多的公司有机会进入这个领域，并以此不断创新商业模式。

大数据思维与传统思维不一样，有其独特的思维原理。

(1) 数据核心原理。现如今，大数据已成为不可或缺的重要资源，数据核心原理即必须树立以数据为核心的思维理念，以数据说话，用数据核心思维方式思考和解决问题。以数据为核心的理念反映出日前 IT 行业的变革：以数据为基础。然而，海量的数据又给数据分析增添了新的机遇与挑战，一方面带来了数据处理技术的突飞猛进，另一方面可能造成海量数据与核心数据的矛盾、规律发现与规律失效的矛盾等结果。

(2) 数据价值原理。大数据时代从当初的以"功能"为价值转变为以"数据"为价值，让数据变得活跃起来，并且注重的侧重点也不在于数据的"大"，而在于数据的"有用性"，由此带来的对价值含量和挖掘成本的追求胜于对数量的追求。而通过对有价值的数据处理分析能够让企业更好地了解客户需求、消费倾向、喜好等，这就为实现个性化服务提供了可能。大数据还存在预测推理的效用。

(3) 全样本原理。长期以来，由于记录、储存和分析数据的工具、技术能力有限，对大量数据的准确处理面临很大的挑战，为此，人们为了让数据分析变得简单，就会选择性地把数据量缩减到最少，采用抽样调查的方法去进行样本收集。而在大数据时代，人们分析处理数据的能力大幅提升，具备利用所有数据的能力，不再仅仅依靠小部分数据来进行判断。全数据调查与传统抽样调查相比更具真实性和可靠性，收集的数据量越大，越能真实反映事物的真实性，收集足够多的数据可让人们充分了解信息详情，能够更好透过现象看本质，发现事物的内在规律。

(4) 关注效率原理。大数据让决策变得更为科学，比如企业可以通过分析大数据来科学决策、提升企业工作效率。大数据之所以能提高生产效率和销售效率，是因为它能够分析了解市场细分、消费者需求，企业可以据此基于大数据的分析指向进行快速决策、迅速动作、抢占先机、提高工作效率。这种基于大数据自身数据处理技术层面带动下的工作效率的提升就是关注效率原理。

2) 人工智能

如果把过去信息技术产业的发展时代称为"手工时代"，那么人工智能技术的出现则是把信息技术产业推向到了"自动化时代"。党的十八大以来，我国高度重视智能经济的发展，促进人工智能和实体经济的深度融合，为高质量发展注入新的动力。特别是十四届全国人大一次会议表决通过的《关于国务院机构改革方案的决定》，明确组建国家数据局负责协调推进数据基础制度建设，统筹数据资源的整合共享和开发利用。对此，抓住机遇发展人工智能变得更加重要。

人工智能是计算机科学的一个分支，它企图了解智能的实质，并生产出一种新的能以人类智能相似的方式作出反应的智能机器，该领域的研究包括机器人、语言识别、图像识别、自然语言处理和专家系统等。人工智能研究的一个主要目标是让机器能够胜任一些通常需要人类智能才能完成的复杂工作。

为了更深刻地理解人工智能，我们可以将其抽象化去理解。哲学上所谓的人工智能，就是把人的部分智能活动机器化，让机器具有完成某种复杂目标的能力，这实质上是对人脑组织结构与思维运行机制的模仿，是人类智能的物化。人工智能是人的意识能动性的一种特殊表现，是人的本质力量的对象化、现实化。它的出现表明人类意识已经发展到能够把意识活动部分地从人脑中分离出来，物化为机器的物理运动，从而延伸意识器官功能的新阶段。简单来说，人工智能是人类部分意识的物化。

2022年11月30日，ChatGPT一经发布便抢占热搜，发布仅2个月，便凭借其独特的语言交互功能吸引了超过了1个亿的月活跃用户量，创造了AI软件应用的新纪录。面对ChatGPT的爆火，不少人认为这是人工智能的重大突破，比尔·盖茨(Gates B)直言："ChatGPT的影响不亚于互联网和个人电脑的诞生！"也有人表示担忧，马斯克(Elon Musk)认为："ChatGPT让我们距离危险而强大的AI不远了。"

当前，人工智能还在发展中，可以预见它在未来会有更大的发展。我们要以开放、客观的态度观察、思考和把握人工智能的未来发展及其对社会的影响。在充分利用人工智能带来便利的同时，注意加强人工智能不当应用的风险研判和防范，引导和规范人工智能向更有利于人类生存和发展的方向发展。

四、"互联网+"时代大学生创新思维培养的战略意义和机遇

1. "互联网+"时代大学生创新思维培养的战略意义

创新思维的培养能有效促进我国经济和社会发展。大学生作为新一代，深化高等学校创新思维教育，能够发展我国创新创业的战略方针，从而帮助高校大学生成才，提升大学生的综合素质，并提高大学生就业率，引导学生们把理论与实践相结合，给迈出校园的学生带来更多机遇并促进就业。

(1) 大学生创新思维培养影响国家经济发展的基础和动力。知识经济时代，国家综合实力和经济竞争力关键在于人才的竞争，人才的竞争又体现在创新。大学生是国家的人才资源，他们思维活跃、具有创新精神，能引领许多新兴产业和高科技产业。但由于我国教育体制和传统教育的弊端，使高校大部分学生创新思维培养与专业课程思维的培养相比显得较滞后。改革开放以来，由于创业的提出，造就了中小企业飞速发展下的中国经济新增

长点，为社会提供了大量的产品和服务。培养高校大学生创新思维，让更多高校大学生参与到创新创业中，将是未来促进我国经济发展的有效方法。

(2) 大学生创新思维培养是解决就业问题的有效途径。随着大学教育的普及，每年毕业生的人数逐年递增，由此传导而来的是高校毕业生的较大就业压力。2023年全国高校毕业生规模预计1158万人，同比增加82万人，在这种情况下，培养高校大学生创新思维，引导有条件的学生进行创新实践，是缓解社会就业压力的一个重要途径。

(3) 大学生创新思维培养教育将是高校人才培养模式改革的新方向。近年来，我国高等教育实现了飞速发展，许多高校都实行扩招政策。目前，我国已成为世界上高等教育规模最大的国家，因此深化教育改革、创新高校人才培养新模式将是高等教育长效发展的必由之路。比如，要先根据社会经济发展的需求，确立高校人才培养模式和目标，实施创新创业教育，培养大学生创新创业意识以及他们的实践能力。

2. "互联网+" 时代大学生创新思维培养的机遇

(1) 政府出台了有利于大学生创新思维培养的相关政策。用创新创业的方法带动社会就业现已被大家广泛认可，政府为了支持大学生创新思维发展，促进"大众创业、万众创新"，制定了大量针对大学生创新创业的优惠政策。例如，高校毕业生申请创业项目时，可通过快捷通道优先注册，同时还可减免大学生创业各类手续费用、行政管理费用。另外，国家就大学生的创新创业活动出台了诸多文件，特别是关于创新创业教育方面，为大学生创新思维的培养提供性实质性的支持。

(2) 大学创新创业教育推广力度不断加大。大学生思维活跃，大学期间是培养他们创新思维和创新能力的重要阶段。如今，处处充斥着创新创业意识的萌芽，大学生逐渐成为我国创新创业的生力军。四十多年改革发展带来了创新创业教育新面貌，培育了众多有创新精神、有担当意识的创新创业人才，积累了许多可复制、可延续的人才培养经验。新时代创新创业教育已成为高校大学生的必修课程，从课程设置到课程教育再到师资力量等关于创新的系统教育体系已日渐完善，培养出更多能吃苦耐劳、拥有创新精神、能肩负起民族振兴大任的新青年，是当今我国高等教育需要解决的极具时代意义的紧急课题。

(3) "互联网+" 时代创业门槛较低。"互联网+" 时代背景下，创新创业对大学生的学历、工作经验以及专业知识掌握等方面不再设置过多具体的要求，只要你有创新点，就可以通过专业系统的培训或者自我探索的方式掌握关于经营的秘诀。同时，与以往创业不同的是，通过创业提高自己的能力，基本不再受原有知识结构以及自身技能储备等方面的限制，这就大大降低了创业的门槛，真正地让"大众创业、万众创新"成为可能。

(4) "互联网+" 时代大学生创业选择范围更多。首先，"互联网+" 丰富了大学生创新创业的平台选择。传统创业模式一般借助规模化的生产与制造流程，再通过多种渠道将产品送达消费者手中。"互联网+" 下的大数据，给大学生的创业选择带来了更多的可能性。其次，"互联网+" 丰富了大学生创新创业模式的选择范围。"互联网+" 创业新模式，吸取传统"单打独斗"式创业模式精华，创造出了创新性强、价值高且充满未知的新型创业模式，极大地丰富了大学生创新创业模式的选择范围。最后，"互联网+" 丰富了大学生创新创业的市场选择。与传统创业模式以实际市场为重点不同，"互联网+" 下的市场选择开始打破实际市场开拓的经济条件和人脉关系的限制，通过智能化操作可以不断扩大消费市场，发掘潜在客户，使创业者在第一时间拿到创业领域的最新资料，作出有利判断，进而确定下一步方向。

(5)"互联网 +"时代大学生创新思维培养有具体策略。

① 完善高校创新思维培养体系。"互联网 +"时代大学生创新思维培养的关键在于高校，具体来说，高校需要积极改变原有的运行模式，首先要积极引入创新创业相关的课程和专业，科学细化课程详细设置，例如将《职业生涯规划与就业指导》《大学生创新创业基础》《大学生创业意识培养》《创新创业实践 (任选课)》等课程作为公共必修课，同时可以鼓励对创新创业感兴趣的学生选修更进一步的创新创业课程。同时，严格筛查、择优录取，组建优秀创新创业教师团队，并加强校园创新创业配套建设，包括创新基地、创业园区、创新创业协会以及创新创业社团等，也可以利用新型科技手段建设创新创业平台，打造良好的创新创业环境，例如众创空间等，为大学生创新创业思维和能力的培养营造良好条件，畅通创新创业教育的整个循环机制，形成合理流畅运转的大学生创新创业能力培养机制。

② 加强创新意识培养师资队伍建设。"互联网 +"时代大学生创新思维培养的重点在于高校教师。教师作为大学生创新思维培养的实施者，在培养大学生创新思维的过程中发挥着重要作用。对教师而言，培养大学生创新思维能力要做的就是自身能力的培养与观念的改变。一方面，学校要对教师队伍进行实时更新，引进创新创业相关领域人才，现有教师要有危机意识与责任意识，要培养终身学习的能力，因为创新创业教育要求的是全方位的复合型人才的培养，如果教师自身能力不足，很难培养出合格的大学生。另一方面，教师要更新自身思想观念，尽管创新创业教育在很多高校发展尚未成熟，但是必须从心里对创新创业教育认可并充满信心，持续地、潜移默化地促进学生创新创业思维能力的提高。

③ 积极转变学生观念。"互联网 +"时代大学生创新思维培养的落脚点在于学生。学生作为创新思维培养的对象，想要培养自己的创新思维，不仅要利用好浩瀚大海里蕴藏着的丰富资源，而且要培养好自身能力，改变自身观念。不仅要持续学习、综合学习、终身学习，利用优质丰富的资源努力提高自身学识，不断更新自己的知识库，而且要让学习成为一种习惯。同时，大学生要学会利用网络上各种便捷的信息获取渠道，努力寻找合适的项目进行实践，也可以通过返乡创业实践，持续地积累经验与学习技能，逐步掌握创新创业的方法，提高创新创业能力。

1. 如何深刻理解中国传统文化中的创新思维？
2. 结合实际案例谈谈创新思维的具体应用。
3. 结合实际，谈谈你对"互联网 +"时代大学生创新思维培养的理解。

拓展阅读

第四章　创 新 能 力

第一节　概　述

创新作为发展的动力和知识经济的核心，成为了学术界研究的热点。创新驱动的任务在世界经济发展的形态下形成了历史性交汇：驱动经济发展方式的转变，实现中华民族的伟大复兴。当代经济学意义上的创新源于科学发现或者技术发明，由创新引发的技术和制度革新，已经触发经济、政治、文化、教育、生态环境等各个领域的持续、系统变革。随着人们对创新研究的持续投入，现在对创新的关注点转移到了创新的实现条件——创新能力上来。

一、创新能力的内涵

创新能力是在技术和各种实践活动领域中，不断提供具有经济价值、社会价值、生态价值的新思想、新理论、新方法和新发明的能力。

《国家创新驱动发展战略纲要》是国家对实施创新驱动而制定的战略部署，其明确提出"深入参与全球科技创新治理""全面加快向创新驱动发展转型"。从创新驱动经济发展的视角来看，研究者对创新能力的研究较多地集中在组织主体的创新能力方面。国际上较早对创新能力给予系统性解读的是 Burns & Stalker(1961 年)，创新能力最初用来表示"组织成功采纳或实施新思想、新工艺以及新产品的能力"。依据创新能力体现的层次性，可以从宏观、中观、微观三个层面将其划分为国家创新能力、产业创新能力和企业创新能力。站在国家参与全球竞争的视角，如何提高组织主体的创新能力，已经成为企业、政府、高校生产或者实践的核心命题。

自主创新、自主创新能力是常见的词语，这类词语的出现体现了我国自力更生、团结一致谋发展的国家意愿，同时也体现了我国关键核心技术自主研发能力不足的现实。"卡脖子"技术的攻克成为当前我国创新历程的攻关重点，因此，自主创新能力的建设在当前历史条件下与创新发展的内涵发生了共融：知识经济条件下，创新驱动的制度安排中，提升企业创新能力，驱动经济发展；提升政府创新能力建设，驱动制度完善；提升高校创新能力，驱动文化进步和创新人才培养。同时，在国家的推动下，自主创新也成为一个意识形态的主题，并逐渐成为中国创新发展的有意识选择。

马克思指出，人类的认识不仅仅指向自然，也指向社会和人自身。实践促成了认识的发生，人的认识和实践以一定的内在价值作为支撑。世界是发展的，增强创新能力可为发展提供动力的源泉。创新发展要调动个体的主观能动性，尊重个体的认识规律。人的认识需要在实践中寻找答案，所以任何关于创新的思维和意识成果，都需要在反复的实践中检验实效，并通过实践寻求完善和突破。

马克思主义经典著作的相关论述，一方面指引我们重视科学技术创新对生产效率、产业变革的影响，不断推进理论创新；另一方面指引我们从"问题即创新起点"的视角，实事求是、与时俱进，从"什么是社会主义，怎样建设社会主义"，到"我们要建设什么样的党，以及怎样建设党"，再到"新时期我们要实现什么样的发展，怎样发展"，一步步取得社会主义实践的胜利。

很多国内外多著名学者已经开展了创新能力的相关研究，从不同角度对创新能力概念进行了诠释。

艾米顿认为：从企业角度出发，认为创新能力是创造新思想、利用新想法的能力，并把新思想转化成为市场化的产品或服务，从而为企业创造利润。

白福臣认为：创新能力是指一个人创造出具有社会价值的新理论、新事物的能力，是在创造思维的作用下，认识和指导实践的综合性能力。

陈力田等人认为：将创新能力的内涵界定为搜寻、识别、获得外部新知识，或发现已有知识的新组合、新应用，进而产生能创造市场价值的内生性新知识的能力。

樊兰认为：创新能力是运用知识和理论，在各种实践活动领域中不断提供具有经济价值、社会价值、生态价值的新思想、新理论、新方法和新发明的能力。

黄斌认为：创新能力是人们在智力活动中善于发现和创造新事物的能力。

二、创新能力的结构

培养大学生的科研创新能力，必须建立在大学生科研创新能力结构的基础上，否则就是无的放矢。因此，系统分析大学生科研创新能力的结构，是探讨大学生科研创新能力培养体系问题的前提。那么，大学生科研创新能力究竟包括哪些能力？根据大学生科研创新能力的内涵，概而言之，大学生科研创新能力主要包括运用新理论的能力、采用新方法的能力、获得新材料的能力、发现新知识的能力和表达新见解的能力这五种能力。

1. 运用新理论的能力

运用新理论的能力是指大学生在观察问题和分析问题时，能够选择新视角或新框架的能力。这里的新理论有三层含义：一是指某一学科领域新出现的理论，这一新理论或源于原有理论的完善，或源于新的建构；二是指学科间的理论借用，例如，在社会学创始时期，社会学对生物学理论的借用；三是指综合运用理论的能力。

对于科学研究而言，理论的作用在于为研究者提供一个观察和思考问题的角度或分析框架。分析框架好比摄影和绘画中的构图，其作用在于确定研究的焦点和边界，即研究的主题。不同的理论，观察问题的视角往往不同。运用新理论，通常能够获得对问题新的认识或理解。因此，运用新理论的能力是大学生科研创新能力的重要条件。运用新理论的能力又可以分解为若干能力要素，不仅包括一定的知识和理论积累，因为只有具备一定的理论知识，了解理论产生的背景和使用条件，熟悉理论的观点、内容，才能够有效地使用理论；还包括一定的理论比较、反思和辨别能力，以及跟踪理论发展前沿的能力和理论联系实际的能力等。

2. 采用新方法的能力

从主体与客体的关系视角来看，方法指的是在实践过程中，主体根据自己的目的需要并依据客体的内在规律而建立的规则、路线或手段的总和。科学方法，则指的是既反映了客体的内在规律，又能有效达到主体目的的那些规则、手段或途径。科学的研究方法是提高大学生创造能力的杠杆，它不仅能够帮助学生进行正确的目的定向，解决研究创新的出发点和目标问题，而且方法本身的创新还能够引起新的创新。

大学生采用新方法的能力，是指大学生在探究研究对象内在规律的科研过程中，能够在正确的世界观和科学的方法论指导下，选择较为经济、合理、高效和可行的手段或途径的能力。其中，马克思辩证唯物主义和历史唯物主义是大学生采用新方法的哲学基础，各学科相关的具体方法是大学生采用新方法的直接来源。如自然科学领域的实验方法、社会科学领域的科学调查方法等，都是大学生科研创新应该具备的方法的基础。由于方法本身是在不断的发展和完善过程之中，因此，一般情况下，采用新方法不仅会使研究更加科学有效，而且会获得新的发现。以社会科学的性质研究为例，与非参与观察相比，参与观察更有可能获得新的发现。因为参与观察方法赋予研究者双重角色，他既是研究主体，又是研究客体，所以参与观察更容易接近事物关系的本质。

3. 获得新材料的能力

研究的目的是探寻和把握事物的本质规律。根据马克思主义哲学的基本原理，事物的本质规律总是通过事物的现象表现出来的。就研究而言，这些现象就是材料。研究的过程实质就是获得这些材料，并在分析材料的基础上获得科学认识的过程。对社会科学而言，用于科研的材料越完整、越充分、越有代表性，对事物的认识就会越全面、越深刻、越科学。例如，在文化人类学领域，文化多样性观点之所以比种族中心主义观点更有说服力，就是因为前者较后者占有更加多样的文化资料，较后者对文化的认识更加客观。

实际上，科研创新很大程度上就是科学新发现，而科学新发现很多时候又表现为发现了新材料、新现象，这种新发现在化学、天文、物理、地理等自然科学领域经常发生，如新化学元素、新材料、新星体以及新物种的发现。就自然科学研究而言，获得新资料的能力主要表现为独立设计并完成实验的能力；就社会科学研究而言，则主要表现为独立设计和完成社会调查的能力。

4. 发现新知识的能力

发现新知识，就是在充分掌握资料的基础上，运用科学的思维方法发现新的事物，事物新的形式、特点或规律等过程或活动。发现新知识的能力可以分为资料管理能力、资料分析能力和知识比较能力。

(1) 资料管理能力：不同的学科对资料的管理能力要求不同。就社会科学而言，资料管理能力包括资料的分类能力、编码能力、数据录入能力、数据库管理能力等；就定量研究而言，资料管理还要求大学生具备一定的统计知识和运用计算机专业统计软件进行数据录入和数据库管理操作的能力。

（2）资料分析能力：指学生对材料进行阅读理解、分析、综合、归纳和演绎并得出结论的能力。

（3）知识比较能力：是指大学生能够将自己获得的认识和结论与其他研究者的已有观点或结论进行比较评价和交流的能力。知识比较能力显然是以大学生的理论知识积累为基础，要求大学生熟悉其所研究领域的已有成果和发展前沿。

发现新知识的能力，实际上是要求大学生在系统掌握其研究领域理论知识基础上，具备独立思考、提出问题并获得答案的能力。

5. 表达新见解的能力

发现新的知识还不同于表达新见解。发现新知识往往侧重于作为研究者的大学生本人，换句话说，只是研究者本人才知道自己发现了什么，是什么，怎么样以及为什么，他人并不知道。而研究的真正价值在于使研究产生社会效益，就是要让更多人知道，实现知识在更大范围内共享。因此，大学生科研创新，不仅要求大学生具备获得新知识的能力，还要求其具备表达新知识、发表新见解的能力。

大学生表达新见解的能力主要是指写作能力，尤其是学术论文的写作能力。作为大学生科研创新能力的一部分，学术论文的写作能力要求大学生能够按照本学科学术论文的写作规范，借助合理的结构，严密的逻辑，通达的语言，有理有据地表述自己的新见解。写作能力实际上是一项综合性能力，与大学生的理论运用能力、采用研究方法的能力、获得材料的能力等是密不可分的，因为写作通常是以研究过程的完成和研究成果的获得为基础的。对大学生的学术论文写作来说，最关键的应是大学生要具备证明论点的能力。具体包括能正确、准确且简练地陈述自己的观点，并能阐述观点中的重要概念、内涵，限定观点成立的条件，且能按照一定的逻辑层次，较完备地提炼出分论点，再通过说理或运用实际数据充分地证明该分论点。

三、创新能力的特点

1. 新颖性

新颖性主要体现在创新的目标、方法、过程等方面都比较新颖。以专利申请为例，众所周知，专利申请在大学生创新能力培养中的积极作用，申请发明或者实用新型专利时，要求其不属于现有技术，而且也没有任何单位或者个人就同样的发明或者实用新型在申请日以前向专利局提出过申请，并记载在申请日以后（含申请日）公布的专利申请文件或者公告的专利文件中。

2. 多向性

多向性也可以是指一次活动能指向多个发展目标。层次性是指同一目标要由小到大由浅入深。阶段性是指针对目标的时间跨度来说，如技能方面可以分阶段完成，而创造精神、合作意识、动手能力等的形成则需要长期培养，从纵、横、逆三方面来思考问题。

3. 多元性

系统的组成部分各自具有不同的性质、特点、目的和行为，因而需要相互区别所形成的系统特性，即善于从事物的多方面、多环节、多因素、多层次、多角度来进行思考。

4. 开放性

表明一个人有多么开明可以对其进行人格测试。在人格测试中，具有高度开放性的人喜欢尝试新事物，他们富有想象力，充满好奇心，思想开放；而开放性低的个体则宁可不尝试新事物，他们思维较局限，较难看得长远，且难以拥有全局观，和他人在沟通中往往也只能听到字面意思，喜欢按部就班、朝九晚五、稳定踏实地生活。可以说，一个高开放性分值的人，会去拥抱和迎接那些新鲜的、不同的体验，而低开放性分值的人，则会拒绝或排斥那些不熟悉的经历，对不熟悉的、不符合自己既有认知以及预判的人或事保持怀疑、警惕，甚至对抗的态度。此即开放性分值高低不同的显著差异。全息动态思维过程，它善于大量地、广泛地吸收外界各种信息，在与外界各种信息的交换和反馈中不断吸收新信息，以建立自己的思维模式，调整自己的思维方法，整合自己的思维成果。

第二节　创新能力的培养

党的十八大以来，面对科学技术的迅猛发展，习近平总书记时刻嘱咐我们要把创新摆在人才培养的核心位置，必须高度重视科技创新，紧密围绕创新驱动发展的战略需求，加快推进以科技创新为核心的全面创新，提出一系列新思想、新论断和新要求。学校作为大学生的学习成长之地，应当把创新能力的培养放在首要位置。在高等院校加强大学生科技创新基础的培养，对于提升学生的创新精神和实践能力，培养适应当代社会发展需求的高素质人才，丰富高校人才培养机制，具有十分重要的意义。

教育部实施的"大学生创新创业训练计划项目"(以下简称"大创项目")是高等学校本科教学质量与教学改革的重要组成部分，其实施的目的在于增强大学生的创新创业能力，让学生参与研究性学习，促进人才培养观念的转变，并在此基础上探索创新型人才培养模式。

一、当今大学生创新能力培养的必要性及现状

(一) 当今大学生创新能力培养的必要性

高校作为实施主体，肩负着为国培养高素质创新型人才的使命与职责。因此，如何培养创新意识与创新能力兼备的新时代创新型人才，以便能在科技竞争日趋激烈的国际背景下适应国家建设需求，推动我国技术创新能力与国际竞争力的提升，成为高校当前所面临的一项重大课题。

(1) 培养大学生创新能力能更好地适应社会发展需要。当前，面对日趋激烈的国际竞争态势，我们只有高度重视并优先发展科学技术，方可不落后于人，赢得新的发展机遇，而科学技术的发展，离不开高素质创新型人才的支持。

(2) 培养大学生创新能力能更好地为国家科技发展储备人才。习近平总书记指出"抓创新就是抓发展，谋创新就是谋未来"，创新是推动科技与经济发展的原动力，国家经济

的可持续发展离不开科学技术储备与创新能力的支持。因此，我们在新形势下更需要科学技术与创新人才的有力支撑，更离不开高素质创新型人才的大力支持。

(3) 培养大学生创新能力能更好地适应大学生自我发展的需要。全新知识经济时代的到来对人们提出了更高的要求，为了更好地生存与发展，需要立足前人研究基础并不断发现和创新。作为社会主义的建设者与接班人，大学生要想"不落时代后"，就要"敢为天下先"，不断学习新知识，掌握科学方法论，注重培养并提升自身的创新能力。

（二）当今大学生创新能力培养的现状

大学生正处于精力旺盛、思维活跃的时期，应当具备较强的学习动机与创新能力。然而，从当前实际来看，受诸多因素的影响，目前大学生的创新精神与创新能力仍存在不足，主要体现在以下几个方面。

1. 缺乏创新意识

一方面，部分大学生自身缺乏创新意识，认为在校期间的主要任务是学习专业知识，而培养创新能力是进入社会以后的事情。部分大学生甚至认为培养创新能力与学习专业知识两者相冲突，只顾前者会耽误后者。另一方面，部分高校教师仍未走出传统授课模式之藩篱，不注重或很少采用新的教学手段或教学模式去引导学生使用创新性思维思考问题，导致学生灵活性与创新性的缺失。

2. 缺乏创新动机

部分大学生由于高考前承受了过大的学习压力，于是在进入大学后，受消极补偿心理的驱使，便开始松懈下来，或沉迷于网络，或热衷于逃课，没有了奋斗目标，丧失了学习与参与创新活动的动机。

3. 缺乏创新技能

当今大学生是通过高考进入大学的，高考前很少与社会接触，因而并不具备一定的社会实践能力，无法及时把握科学发展动态。即便大学可为大学生提供一定的创新条件，他们也不具备参与创新活动所必需的知识与技能。

4. 缺乏创新目标

受激烈的市场经济竞争与严峻就业形势的影响，部分大学生功利性倾向突出，一味热衷于追逐眼前利益，而无法放眼未来，树立创新型目标。

二、大学生创新创业训练计划项目开展的必要性

1. 有利于培养大学生的创新意识

在大学生创新创业训练计划项目实施过程中，大学生能够亲自动手参与，以自身实验与实践作为思考和解决问题的方法，并将所学知识与需要解决的问题创造性地联系起来，通过创新性设计将理论知识应用于具体项目，最终寻获最佳解决方案。这一参与过程既锻炼了大学生提出并思考问题、通过自身或团队协作设计合理实验方案及解决问题的能力，又在一定程度上锻炼了大学生的创新意识。

2. 有利于提高大学生的团队协作能力

一个大学生创新创业训练计划项目的顺利完成，需要多名学生互相合作、共同努力完成。在项目进行过程中，项目成员要根据自身专业方向合理分配任务，在遇到问题或困难时，需要共同讨论、商量，提出解决问题的办法，项目的核心亮点、创新点往往也来自各成员灵感的碰撞。简而言之，参与过程既锻炼了大学生解决问题的能力，又增强了学生之间沟通协作的能力。

3. 有利于锻炼大学生的钻研能力，激发其学习热情

在参与大学生创新创业训练计划项目的过程中，大学生难免会束手无策，面临种种考验，如找不到项目的切入点、没有成熟的实验方案或思路可以借鉴。然而，过程虽然痛苦，但在项目完成以后，大学生即可意识到，只要努力，再难啃的骨头也能被啃掉。这一过程不仅磨砺了大学生的心志，有效锻炼了大学生的钻研能力，提高了大学生借助科学方法解决问题的能力，而且通过赋予其成就感可以大大激发大学生的学习兴趣与学习热情。

4. 有利于提高大学生的动手实践能力和就业率

设置大学生创新创业训练计划项目的初衷是使大学生做到理论联系实际，将书本上学习到的专业理论知识与实际问题的应用与解决结合起来，通过实践目的的设置，巧妙构建问题解决模型并设计问题解决方案。这一过程有效锻炼了大学生解决实际问题的能力，提高了大学生的实践能力。此外，大学生创新创业训练计划项目的实施还有效提高了大学生的就业率。一方面，通过参与大学生创新创业训练计划项目，学生将书本理论知识运用在实践中，能够提升自己的动手能力与解决实际问题的能力，而这必将增加其求职优势；另一方面，大学生创新创业训练计划项目的实施有效激发了大学生的创业热情，使部分大学生自此走上了创业之路。

三、大学生创新能力培养影响因素分析

1. 在知识教育的思想认识上没有发生变化

传统的教学理念是不断地向学生灌输知识，使其成为学生的生存之道。显然，用这种教育理念和态度来培养学生的创造性思维，实际上就是将创新与知识等同起来。在"知识教育观"下，学生的思维、心灵都会不受到启发，灵感、直觉、想象也就无法发挥，"创新能力"就算被培养出来，也是教条的、僵化的。培养创造性的关键不在于对已有的结果和答案的接受与满意，而在于给学生以心理上的自由，鼓励学生勤于思考，勇于探索，大胆突破常规，敢于提出新观点。

2. 创新能力培养机制不够健全

我国大多数大学的创新能力培养制度还存在着许多问题，主要包括教学制度不够完善，课程设置、教学方法和考核方法缺乏整体性和系统化的设计等，无法按照应用型人才的创新能力培养模式组织教学活动。具体来说：首先，课程目标和层次不高。大学教育尽管增加了创新能力的训练和提高，但只有选修课，并未建立相应的协调机制。其次，课程

设计、教师队伍建设等方面缺乏顶层设计，课程设置与学生的专业背景和特征不符合，存在着"一刀切"的风气，这都严重影响了教学效果。最后，在教学和评价上，依然坚持着传统的"灌输式"教学理念，强调记忆和背诵，不能充分地发挥创造力。在这种教学模式的实施过程中，如果没有正确地引导和培养学生的创造性思维，很难激发他们的创造性意识，更无法锻炼他们的创造力。

3. 高校学生的创造素质需要提高

大学生的创造性思维培养更注重学生自身的素质。从教育的本质内涵来看，学生受益最大的是创造力，从知识、技术、态度、价值观、信念等各个层次和各个维度的内容都能体现出创造力。大学生的发展和成长与他们发展的自觉及发展意识维度有密切的联系，如果不能对其进行适当的维度约束，就无法达到客观性。与此同时，由于受多种主观和客观因素的制约，许多关键要素也未能产生，致使大学生的创造力无法满足创新培养条件的需要。

4. 缺乏创新激励措施

创新激励措施对高校学生的创造性培养也有很大的影响。通过对大学生的调研发现，目前大学生的创造性培养尚未形成一套行之有效的激励机制。由于高校在创新方面缺乏激励和扶持，未能充分激发大学生的创新意识和创造性，从而导致学生的创新能力并不能得到显著提高。另外，个别大学生只是为了拿到毕业证和学位证，没有利用太多的时间和精力去提高自身的创新能力，因此在毕业时，他们只是完成了基本的学业，而创新能力仍处在较低层次。

5. 大学生的创新能力培养受社会环境的制约

培养学生的创新性思维的基本目标是推动社会的进步与发展，所以必须把创新能力的培养与社会发展相联系，不仅要有意识和意义上的联系，还要将各种社会性因素与创新能力的培养过程相结合，从而达到相互适应、相互协调的效果。创新教育的首要原则就是要敢于打破常规、与时俱进、大胆突破，在充分考虑社会发展情况和时代需要的同时，也要积极地摆脱社会环境的制约。

四、大学生创新能力培养策略

创新能力的培养和创新机制的构建需经历反复的探索—反馈—再探索过程，这也是高校与社会接轨，培养过程与产出质量相印证的过程。因此，需要大学生教育者从多方面摸索，逐步完善大学生创新能力建设的相关内容。

1. 强化创新教育观念

加强创新教育，必须以与时俱进的教育思想为依托。创造性教育与普通教育存在较大的区别，其表现形式和表达水平也有较大的差异。在加强创新教育理念的过程中，必须突出"以人为本"，强调"人"在教育全过程中的重要地位，使所有与创造性教育相关的内容都必须具备"人性化"的特点。"以人为本"的创新教育思想，与我们平时所说的"以人为本"不同，这里所说的更多的是尊重个人的个性，发掘个人的潜力，把教育和个人的潜力相结合，而创造力只是一个过程，它的作用取决于教育和个人的潜力。因此增强应用型大学生的创造力，必须从培养独立思考、发现问题、解决问题的能力等方面入手，并从职业发展的角度出发，培养其适应社会发展的能力。

2. 完善创新教育体系

培养应用型大学的创新能力，必须在教学内容和形式上不断地改进和提升创新教育系统，在课程的设计、资源的开发和使用上都要注重"创新"，尤其是注重内容和形式的创新。具体来说，是要提高专业课、公共基础课、选修课的科学配置，扩大教学内容的维度，拓宽学生的知识面；广泛开设各类专业，培养具有创造性的个人型人才；增加创新知识、技能和实践。在教学方法和评价方面，通过"大学生创新项目""大学生创新创业竞赛"等创新活动，将生产、学习、研究和实践有机结合起来，充分发挥大学生的创新精神。同时，要根据各个环节的内容，建立考查、考核等评估体系，确定考核指标，充分发挥考查、考核和奖励的作用。另外，重点培养学生敢于质疑、质疑、发展批判性思考、培育批判性思维和批判精神。

3. 加强大学生创新意识的自觉养成

培养大学生的创新能力必须将提高其创新意识和创新性思维能力作为第一要务。培养和提高大学生的创新性思维，要从好奇心入手，从一定意义上来说，就是对未知事物的探究与认识。在引导学生好奇心的同时，教师也要不断唤醒他们的好奇心。在实践教学中，教师要充分发挥学生的主动性和求知欲；注重问题与冲突的产生，对矛盾的产生进行深刻的探讨，通过对问题和冲突的独立判断和理解，提出新的观点。只有在对问题和矛盾的本质有了深刻的理解后，才会对自己所处的领域进行深入的研究。此外，应用型大学的学生还应在不断学习和实践的过程中提高自己的问题意识，并不断地进行创新性的实践。

4. 营造有利于创新的激励环境

要想激发大学生的创新精神，必须通过考核、奖惩等措施营造良好的创新环境，从而有效激发其创造性。学校应定期评估学生的成绩，评估的方式和标准要多种多样，包括学业成绩、综合素质、学术研究和论文写作等方面。同时，要加强对高校师生的科研经费投入，营造有利于科研创新的环境，保障高校的科研创新能力。除了要改善学校的硬件环境，还要加强学校的软件建设。高校要加强大学生的国际化，通过参与国内外的学术会议、研讨活动，鼓励大学生出国、参与海外学术交流和国际项目的研究，从国际化的角度提高我国高校大学生的创新能力。

5. 加强导师团队的建设

目前国内大学普遍采用的是"单一导师制"，由于导师的知识结构不够完善，有些问题超出了专业领域，无法进行有效的引导，从而制约了学生创新能力的提高及学生的研究方向，而且导师带的学生较多，没有足够的精力去引导学生，从而影响到学生的创新性。为此，必须加强高校辅导员队伍的建设，注重跨专业的交叉研究，开展大学生的全面培养，并在指导组的指导下，形成以辅导员为主体的辅导员队伍。指导组主要承担本科生的全程教育，包括制定教学内容，确定毕业论文方向和题目，并对论文的撰写进度进行监控。在培养全过程中，要严格把控每一个环节，以确保人才培养的质量。

6. 与社会环境相结合，积极开展创新实践活动

创新活动不断催生创新能力，而"创新活动"的真实性和可靠性则是创新能力得以形成的前提。在社会因素和社会背景的支持下，大学教育引导的创造性活动与创造性实践相一致。在此过程中，学生对社会的理解和认识将会变得更强，更深地理解社会的问题和矛盾。更重要的是，在教师的引导和理论的支持下，他们可以找到解决问题的办法，并使他们的观察力、想象力、思维和创造力都得到了很好的发展。大学生的社会实践活动主要包括社会调查、社区活动、志愿服务、实习等，但目前国内大部分大学都没有与社会环境相联系的能力，所以，要加强对大学生创新思维和社会环境的结合，就需要加强对大学生的创新实践教育。

五、创新能力的培养方法

1. 用"求异"的思维去看待和思考事物

在学习、工作和生活中，多去有意识地关注客观事物的不同性与特殊性。不拘泥于常规，不轻信权威，以怀疑和批判的态度对待一切事物和现象。

2. 有意识从常规思维的反方向去思考问题

如果把传统观念、常规经验、权威言论当作金科玉律，常常会阻碍我们创新思维活动的展开。因此，面对新的问题或长期解决不了的问题，不要习惯于沿着前辈或自己长久形成的、固有的思路去思考问题，而应从相反的方向去寻找解决问题的办法。

3. 用发散性的思维看待问题和分析问题

发散性思维是创新思维的核心，其过程是从某一点出发，任意发散，既无一定方向，也无一定范围。发散性思维能够产生众多的可供选择的方案、办法及建议，能提出一些别出心裁、出乎意料的见解，从而使一些似乎无法解决的问题迎刃而解。

4. 主动地、有效地运用联想

联想是在创新思考时经常使用的方法，也比较容易见到成效。我们常说的"由此及彼、举一反三、触类旁通"就是联想中的"经验联想"。任何事物之间都存在着一定的联系，这是人们能够采用联想的客观基础，因此联想的最主要方法是积极寻找事物之间的关系，主动地、积极地、有意识地去思考它们之间的联系。

5. 学会整合，宏观地去看待问题

很多人擅长"就事论事"，或者说看到什么就是什么，思维往往会被局限在某个片区内。整合就是把对事物各个侧面、部分和属性的认识统一为一个整体，从而把握事物的本质和规律的一种思维方法。当然，整合不是把事物各个部分、侧面和属性的认识，随意地、主观地拼凑在一起，也不是机械地相加，而是按照它们内在的、必然的、本质的联系把整个事物在思维中再现出来的思维方法。

第三节 专创融合能力的培养

一、"专创融合"的内涵与外延

"专创融合"是指将创新创业教育融入学生的专业教育中，以达到将创新创业贯穿学生的整个学习过程中，从思想上引导学生具备创新创业意识，提高学生的创新创业能力，实现知识结构的优化。其中，创新创业教育是以培养学生具备开创进取精神、拥有创业意识和提高创业能力为主要目的的教育。专业教育是指在开展通识教育的基础上，根据一定时期的学科发展情况和社会分工要求，对学生进行相应的教学，以强化受教育者所学专业的技能。两者的有效融合，能培养出既有创新创业精神，又有专业水平的高素质人才，最终达到优化学生知识结构的目的。

（一）专业教育与创新创业教育融合的必要性

1. 扩大学生专业知识面的必然选择

专业知识向专业能力的转化需要通过实践加以实现，而创新创业教育是通过实践来加以落地的。学生通过实践平台能够更好地运用自己的专业知识，且在实践中发现问题，并把这些问题带到自己的学习中，通过进一步的学习查漏补缺，采用这种方式能够培养学生举一反三的能力；同时，将创新创业教育深度融入专业教育中，能够培养学生的眼界、思维和创新创业意识，在以后的工作中能少走弯路，而且有了理论知识做支撑，学生能自觉把眼光不再局限于专业知识，而是不断学习、不断拓宽自己的知识面。

2. 培养高质量创新创业人才的必经之路

一个优秀的专业出身的创新创业者，具备较好的专业知识是其从事创新创业活动的基本条件，专业能力较强的创业者更容易发现商机和潜在的创业机会；创新创业能力的培养和实现需要以专业知识为基础，专业技能的培养为学生创业活动的开展提供了智力支持和保障，为学生创业能力的提高注入了新的活力；通过在教学实践中融入创新创业相关知识，让创新创业的种子在学生的心里生根发芽，等到时机成熟，就能有更好的识别能力，预见并充分利用机会让自身的创业胜任能力得以体现。

3. 提高学生就业质量的重要途径

高校作为人才培养的主阵地，担负着为社会培养优秀人才的重任。应届生就业难的实质仍主要在于学生的就业质量不高。新时期社会对财务管理专业人才的要求不再仅仅局限于拥有扎实的专业知识，良好的沟通能力、表达能力、团队合作能力、分析解决问题能力、创新能力等成为他们进入职场需要具备的重要技能。创新创业教育与专业教育相结合能解决学生只专注专业学习的现状，改变学校原有的人才培养模式，从意识形态上让学生具备求新、求变的思维，不再拘泥于原有的学习方式，从而拓宽学生的就业路径，提高学生的就业水平。

（二）专创融合在实践教学中的现实困境

1. 专创融合理念与实践认知不统一

专业教育强调学科和专业的延续性、系统性，创新创业教育强调培养创新精神、创业意识、创新能力。两者在过去很长一段时间都被认为是独立的教育方式，许多专业老师认为讲授自己的专业课程就完成了本职工作，创新创业课程与自身的教学无关，导致两者割裂开来；学生在学习创新创业课程时，由于是辅导员和就业指导老师等行政一线老师进行授课，因此也没有意识到两者实际上是相辅相成的。专创融合的定位不明确，两者融入的观念没有深入教学主体心中，导致两者不能相互促进、互为补充。

2. 现有课程体系无法满足专创融合需要

从目前的课程内容来看，各专业开展专业教育和创新创业教育的课程和教材是分离的。开设的创新创业基础课程与专业课程分开，且创新创业强化课程的体系不足；另外，专业课程的专业性较强，但对知识的实践操作不强，创新创业性不足，具有创新创业性、专业性结合的专创课程没有形成，适合专创融合的课程也十分稀缺，教师还处在两者融合的摸索阶段，这些都极大地限制了专创融合课程的有效开展。

3. 融合型教师队伍匮乏

培养优秀人才，必须要有优秀教师。创新创业教育融入专业教育课程中，是需要既有一定创业理论和实践基础，又有专业能力的教师，而当前的教师队伍中，严重缺乏具备这两方面能力的教师。另外，要把创业知识融入专业教育课程中，需要老师花费很多心力，由于目前对教师的评价机制更偏向于科研成果，很多人不愿意投入更多的精力在教改方面，甚至有些老师对这种专创融合的教学方式有抵触情绪，针对目前的现状，专创融合型的教师队伍成为高校开展专创融合教育的迫切需要。

4. 缺乏专创实践平台

创新创业活动的开展离不开专业技能的培养，仅仅具备一定的专业知识，要在实践中真正提高学生的创新能力，没有适合学生实践的平台是很难达到预期的目标的。高校开展的一些创业实践活动并没有得到真正重视，难以让学生具备较好的创新能力，部分高校建立的创客中心等平台并没有花心思去结合学生的专业特点进行实践，导致这些平台成为摆设，学生无法从中受益，学生难以具备专创水平。

二、"专创融合"的实施路径

1. 融合人才培养目标

将专创融合理念全方位、深层次融入专业的人才培养方案并贯穿人才培养全过程中，能够让老师和学生更清楚地认识到两者之间的重要关系，从而改变教学主体的传统思想观念，让二者在专业教育的过程中有机地与创新创业教育相结合，将创新思想、勇于实践、不断进取的精神融入人才培养目标中，能增强学生的创新创业意识，提高人才培养质量和育人水平。

2. 建立创新课程体系

在专业教育中融入创新创业教育，既要开设"创新创业基础"等通识课程，也要结合各专业学生的特点，针对不同年级的学生开设与之相适应的创新创业教育和专业教育融合的课程内容，让学生在掌握创新创业理论知识的基础上拓展创新思维，选用的教材和开发的课程应符合学生的认知特点，在学生学习专业课程的同时，教师应有意识地融入创新创业内容，让专业教育学习和创新创业学习相配套，从而建立完整的课程体系内容。

3. 建设专创融合型教师队伍

教育大计，教师为本。目前高校的人才培养工作已经进入提高质量的升级期，教师作为人才培养的主力军，应推动课程革命。在课堂教学中广泛采用探究式、参与式、个性化教学，推广微课、翻转课堂等新型的教学模式，积极参与企业实践，提高专创教学科研能力，学校提供专创培训平台，让更多具有专创高水平的专家指导教师开展工作，建立一支跨学科、跨专业的教学科研团队，构建一批专业的教学改革项目、重点建设教材和精品课程，同时聘请和吸纳企业行家加入，共同开发体现专业特色的专创课程，打造一支具有专业水平高、创新创业能力强的教师队伍。

4. 搭建专创实践平台

创新创业教育的实践性很强，因此需要搭建一个满足专创训练的实践平台。高校之前的专业教育实践平台基本属于封闭式的训练，但创新创业人才的培养需要开放式的实践平台，因此重构符合两者融合的平台显得异常重要。企业作为创业教育的参与者和最终受益者，在开展创新创业教育和专业教育融合的过程中应积极发挥自身优势，为学生提供真实的实践平台和场地，学校也应建立校内创业基地和企业孵化基地，让学生能够了解创业的过程，并且可将所学的创业理论知识结合所学的专业知识运用到实践中，提高学生的创业成功概率。

5. 优化课程评价体系

在课程评价方面，应尝试将课内评价与课外评价相结合，建立科学合理的课程评价体系。考试内容应根据每个专业各门课程的特点，增加探究式、开放式试题，让学生不是通过死记硬背通过考试，而是全过程对学生进行考核评价，在平时的教学中积极鼓励学生参与课堂互动，激发学生的创新思维，课程评价标准对平时课堂表现、课后资料查找情况等也予以赋分，让更多的学生愿意投身课程学习，并引导能力较强的学生加入教学科研团队，真正让学生做到自发学习、不断自我反省、具备独立思考的能力。

"专业＋创新创业"教育的有机融合是高校深化创新创业改革的现实需要，也是专业教育发展的必然要求，更是学生成长成才的必然选择。高校在实施专创融合过程中，应高瞻远瞩，将其融入人才培养方案中，开设符合专业教育和创新创业教育的课程内容；具备一支业务精良的师资队伍开展教学工作；搭建符合专创培养的实践平台；通过提高学生学业的课程评价对专创教育进行全面评估，培养出既懂专业、又具备创新创业精神的复合型人才。

三、"专创融合"教育场景

"专创融合"人才培养模式的逻辑都建构于合适的教育场景上，"专创融合"的教育场景包括创新场景和创业场景。如何构建创新场景或创业场景，成为能否推进"专创融合"教育改革的关键，也是实施"政策融合"的重要起点。

（一）"专创融合"教育场景的目标

创设"专创融合"的教育场景，其核心是培养人，是化解传统教育模式中的一些弊端，并符合"专创融合"的基本逻辑。在论证"专创融合"时，不仅要使"专创融合"能满足学生个性化成长的需要，实现教学模式的"翻转"，有效提高人才培养质量，还要能够解决"学生"学业和创业的矛盾。如果这几个目标都实现不了，就不可能实现"专创融合"。

1. 能够满足学生个性化成长的需要

教育培养的是一个个具有独特属性的"人"，传统课堂"齐步走"的教学模式一定要扭转。在"专创融合"的场景下，每一个人都有一个成长所需的特定小场景，这样才能够真正实现"专创融合"改革的需要。"专创融合"下的教育场景，无论是基于团队协作、创新研究形成的创新团队，还是基于团队孵化、创业活动体现出来的创业团队，抑或是基于课程教育过程中开展的课程分组，都将构建出一种多人交互作用、相互学习的"协同学习"效应。协同学习是一种分工协作、互相帮助的学习形式，分工的基础是基于小组成员各自的基础、兴趣和自我定位，尽量接近于"因材施教"的核心内涵。

2. 能够实现教学模式的翻转

实现教学模式的翻转既是学生认知规律的要求，也是对老师认知局限的矫正。只有实现翻转，给予学生更好的个人成长空间，才是教育改革的方向。

3. 能够有效提高学生的培养质量

创新创业教育并不是第一次教育改革的努力。教育改革的努力一直都存在，概念频出。从"985""211"到"双一流"，从模拟仿真、顶岗实习到"产教融合"，从优质校、示范校、骨干校到"双高计划"，目的都只有一个——弥合教育与市场的鸿沟，构建更科学且合理的人才培养体系。

以模拟仿真为例，有很多学校，在专业教学中投入重金建设了大量的实验和实训设备，这些投入大大提高了现代化教学水平，也模拟出了一些企业的真实场景，但是依然无法解决脱轨问题。究其原因，首先，学校的实验、实训条件不可能与真实的企业场景完全一致；其次，在构建这些模拟场景的过程中，很多学校在决定上不上模拟仿真时，先要看的是服务于什么样的学科竞赛，有学科竞赛，就克服困难上设备，没有学科竞赛，再好的培养效果也不容易上。

如果我们把创业场景和企业的经营过程引进来，我们会发现学生能够更加全面地了解社会，从而大大减少教育资源的浪费。创新场景或创业场景，一定是依托了一个行业，如果这个行业正好与大学生的专业相吻合，既能够为行业培养符合发展需要的人才，又能够符合人才培养的基本规律，这就是实现了专业教育与创业教育的融合，从而实现了我们需要的"专创融合"。

（二）"专创融合"教育场景创设的原则

在创设"专创融合"的教育场景过程中，必须要遵循一些原则，比如"专创融合"的教育场景应该是能够覆盖绝大多数专业培养目标的场景，必须是能够触及行业绝大多数领域的场景，也必须是以"学生"自我成长为主体的场景。

1. 覆盖绝大多数专业培养目标

确保教育场景在实施过程中能够最大限度覆盖专业培养目标，这是"专创融合"应遵循的第一原则，否则就违背了教育场景的"科学性"原则，从而使其无法实现人才培养的目标。

如果一个场景只能够解决一两项专业目标，那就是一个小的任务场景；如果能够用于实现绝大部分的人才培养目标，这就是一个综合的、创新型的或者创业型的场景。

2. 触及行业的绝大多数领域

一个"专创融合"的教育场景，要想达到育人的目标，就必须能够在创设之后让创业者接触到行业的绝大多数领域，对行业的理论原理、行业概况、技术趋势、企业主体、竞争态势、产品类别、行业痛点等都能触及，能开展研发、生产、销售、管理、服务等不同类别的工作。"专创融合"的教育场景在实施过程中要能触及全行业，如果只能了解一少部分，那么就无法让学生了解整个行业，从而不利于学生未来的职业生涯发展。

3. 以学生自我成长为主体

以学生自我成长为主体即能够实现课堂的翻转，让学生有能力通过创设的场景，在完成任务、解决问题、克服困难中自我学习、自我成长。遵循这个原则，就能确保翻转课程目标的实现。

1. 创新能力的内涵与特点是什么？
2. 当前大学生在创新创业领域竞争愈发激烈，大学生如何培养自身的创新能力？
3. 什么叫作"专创融合"？
4. "专创融合"主要应用于什么教育场景？
5. 如何使大学生实现"专创融合"？

第五章　创　新　方　法

第一节　概　述

一、创新方法的概念

创新方法是人们在创造发明、科学研究或创造性解决问题的实践活动中，总结得出的创造技巧和科学方法。它被广泛应用于人类社会生产实践的各个领域，通过智力训练、创新思维能力培养等创新活动的实践运用，不仅获得了验证，而且自身也得到了不断的丰富和完善，显示出了强大的生命力。

二、创新方法的分类

全世界现有创新方法共计 360 余种。按照思维特征和操作特征可分为智力激励型创新方法、设问型创新方法、列举型创新方法、类比型创新方法、组分型创新方法五类。

1. 智力激励型创新方法

智力激励型创新方法是一种"集思广益"的创新方法，主要是通过召开专题会议，贯彻若干原则和规定来形成与会成员之间的智力互激和思维共振，以获取量大、面广、质高的新设想。智力激励型创新方法较典型的方法是头脑风暴法，引申方法包括默写式智力激励法、卡片式智力激励法、德尔菲法等。

2. 设问型创新方法

设问型创新方法是指通过有序地提出一系列问题，全面、系统地启发人们进行思考，进而产生新设想和新创意的创新方法。创新活动的经验表明，巧妙地设问可以启发想象力、开阔思路、引导创新。设问型创新方法较典型的方法是奥斯本检核表法，引申方法包括 5W2H 法、和田十二法、系统提问法等。

1666 年的一天，24 岁的艾萨克·牛顿坐在花园里的苹果树下专心地思考着地球引力的问题，忽然，一只熟透了的苹果从树上掉下来，正好打中牛顿的脑袋，牛顿顾不得去揉被苹果打疼的脑袋，便被苹果落地这一十分普通的自然现象而吸引，如图 5-1 所示。他问自己，苹果为什么不升至天空而偏偏落向地面呢？如果说苹果有重量，那么重量又是怎样产生的呢？别人也许会觉得这些问题十分荒谬可笑，可事实上，牛顿正是通过自我发问来进一步思索着苹果和地球之间相互吸引的问题，并最终成就了"万有引力"的发现。而"苹果落地"的故事则成为科学史上的一段佳话，在民间广为传颂。这则故事告诉我们，提出有独创性的新问题在创新活动中具有重要的作用，好的设问是创新成功的一半。

图 5-1　苹果落地引发的问题

3. 列举型创新方法

列举型创新方法是指人们按照某种规则列举出创造对象的要素并加以分析研究以探求创造的方法。其要点是将研究对象的特点、缺点、希望点等列举出来，提出改进措施，形成有独创性的设想。

列举型创新方法的实质是帮助人们克服感知不足的障碍，迫使人们带着一种新奇感将事物的细节统统列举出来，从而对产生创造发明的构想起到一种引发作用。按照所列举对象的不同，列举型创新方法较典型的方法是属性列举法，引申方法有缺点列举法、希望列举法、成对列举法和综合列举法等。

4. 类比型创新方法

类比型创新方法的显著特点是以大量的联想为基础，以不同事物之间的相同点或相似点为纽带，充分调动想象、直觉、灵感等功能，巧妙地借助其他事物从而找出创意的突破口。类比型创新方法较典型的方法是综摄法，引申方法有仿生法、原型启发法、移植法等。

5. 组分型创新方法

组分型创新方法是指从两种或两种以上事物或产品中选取合适的要素重新组织，构成新事物或新产品的创新方法。即将多个独立的技术要素（现象、原理、材料、工艺、方法、物品、零部件等）进行重新组合，以获得新产品、新材料、新工艺等，或使原有产品的功能更全面、工艺更先进。

创造性的组合应包含三个要点：一是将多个特征组合在一起；二是所有特征都是为了

单一目标，并互相支持、促进及补充；三是产生新效果。组分型创新方法较典型的方法是信息交合法，引申方法有主体附加法、分解法等。

创新方法分类如表 5-1 所示。

表 5–1　创新方法的分类

序　号	创新方法类型	典型方法名称	引申方法名称
1	智力激励型	头脑风暴法	默写式智力激励法、卡片式智力激励法、德尔菲法等
2	设问型	奥斯本检核表法	5W2H 法、和田十二法、系统提问法等
3	列举型	属性列举法	缺点列举法、希望列举法、成对列举法、综合列举法等
4	类比型	综摄法	仿生法、原型启发法、移植法等
5	组分型	信息交合法	主体附加法、分解法等

三、创新方法的作用

1. 启发创新思维，突破思维障碍

创新方法的基本出发点是打破传统思维的习惯，克服思维定式和阻碍创造性设想产生的各种消极心理状态，以帮助人们在设计和开发产品时得到创造性的结果。

2. 探究创新规律，提供有效方法

创新方法可以帮助人们更好地探究创新客观规律，揭示创新科学原理和创新内在机理，为创新实践活动提供有效的模式、方法和工具。

3. 降低创新风险，提高创新成功率

创新的成功不仅仅是突破既有的传统模式，形成新的创意，更取决于如何充分利用已有的知识和技术，尽可能降低创意形成和创意实现过程中的不确定性。创新方法对于梳理已有知识体系，最大限度地降低创新过程中的不确定性和提高创新成功率具有重要作用。

创新方法的作用如图 5-2 所示。

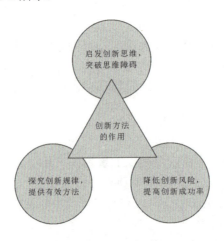

图 5-2　创新方法的作用

第二节　典型创新方法

一、奥斯本检核表法

奥斯本检核表法是以该方法的发明者奥斯本命名的，引导主体在创新过程中对照九个方面的问题进行思考，以便启迪思路，开拓思维想象的空间，启发人们产生新设想、新方案的方法。

检核表法的设计核心特点是多向思维，即用多条提示引导人们进行发散思维，这种方法使人们突破了不愿提问或不善提问的心理障碍，在进行逐项检核时，强迫人们进行思维拓展，突破旧的思维框架，开拓新的思路，提高发现创新的成功率。

奥斯本检核表法以直观、直接的方式激发思维活动，操作十分方便，效果也相当好。奥斯本检核表法包含的项目有下述 9 组 75 个问题，是奥斯本在研究大量近现代科学发现、发明、创造事例的基础上总结出来的，对于任何领域创造性地解决问题都是适用的，如表 5-2 所示。

表 5-2　奥斯本检核表法检核项目及其含义

序　号	检核项目	含　　义
1	能否他用	现有的事物有无其他用途；保持不变能否扩大用途；稍加改变有无其他用途
2	能否借用	能否引入其他创造性设想；能否模仿现有成果；能否从其他领域、产品、方案中引入新的元素、材料、造型、原理、工艺、思路
3	能否改变	将现有事物能否做些改变？如颜色、声音、味道、样式、花色、品种、意义、制造方法等
4	能否扩大	将现有事物可否使其扩大其适用范围；能否增加使用功能；能否增加长度、厚度、强度、频率、速度、数量、价值
5	能否缩小	将现有事物能否使其体积变小、长度变短、重量变轻、厚度变薄，以及拆分或省略某些部分（简单化）？能否浓缩化、省力化、方便化、短路化
6	能否替代	现有事物能否用其他材料、元件、结构、工艺、方法、符号、声音等来代替
7	能否调整	现有事物能否变换排列顺序、位置、时间、速度、计划、型号；内部元件可否交换
8	能否颠倒	现有事物能否从里外、上下、左右、前后、横竖、主次、正负、因果等相反的角度颠倒利用
9	能否组合	能否进行原理组合、材料组合、部件组合、形状组合、功能组合、目的组合

1. 奥斯本检核表法的实施原则

(1) 项目全覆盖原则。检核项目不要有遗漏。

(2) 重复检核原则。多检核几遍，会更准确地选择出所需创新、发明之处。

(3) 单人检核与集体检核结合原则。检核方式可根据需要，采取单人检核或者集体检核。一般说来，集体检核可以互相激励，产生头脑风暴，更有希望得到创新方法。

2. 奥斯本检核表法的实施步骤

(1) 根据创新对象明确需要解决的问题。

(2) 根据需要解决的问题，参照表中列出的问题，运用丰富的想象力，强制性地逐一核对讨论，写出新设想方法。

(3) 对新设想进行筛选，将最有价值和创新性的设想筛选出来。

奥斯本检核法实施"口诀"如图 5-3 所示。

明确对象，找问题
检核项目，写设想
评价设想，定方案

图 5-3　奥斯本检核法实施"口诀"

二、属性列举法

属性列举法是通过对研究对象的特性进行详细分析和逐一列举，然后就所列各项逐一思索是否有改进的必要性或可能性，从而促使创新产生。此方法由美国内布拉斯加大学的克劳福德 (Robert Crawford) 教授于 1954 年提出。

观察普通螺丝刀 (见图 5-4) 的特征便可以列举出以下要素：① 圆轴；② 钢质；③ 木质手柄，手柄和圆轴之间采用铆合连接；④ 斜面末端配接在缝隙中；⑤ 手工旋转；⑥ 手腕提供旋转力。为了设计一把更好的螺丝刀，可以分别确定它的每一个特征，然后再考虑改进措施。如：圆轴可以改变成六边的轴，以增加旋转力；还可以将木质手柄换成塑料等绝缘材料，用于电力操作；如果能够更换尖端，还可以变成多用的。通过对螺丝刀的属性分析，可以构思出种种关于螺丝刀的变体。

图 5-4　普通螺丝刀

1. 属性列举法实施原则

(1) 属性全面原则。必须列举这一事物的所有属性，尽量避免遗漏。

(2) 单一对象原则。属性列举法一次只针对研究对象的其中一个属性进行有针对性的思考。

2. 属性列举法的实施步骤

(1) 将对象的特性或属性全部罗列出来，并作出详细记录。

(2) 分门别类加以整理，主要从以下几个方面进行考虑：

① 名词属性——整体、部分、结构、材料、制造方法等；

② 形容词属性——性质、颜色、形状、感觉等；

③ 动词属性——功能、作用等；

④ 量词属性——数量。

(3) 将各项属性尝试以可替代的各种属性加以置换，引出具有独创性的方案。进行这一步骤的关键是要尽可能详尽地分析每一个特性，提出问题，找出缺陷。

(4) 提出方案，并对该方案进行评价和讨论，使产品更能符合人们的需要和要求。

三、综摄法

综摄法是以外部事物或已有的发明成果为媒介，将他们分成若干要素，并对这些要素进行讨论研究，综合利用激发出来的灵感，用来发明新事物或发现解决问题的方法。

1. 综摄法的实施原则

综摄法的实施原则包括变陌生为熟悉和变熟悉为陌生两个部分，如表5-3所示。

表 5-3　综摄法的实施原则

序　号	原　则	含　义	实　例
1	变陌生为熟悉	是把自己初步接触到的事物或新的发现，转换到自己已熟悉的事物中去。通过把陌生事物与熟悉事物联系起来，将陌生的转换成熟悉的，人们就能逐渐了解这个陌生事物	使用空气喷枪给甜饼罐喷漆时，发现油漆乱飞溅，浪费严重。如何解决这一问题呢？他想起了上中学时的静电吸附实验，于是就采用一定的装置使漆带上静电，而待喷漆的金属物品与地线连通，这样就利用已知的、熟悉的静电吸附知识发明了静电喷漆工艺
2	变熟悉为陌生	是有意识地用全新的方式和全新的角度去解决问题。通过新的发现来找出自己非常熟悉的事物中的不同点，从而产生全新的创造发明	同样是看到墙上吊灯来回摆动，普通人只会觉得习以为常，但伽利略却从中发现了规律和价值，并最终提出了钟摆原理

2. 综摄法的实施方法

综摄法的实施方法有拟人类比、直接类比、幻想类比、象征类比四种，如表5-4所示。

表 5-4 综摄法的实施方法

序 号	方法名称	含 义	实 例
1	拟人类比	即通常提到的拟人化	挖土机、机器人的发明
2	直接类比	从已存在的事物中寻找与创造对象相类似的事物，抓住事物间的某一相同点，把原来毫无关联的事物联系在一起	隐形飞机的发明就是受变色龙的启发；根据蛙眼的视觉原理成功研制了电子蛙眼
3	幻想类比	将要解决的问题与想象中的事物进行类比，由此产生新的思考问题的角度	神话故事中用咒语控制地毯的故事，启发人们运用声电变换装置实现汽车的自动驾驶
4	象征类比	是一种用具体事物来表达某种抽象概念或思想感情的表现手法	设计纪念碑、纪念馆，需要赋予它们"宏伟""庄严"的象征格调；设计咖啡馆、茶楼、音乐厅需要赋予它们"艺术""优雅"的象征格调，如图5.5所示

图 5-5 高雅的国家大剧院

3. 综摄法的实施步骤

在运用综摄法召开会议和进行创造时应该贯彻以下 7 个步骤，如图 5-6 所示。

(1) 给定问题。由会议主持人宣布研讨的事物、创造的对象以及相关事项。

(2) 分析问题。主持人介绍背景情况、相关资料，并进行初步分析，以便与会者掌握信息、打开思路。

(3) 净化问题。与会者畅所欲言、相互激励，提出不同的看法和见解。

(4) 理解问题。会议主持人对与会者的发言进行阶段性归纳和分析，并加以系统性地对比和排序，拟定待深入研讨问题的先后顺序。

(5) 类比问题。与会者在对上述排序问题依次进行讨论和深入研究时，应采用直接类比、拟人类比、幻想类比和象征类比等方法，变熟悉为陌生，使研究思路向纵深渗透。

(6) 适应目标。当与会者采用类比的方法使人们思维转移到陌生领域，且摆脱思维定式的束缚后，应从新的角度探寻解决问题的新途径和新方法。

(7) 解决问题。将与会者的设想集中起来，综合各自优点，最终形成解决问题的方案。

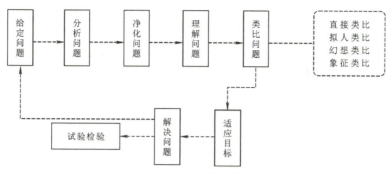

图 5-6　综摄法的实施步骤

四、信息交合法

信息交合法是指一种在信息交合中进行创新的思维方法。即将物体的整体信息分解成两种或两种以上的要素，然后再将这些要素进一步分解成信息因子，把每一种要素及其信息因子以信息标的形式呈现，若干条信息标的相交构成"信息反应场"，每个轴上各点的信息因子可以依次与另一轴上的信息因子交合 (或者是与其他物体分解出来的信息标的交合)，从而产生新信息的方法。信息交合法的本质就是通过思维的发散和联想，将看似没有联系的事物关联起来，从而产生新的发明创造。信息交合法由我国著名创造学家许国泰于 1983 年首创。

1. 信息交合法的要素

信息交合法的两个主要构成要素是信息标和信息反应场，如表 5-5 所示。

表 5-5　信息交合法的构成要素

序　号	构成要素	含　义	实　例
1	信息标	是指用来串联信息要素的一条有向线段	如图 5-7 所示，以杯子为中心，将杯子分成功能、材料、形态结构三条信息标
2	信息反应场	是将研究对象的若干信息标及信息标上的信息点两两相交得到许多交点，形成该研究对象的信息反应场	如图 5-8 所示，以杯子为例，如把纸和储存交合在一起，可以联想到能否在杯子上加一些有用的信息，可产生发明一款有记录功能的杯子的想法

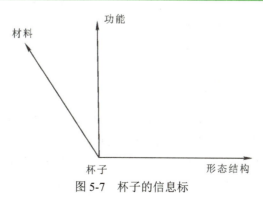

图 5-7　杯子的信息标

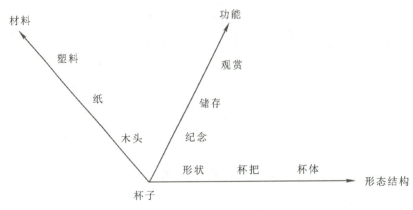

图 5-8　杯子的信息反应场

2. 信息交合法的实施原则

(1) 整体分解原则。把对象及其相关条件整体加以分解，按序列得出要素。

(2) 信息交合原则。各轴的每个要素逐一与另一轴的各个信息标相交合。

(3) 结晶筛选原则。通过对方案的筛选，找出更好的方案。如果研究的是新产品开发问题，那么在筛选时应注意新产品的实用性、经济性、易生产性、市场接受度等信息。

3. 信息交合法的实施步骤

(1) 确定一个中心，即创新的对象。

(2) 列出信息标线，即根据需要将创新对象分解成两个或两个以上的因素。

(3) 在信息标上注明信息因子，尽可能将每一条信息标上的信息因子罗列清楚。可以将信息按照一定的顺序 (重要性、等级、时空等) 有序地排列在信息标上，排列时应尽可能将信息点细化，以便产生更多的信息，促成多种信息交合。

(4) 将信息在信息反应场中进行相互交合，导出新信息。

(5) 从坐标图中选取有意义的相交结果进行可行性分析，并从中找出适用性项目作为研究课题。

其实施步骤如图 5-9 所示。

图 5-9　信息交合法的实施步骤

五、创新方法的适用范围

创新方法从总体上来讲适合所有的创造活动，但由于具体的某一种创新方法总带有某些个性色彩，因此会对不同的创造课题或不同的创造阶段表现出不同的适用性。在应用创造方法时，应针对不同的应用范围和应用阶段，优选最适宜的创新方法。创新方法的适用范围如表 5-6 所示。

表 5-6 创新方法的适用范围

序 号	方法名称	最佳应用阶段			最佳应用范围		
		科学发展	技术发明	技术创新	提出课题	分析问题	设计方案
1	头脑风暴法		△	△	△	△	
2	奥斯本核检表法		△	△	△		
3	列举法		△	△			
4	综摄法	△	△	△	△	△	△
5	信息交合法		△	△	△		

第三节 典型创新方法的举例与应用

一、头脑风暴法的举例与应用

1. 案例背景

某公司负责某地的输配电业务，每年雪季经常会发生电线被雪压断的现象，给当地用电的居民和企业造成很大的困扰，也给公司带来了巨大的压力。

2. 目标

目标是彻底解决电线被积雪压断的问题。

3. 运用方法

运用的方法是头脑风暴法。

4. 实施步骤

(1) 选定参会成员。参会成员包括公司各层级、各部门的管理人员和员工代表。

(2) 说明会议规则，营造轻松气氛。主持人要求大家在思维不受任何限制的情况下提出自己的解决方案，可以互相启发提出自己认为更好的思路或办法，但不能因为听起来不合情理而互相攻击。

(3) 畅谈阶段。大家开始思索并不断提出各种方案，如组织一支队伍，在下雪的时候进山用长把扫帚清理积雪；改造线路，增加线阻，依靠电线发热融化积雪与积冰；把电线埋入地下；甚至有人提出在飞机下面挂一把大大的扫帚扫雪……一位工程师在听到用飞机扫雪的"可笑"想法后，突然产生了"用干扰机扇雪"的新设想，顿时又引起其他与会者的联想，有关用飞机除雪的主意一下子又多了七八条。不到 1 个小时，与会的 10 名人员共提出了 90 多条新设想。

(4) 筛选阶段。该方案经过决策小组的讨论，最后确定租赁两架直升机进行试验。试验报告表明：在距离线路上方 10 米左右的高度，以 80 ～ 100 千米 / 小时的速度飞行，完全可以在雪停 2 小时内完成积雪清除工作，且每个降雪季节的费用估计在 50 万～ 100 万元。

5. 实施效果

该方案被实施以后，该地区的线路再也没有发生过因积雪或积冰而中断的问题。

二、奥斯本检核表法的举例与应用

1. 案例背景

某企业的主要业务是生产和销售保温杯，但由于未能紧跟市场，故所生产出来的保温杯功能单一，不被市场认可，企业濒临破产。为了让企业重获新生，厂长召集厂里相关技术人员参与新型保温杯的研发工作。

2. 目标

目标是研发一款适应市场需要的新型保温杯。

3. 运用方法

运用的方法是奥斯本检核表法。

4. 实施步骤

(1) 针对要解决的问题，按照奥斯本检核表中的项目写出新设想，此时应注意根据目标的不同选择适用的项目，如表 5-7 所示。

表 5-7　保温杯创新检核表

序　号	检核项目	新设想名称	新设想说明
1	有无其他用途	多功能保温杯	在传统保温杯功能的基础上，针对上班族开发带有煮鸡蛋、煲粥等功能的保温杯
2	能否借用	高强度透明保温杯	利用新型强化玻璃技术开发不易碎的透明保温杯
3	能否改变	保温杯外观定制	按照客户要求对保温杯外观进行个性化定制
4	能否扩大	温度显示保温杯	针对儿童市场，给保温杯增加一个温度计量和显示装置
5	能否缩小	袖珍保温杯	减小保温杯容量，便于外出携带
6	能否替代	超轻防烫保温杯	采用新型材料替代传统材料，减轻保温杯的重量
7	能否调整	保温杯饮水口设计	针对车载及运动市场，开发新型保温杯饮水口，方便饮用并避免盛水溢出
8	能否颠倒	倒立保温杯	利用力学原理，在杯子的把手上做设计，让杯子自身可以45°倒放，不仅能避免灰尘等进入，而且能沥干杯子
9	能否组合	智能化净水保温杯	针对户外旅游市场，为保温杯加装水处理系统，使其具有自动净水功能

(2) 对设想进行筛选。综合考虑企业的目标市场定位、实际技术条件以及成本等因素，最终该厂决定开发新型多功能保温杯，并结合上班族的审美特点对保温杯外观进行重新设计。

5. 实施效果

新型保温杯目标市场明确，产品设计合理，较好地满足了市场需求，并得到了市场的认可。

三、属性列举法的举例与应用

1. 案例背景

应用属性列举法设计一种新型功能的伞。

2. 运用方法

运用的方法是属性列举法。

3. 实施步骤

(1) 了解伞的基本结构等知识，应用分类、分解和分析的方法列出它的名词、形容词、动词、量词属性。

① 名词性特征：伞把、伞架、伞尖、伞面，弹簧、开关机构、伞套、尼龙绸面、铝杆、铁架。

② 动词性特征：折叠、手举、打开、闭合、握、提、挂、放、按、晒、遮雨。

③ 形容性特征：圆柱形的伞把，曲形的伞把、直的伞架、硬的伞架和伞尖，花形的伞面、圆形的伞面等。

(2) 对列出的伞属性进行分析对比，提出改进意见。

① 便于开合。将伞的架构进行改造，改变伞的开口方式，以便开合伞。

② 扩大视野。将同种材料、不透明的伞面变换为应用两种不同材料的、带透明伞边的伞面，以扩大视野。

③ 改变形式。将用手举的伞变换为用肩固定的伞，以方便骑车者、提物者。

④ 增加功能。如带香味、带音乐、能发光、带电筒、能代替太阳帽的伞等。

(3) 分析上述意见，提出新产品设想如下：

① 将开口朝下往外打开的方式变换为开口朝上往外打开。

② 普通型带透明伞边的伞及充气型带透明伞边的伞。

③ 戴在头上的充气型小伞、能背在肩上的伞。

④ 伞把与伞中内藏收音机、电筒，花面金属架的伞。

⑤ 旅游用太阳能多用伞。

四、综摄法的举例与应用

1. 案例背景

旧式捕鼠器响声明显，老鼠听到响声后就不敢再次靠近捕鼠夹，所以需要发明一种无声的捕鼠器。

2. 运用方法

运用的方法是综摄法。

3. 实施步骤

(1) 提出问题。即怎样发明无声捕鼠器。

(2) 分析问题。什么类型的生物能无声地进行捕猎呢？

(3) 净化问题。思考生物能无声捕猎的原理是什么？例如：壁虎依靠变色伪装来捕食，青蛙依靠卷舌头来捕猎，蝙蝠依靠声波系统在黑暗中猎食，蜘蛛依靠网来粘住猎物，毛毡苔依靠分泌有香味和甜味的黏液来猎食。

(4) 理解问题。通过以上类比可以发现，利用这些生物的捕猎原理来发明无声捕鼠器。

(5) 类比灵活运用。例如，可以设计入口处有倒刺，老鼠只能进不能出的捕鼠器，设计用香味引诱老鼠并将老鼠粘住的捕鼠器等。那么，能否发明一种老鼠看不到的捕鼠器呢？

(6) 适应目标。把问题从熟悉的领域转到远离问题的领域。例如，什么情况下老鼠看不到捕鼠器？联想到超声波可以穿透不透明的物体，广泛应用于清洗、消毒、探测等许多领域，那么，能否将超声波应用于捕鼠器呢？

(7) 方案的确定和改进。

4. 实施效果

通过以上类比，可以设计一种超声波捕鼠器。

五、信息交合法的举例与应用

1. 案例背景

1983 年 6 月，全国第一届创造学学术讨论会在广西南宁召开，在与会代表中就有信息交合法的创造者许国泰。会上日本专家在给大家做演讲时，突然拿出一把曲别针说："请大家想一想，尽量放开思路来想，曲别针有多少种用途？"就在大家苦苦思索之际，许国泰向日本专家说："对曲别针的用途，我能说出 3000 种、30 000 种！"

2. 目标

目标是尽可能多地找出曲别针的用途。

3. 运用方法

运用的方法是信息交合法。

4. 实施步骤

(1) 定中心。坐标原点就是曲别针的用途。

(2) 画标线 X 轴和 Y 轴。将 X 轴定为曲别针的属性轴，Y 轴定为与曲别针有关的外界信息轴。

(3) 标注标点。在 X 轴标注如重量、材质、长度、颜色、弹性、硬度、体积、截面、韧性、直边、弧等属性标点；在 Y 轴标注如文字、物理、磁、电、音乐、美术、数学等与曲别针无关的标点。

(4) 相交合。曲别针中的外界信息轴(Y 轴)上的"磁"与属性轴上的"材质"相交合，它们就会产生"指南针"；将曲别针属性轴(X 轴)的"重量"与外界信息轴(Y 轴)的"物理"进行交合，可以作为一个新的用途"砝码"；将曲别针 Y 轴上的"电"与 X 轴上的"材质"相交，曲别针就可以变成导线等。用 X 轴和 Y 轴的标点继续交合，曲别针就会产生无穷多的用途，因为 X 轴和 Y 轴坐标可以无穷地列举出来。曲别针的信息交合如图 5-10 所示。

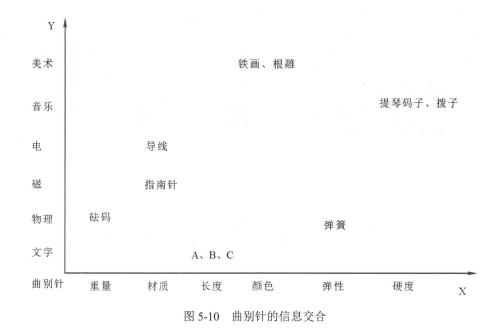

图 5-10　曲别针的信息交合

5. 实施效果

通过使用信息交合法，曲别针的用途会有多种。

思　考　题

1. 日常生活中，自行车的用途和样式千篇一律，如何设计一款新样式的自行车，使其无论在款式上还是在功能上都与普通自行车相比具有质的变化？请运用信息交合法，以自行车为中心，建立信息标并标出信息点，从信息交合后的方案中选出 5 种以上具有一定实用价值的新设想。

2. 请由下列词汇出发，在 1 分钟内联想出 8 个不同词汇。

(1) 电器；(2) 水；(3) 天空。

完成该训练题后，小组成员之间进行相互评价，比较谁的思维跳跃度最大，并各自详细阐述联想过程。(例如，给定"手机"一词，可以自由联想如"手机—通信—问候—情谊—朋友—亲人—家庭—团聚"等)。

3. 小组讨论题：请同学们自由组队，使用奥斯本检核表法对日常生活中司空见惯的一种用品——眼镜进行改良设计。

拓展阅读

第六章　创 业 概 述

第一节　创业的概念、特征与意义

一、创业的概念和特征

（一）创业的概念

"创业"是不拘泥于当前资源约束、寻求机会、进行价值创造的行为过程，有广义和狭义之分。广义的创业是指所有具有开拓性和创新性特征的、能增进经济价值和社会价值的活动，是创业者对自己拥有的资源或通过努力对能够拥有的资源进行优化整合，从而创造出更大经济价值或社会价值的过程。狭义的创业是指创办企业，能够创造劳动岗位、增进社会财富的活动，也就是一个人发现了商机并以实际行动转化为具体的社会形态，获得利益，实现价值。

对于创业的概念，可以从以下四个方面理解：

(1) 创业是一个复杂的创造过程——它创造出某种有价值的新事物。这种新事物必须是有价值的，不仅对创业者本身有价值，而且对社会也要有价值。价值属性是创业的重要社会性属性。

(2) 创业必须贡献必要的时间和大量的精力，付出极大的努力。要完成整个创业过程，要创造新的有价值的事物就需要花费大量的时间；而要获得创业成功，不付出极大的努力是不可能成功的，很多创业活动在创业初期是非常艰苦的。

(3) 创业要承担必然的风险。风险主要包括人力资源风险、市场风险、财务风险、技术风险、外部环境风险、合同风险、精神方面的风险等。

(4) 创业会给创业者带来回报，既包括物质的回报，也包括精神的回报，它是创业者进行创业的动机和动力。

（二）创业的特征

1. 创新性

创业是一个创新的过程，是一个从无到有的过程，也是一个创造新事物的过程。它创造出一种新的产品或服务来满足社会的不同需要，其本身就带有一种开拓性和创新性。

2. 风险性

在创业过程中会遇到很多风险，包括政策风险、市场风险、融资风险、管理风险、决策风险等。可以说，创业的风险是不可避免的，但在一定程度上又是可以预测的，创业者要有正确的认识，要提高防范风险的意识。

3. 自主性

创业可以理解为"自己给自己当老板或者打工"，创业者依靠自己，可以决定做什么、怎么做，自己决定企业的发展方向。因而创业者对于选择什么项目、组建什么企业也是自主的，无论是创业前的准备工作，还是寻找创业商机、分析创业环境、进行创业融资、组织企业管理，都需要创业者自己不断地努力摸索。

4. 艰苦性

创业是一项由多要素组成的复杂的系统工程，也是一项创新型活动。要想创业成功，创业者不仅需要付出艰苦的努力和劳动，而且需要不轻言放弃的毅力和坚韧不拔的意志、品质与勇气。

5. 利益性

创业者的创业也许出自多种目的，获利是其中之一。没有利益驱动，人们就不会冒着风险去创业。创业过程中获利的多少，也是人们衡量创业者创业成功与否的重要标志。

二、创业的意义

创新和创业两者相互促进又相互制约，是密不可分的辩证统一体。创新是创业的基础；创新的成效，只有通过未来的创业实践来检验；创业是创新的载体和表现形式，创业的成败根本依仗创新教育根基的扎实程度；创新是对人的发展总体的把握，创业着重是对人的价值的具体体现。

在我国目前发展呈现大众创业、万众创新新常态背景下，有利于进一步调动人民群众创业致富的热情与积极性，有利于创造财富的源泉充分涌流，创造活力进一步迸发，有利于我国生产力水平和人民生活水平的不断提高，有利于提升我国综合国力，有利于促进就业，推进我国经济发展方式的转变，有利于调整产业结构，摆脱经济增长乏力的危机。

(1) 促进经济发展和社会繁荣，增加社会财富。根据相关调查，在美国经济贡献率中，创业占比很大。麻省理工学院 2015 年 12 月发布的报告称，截至 2014 年，由这所大学校友创办的企业共计 30 200 多家，提供了大约 460 万个工作岗位，年产值达到 1.9 万亿美元，相当于 2013 年俄罗斯或者印度的国内生产总值。在 2016—2020 年间，由这所大学校友新创办的公司数量已经达到了 12200 多家。这些公司的创立，为社会的繁荣和经济发展作出了重要的贡献，为社会创造了大量的财富，增加了国家的税收。同时，这些新公司的创立，也改变了传统的产业格局，加速了产业结构的调整。在创业过程中，社会资源得到了优化配置，市场体系不断完善，市场竞争力得以持续保持。

(2) 提供就业岗位，缓解大学生就业压力。从已创业大学生的创业动机来看，就业压力是创业的一个重要因素，2022 年全国高校毕业大学生有 900 多万人，较多大学毕业生找不到工作或者找不到合适的工作。特别是当今我国正处在经济转型期，产业升级改造，供给侧结构性改革，大量的劳动密集型产业向科技型转变，以往需要大量就业人员的企业正在走向没落，大学生就业压力较大。因此，大学生创业不仅解决了自身就业问题，同时也带动了社会就业。清华大学中国创业研究中心的调查数据显示，创业者数量每增加1个，当年能够带动平均2.77个就业岗位，而未来5年能够带动平均5.99个就业岗位。从大学生创业者的反馈来看，大学毕业后1～3年是创业的最佳时期。

(3) 激发创新意识，推动社会进步。创新是社会发展的动力，创业是激发创新的关键因素，创业者将自己的思想、技术、观念投入创业，不仅有助于思想的传播、技术的进步，更有助于社会的发展。每个时代都需要一批敢为人先的人来开创这个时代的先河。例如 Google 公司，其创始人就是从大学生创业开始的，不仅在网络搜索上给社会带来了方便，而且在人工智能领域中也推动了社会的进步，如2016年和2017年谷歌公司的人工智能计算机先后打败了韩国围棋选手李世石和中国围棋选手柯洁。这种由创业者成立的公司，已经成为推动社会进步的主要力量。

(4) 提高人生掌控力，实现自我价值。对于一些人来说，创业可以摆脱原有的种种羁绊，充分发挥自身才华和最大潜能。创业者为社会提供了产品和服务，为社会和国家作出了贡献，使得创业者能够从中获得较大的成就感。同时，创业是一个接受挑战、承担风险、战胜困难的过程，这是一个令人激动兴奋的过程，创业者正是通过不断地在困难中成长来实现人生价值。

第二节　创业基本理论

创业是指创业者识别、捕捉商业机会，对自己拥有的资源或通过努力能够拥有的资源进行优化整合，从而创造出更大经济价值或社会价值的过程。

一、创业的要素

（一）创业者

创业者是创业的核心要素，主要指把握市场机遇，通过创立企业试图获得机遇带来的收益，而同时又必须为错误的决策承担风险的人。这一定义主要强调以下几个方面：

(1) 创业者必须是市场机遇的发现者。创业者凭借其信息的优势、知识的积累和特殊的敏感性，发现新的市场需求，给市场提供价格更优惠、品质更优异的产品或服务。

(2) 通过开创企业或在现有组织中组织人、财、物等要素，开发市场机遇，以期获得机遇带来的收益。

(3) 创业者必须要为自己对机遇价值判断的失误而承担风险。如果自己投入了资本，则会面临着资本和名誉的双重损失；如果自己没有投入资本，同样也会因为声誉受损，而影响自身未来的市场价值。

（二）创业机会

创业机会主要是指未明确的市场需求或未充分使用的资源或能力。创业者利用创业机会，可以为客户提供有价值的产品或服务，并同时使创业者自身获得利益。可以从以下几个方面挖掘创业机会。

1. 从问题中寻找

创业的根本目的是满足顾客需求，而顾客需求没有得到满足就会存在问题。因此，寻找创业机会的一个重要途径就是善于发现和体会自己和他人在需求方面存在的问题或生活中存在的难处。

2. 从变化中寻找

创业的机会大多产生于不断变化的市场环境。环境变化了，市场需求、市场结构必然发生变化，进而产生很多创业机会。著名管理大师彼得·德鲁克将创业者定义为那些能"寻找变化，并积极反应，把它当作机会充分利用起来的人"。这种变化主要来自产业结构的变动、消费结构升级、城市化进程加速、思想观念变化、政府政策变化、人口结构变化、居民收入水平提高、全球化趋势等诸多方面。

3. 从创造发明中寻找

创造发明提供了新产品、新服务，其能更好地满足顾客需求，同时也带来了创业机会。例如，随着计算机的诞生，计算机维修、软件开发、计算机操作培训、图文制作、信息服务、线上开店等创业机会随之而来。

4. 从竞争中寻找

在市场竞争中，通过弥补竞争对手产品的缺陷和不足、完善产品功能或服务、进行创新创业服务，也可以找到更多的创业机会。

5. 从新知识、新技术中产生

新知识、新技术不断带来具有商业价值的成果或机会。随着互联网知识的普及和技术的进步，围绕"互联网＋创新创业"产生了许多创业机会。

2016年被公认为是中国电商直播元年。2017年，电商直播从萌芽期步入快速发展时期。2018年，头部短视频平台入局，借助其可观的流量和已有的众多主播，短期内获得了较好的直播带货效果。2019年底以来，直播电商成为各行业的重要销售渠道之一，发展速度之快超乎想象，各大直播和视频平台也争相推出技术升级成果和运营新计划，直播电商进入全面成熟阶段。直播电商给各行各业带来了新的创业机会。

（三）创业资源

创业资源是指新创企业在创造价值过程中需要的特定资产，包括有形资产与无形资产。它是新创企业创立和运营的必要条件，主要表现形式为创业人才、创业资本、创业机会、创业技术和创业管理等。

（四）创业项目

创业项目是指创业者为了达到商业目的，将创业机会与创业资源进行有效整合，指向特定生产服务领域的生产要素的具体组合形式。创业项目是创业机会的载体。创业项目按照行业可以划分为餐饮、服务、零售等门类的创业项目；按照性质可以划分为互联网创业项目和实体创业项目。从更大的范围来说，加盟一个品牌、开一家小店也算是创业项目。

创业过程中，创业者必须从创业项目的可行性、可信性、风险性、持续性、扩张性、延伸性等方面进行详细的考察，才能更好地保证创业成功率。

（五）创业环境

创业环境是指那些与创业活动相关因素的集合，具体包括政府政策、政府项目支持、金融支持、教育与培训、研究开发转移效率、创业壁垒、商务环境和有形基础设施、文化和社会规范等方面。这些环境条件对创业活动的开展和创新企业的发展有重大影响。

二、常见的创业模式

创业既复杂又灵活，创业者必须把握创业的机遇，选择既有较高回报，又具有创造性的创业模式，才能够实现创业价值。常见的创业模式有如下几种。

1. 网络创业

网络创业是在有网站运营、网店经营之后才产生的一种新型创业形式，主要是通过互联网来进行创业。网络创业主要有两种形式：一是网上开店，在网上注册成立网络商店；二是网上加盟，以某个电子商务网站门店的形式经营，利用母体网站的货源和销售渠道。

随着网络购物的便捷性、直观性，越来越多的人倾向于线上购物。一种点对点、消费者对消费者的网络购物模式也开始兴起，利用微信、淘宝在线销售商品，掀起了个人开网店的浪潮。作为新技术和新潮流的引导者和受益者，最具活力的大学生也成为网络创业的主力军。近几年，直播带货又成为新一波的网络创业潮流。

2. 加盟创业

加盟创业是采用加盟的方式进行创业，一般是加盟开店。也就是说，加盟商（受许人）与连锁总部（特许人）之间建立一种契约关系，根据契约，总部向加盟商提供一种独特的商业经营特许权，并给予人员训练、组织结构、经营管理、商品采购等方面的指导和帮助，加盟商须向总部支付相应的费用。例如，可以加盟成熟的连锁酒店（如汉庭快捷酒店、如家快捷酒店等）进行创业。

3. 兼职创业

兼职创业，即在工作之余进行创业。例如，培训师可选择兼职培训顾问；设计师可自己开设工作室从事设计工作；撰稿人可向媒体或创作方面发展；会计、财务顾问可代理做账、理财；翻译可兼职口译、笔译；律师可做兼职法律顾问等。

4. 团队创业

团队创业是指具有互补性或者共同兴趣的成员组成团队进行创业。如今，创业已非纯粹追求个人英雄主义的行为，团队创业成功的概率要远高于个人独自创业。一个由研发、技术、市场融资等各方面人员组成的且具有优势互补的创业团队，是创业成功的法宝，对高新科技创业企业来说更是如此。

5. 大赛创业

大赛创业，即利用各种创业大赛搭建的平台，获得资金等支持进行创业。创业大赛被形象地称为创业孵化器。如清华大学王科、邱虹云等组建的视美乐公司，就是在参加第一届"挑战杯"创业大赛过程中成立并发展起来的。

6. 概念创业

概念创业，即凭借创意、点子、想法创业。当然，这些创业概念必须要标新立异，至少在计划进入的行业或领域是个创举，只有这样，才能抢占市场先机，吸引风险投资商的眼球。同时，这些超常规的想法还必须具有可操作性，而非天方夜谭。一个点子就能造就一个企业，概念创业有时的确具有"四两拨千斤"的神奇作用。

7. 内部创业

内部创业是指在公司的支持下，有创业想法的员工承担公司内部的部分项目或业务，并且和公司共同分享劳动成果的过程。这种创业模式的优势是创业者无须投资即可获得很广的资源，即使创业失败也不会有较大的心理负担。

三、创业的基本过程

1. 产生创业动机

创业动机是鼓励和引导创业者为实现创业成功而行动的内在力量，是创业者渴望创业、成就梦想的内心需求。当人们产生了这种创业需求，就会激发创业动机，进而促使人们有意识地发现和寻找创业机会。

2. 识别创业机会

不管创业梦想多么伟大，创业动机多么强烈，没有好的创业机会，也无法取得创业成功。因此，有意识地发现和识别创业机会，就成了创业者创业成功的关键环节。创业机会的来源是多方面的，如前文所述的科学技术进步、市场需求及其结构变化等。

3. 整合创业资源

整合创业资源是优化配置的决策，是创业过程中最为关键的环节之一。整合创业资源就是根据创业项目的发展战略和市场需求对有关资源进行重新配置，以突显创业项目的核心竞争力，并寻求资源配置与客户需求的最佳结合点。整合创业资源的目的是要通过组织制度安排和管理运作协调，来增强创业项目的竞争优势，提高创业企业的盈利水平。

4. 创办新企业

创业最终要以组织形式进行发展，也就是要创建新的企业。新企业的创建需要进行大量的准备工作，其中创业计划、创业融资和注册登记尤为关键。创意能否变成行动，关键是看其能否形成周密的创业计划，以及能否获得融资。当创业者完成创业计划并获得融资之后，就可以按照法定程序进行注册登记，包括确定企业的组织形式、设计企业名称、向工商行政管理机关提出企业登记注册申请、领取企业营业执照等内容。

5. 新创企业管理

新创企业面临着市场、财务、技术、管理以及行业竞争等风险，创业要取得成功就需要在企业营销策略、人力资源管理、财务管理、风险管理等经营管理方面进一步优化提升，这是企业成长过程中企业管理与风险防范的重要内容。

第三节　创　业　能　力

一、创业能力的概念和特点

（一）创业能力的概念

21 世纪是以创造、创新、创业为特征的新时期。创业能力被概括为直接影响创业实践活动效率，促使创业活动顺利进行，能够创立和发展一项或多项事业的主体条件。大学生创业能力既有创业能力的基本内涵，又有自身的特色。在知识经济占主导地位的时代，大学生创业是高校毕业生就业的一种新趋势，它所蕴含的生机和发展趋势势必会引发一系列观念 、体制、人才培养模式的变化，不仅对现行的教育提出了严峻的挑战，也预示着未来中国教育必将发生深刻变革。对大学生进行创业能力的培养和教育，作为高等教育发展史上的一种新的教育理念，是知识经济时代培养大学生创业精神和创造能力的需要，是社会和经济结构调整时期人才需求变化的需要，是以人为本、构建和谐社会的需要。

创业能力就是创业者拥有的关键技能和隐性知识，是个体拥有的一种智力资本，它作为高层次的特征，其中包含个性、技能和知识，被视为创业者能成功履行职责的整体能力。创业者所拥有的创业能力高低直接影响创业实践的活动效率，以及创业活动能否顺利进行。而大学生创业能力，既具有创业能力的基本内涵，又有其自身特色。大学生因自身具有思想先进性、时代创新性、知识能力可行性等特点，故其创业欲望、创业能力、创业活动都具有更加丰富的内涵。作为大学生创业教育的重要培养目标，在创业教育兴起并广泛开展的形势下，探讨、研究有效的大学生创业能力的培养途径是十分必要的。

（二）创业能力的特点

1. 个体性

当代大学生在理想、信念、世界观、价值观、兴趣等方面凸显出多元化，在气质、性格等个性心理特征方面呈现多样性，主要体现为具有开创性个性。大学生创业能力的个体表现是能直接面对威胁与挑战，在成败得失中能灵活应对、独辟蹊径，而且他们意志坚定、敢于行动。

2. 综合性

大学生已经初步具备了完善的知识体系，对自身内部及外部世界有了基本的认知与理解，其感知力、注意力、记忆力、想象力、思维力等都达到了较高水平，在其创业实践活动中，能够将企业经营知识与学科专业知识进行有机结合，并不断提升解决问题的综合能力，表现为大学生创业能力的综合性。

3. 创新性

大学生具有开拓创新的欲望和能力，掌握科学探索创新的技能，是实现创新的主力军，是开创新思想、新事业、新行业、新领域、新技术及新产品的中坚力量。大学生创业活动是具有高度创新性的实践活动，创业大学生具有创造性的思维，能将专业知识与创业活动有机结合并转化实现，能在社会实践中不断开发潜能，冲破思维定式，多角度寻求最佳方案。

4. 实践性

创业能力直接影响创业实践活动的成功开展，同时创业实践活动又是产生创业能力的土壤，也是提高创业能力的必由之路。大学生创业能力的培养形成，既要注重理论联系实际，在实践中拓展实现，又要以实践性为核心，建立科学的运作、评价体系，保障创业能力的有机形成和提升。

二、成功创业者的能力特征

1. 创新能力

创业实际上是一个充满创新的事业。对于创业企业来说，创新永远是获取机会的唯一源头，更是企业发展成长的不竭动力。创新能力，可以说是创业者、创业企业应该首要具备的能力。虽然没有人能够真正定义出创业者的特殊个性，但是不可否认的是，创业者的成功就在于离开了自己的安乐窝，勇于做第一个吃螃蟹的人。

2. 人际交往能力

斯坦福研究中心一份调查报告的结论证明了人际交往对成功的重要性：一个人赚的钱，12.5% 依赖其掌握的知识，87.5% 依赖其人际关系网。这足以说明人际关系的重要作用，特别是对于新生企业尤为重要。对于大多数成功人士来讲，谁都不能否认人际关系在其事业中起到的作用，他们得益于老师、同学、同事、领导、老乡、亲友等人的帮助。

3. 判断决策能力

创业的过程就是一个不断做决策的过程。决策是一个人综合能力的体现，一个创业者首先应该是一个决策者。做决策对于企业家和各级主管们来说几乎是每天都必须做的，正确的决策会帮助创业者根据主、客观条件，因地制宜，准确制定创业的发展方向，企业目标、战略，以及选择正确的实施方案。

4. 信息沟通能力

要成为一个真正成功的企业家，一定要学会把自己的思想梳理得有逻辑，并将其用较清晰的语言表达出来。因为投资人会有一个基本判断，创业者口才可以不好，但若反复讲不清楚，则说明他对这件事本身就不清楚。只有信息传递后，每个人都完全理解，问题得到了解决才是真正有效的沟通。

5. 执行能力

在瞬息万变的市场中，创业机会稍纵即逝。创业成功的人往往是那些从有想法就立刻行动的人。他们不是天才，也不是每个决策都是正确的，但是做了就会有经验，有经验就可以改进。

6. 学习能力

现代社会发展迅速，新的思想、概念、工具层出不穷，这就要求创业者必须用开放的态度广泛地学习。对于大学生创业者而言，只有利用大学的黄金时期学习一些真正的有用的知识，拓宽自己的知识面，才能使自己在未来的创业活动中更具有竞争力。

三、大学生创业能力的培养方式和途径

1. 优化课程教学体系

在创业培养体系中，课程教学体系是核心，而在各类学科教育中渗透创业教育是培养大学生创业能力的有效途径，需要注重第一课堂和第二课堂的有机结合、互相渗透。

(1) 在第一课堂课程设置方面，应开设创造学、创业学、创新思维、创业管理等与创新创业相关的课程，以更好地启迪学生的创新思维，培养学生的创业意识。

(2) 在第二课堂创业活动方面，应广泛开展创业计划竞赛、课外学术作品竞赛、演讲、辩论、广告设计大赛等活动，逐步形成以创新创业、社会实践、社团活动等方面为主的培养方式和途径。

(3) 结合高年级学生的就业指导课程加强创业指导，不断提高大学生的创业能力。

2. 营造良好的创业环境

营造良好的创业环境是开展创业教育和培养创业能力的基本前提。校内创业教育环境又分为硬环境和软环境。创业教育硬环境是指为在校大学生创业者提供的创业场所或实验设备、创业资金和创新奖励基金，以及为创业竞赛和创业社团提供专项资助等有形的创业支持。创业教育软环境主要包含学校领导对创业教育的重视程度、创业鼓励相关制度建设和活跃的校园文化等。学校要不断加强"硬环境"的建设，建立创业基地，引进试验设备，并提供专项创业资金的支持。在"软环境"的建设方面，学校要充分发挥成功创业的校友和企业家对在校学生自主创业的示范作用，定期举办创业论坛，开展科研竞赛、创业交流，开设创业教育课、讲座等丰富多彩的形式实施创业教育，加大"互联网＋挑战杯"的宣传和开展力度，引导更多学生参与创业计划大赛，如开展创业文化节、创业计划比赛、创新设计大赛、科技节等专题校园文化活动。

3. 积极参与校内外创业实践活动

与企业紧密结合，与实践创业紧密结合，是培养和提高大学生创业能力的关键环节，大学生应该充分利用高校和地方政府的创业资源与场所，积极参加校内外各种创业实践活动，具体做法包括：

(1) 参加学校的科研项目，在导师的带动下，通过课题的研究，了解科研前沿和最新科研成果，提高科研创新能力。

(2) 利用校内资源进行创业实践体验，可以虚拟创业公司，或成立自主经营的科技服务公司、大学生超市、食堂、书亭、家教服务中心、教育培训中心等实体，在创业指导教师的指导下，在实践中体验创业全过程，在经营实践中提高经营管理能力。

(3) 积极参加各种创业竞赛，通过竞赛锻炼大学生的创业能力并找到合适的创业项目，条件成熟的大学生还可以将项目在学校或政府的创业孵化基地进行孵化，使创业成果尽快产业化，从而全面提高创业能力。

第四节　"互联网+"时代的创业

一、"互联网+"时代创业的特征

现如今，大部分创业者都是利用互联网来创业的，这是未来创业的趋势，那么"互联网+"时代创业有哪些特征呢？

1. 互联网创业对于创新性的要求较高

创业者如果没有较强的创新意识，而是随波逐流，那么成功的概率较小。我们要有自己的创新精神，有独树一帜的新思维，并推出与众不同的创新产品，这样才能够吸引消费者，从而获得梦寐以求的高回报，并在湍急的竞争领域站稳脚跟。在互联网的新经济模式下，创业、创新和创投是铁三角，三者缺一不可。在利用互联网创业的过程中，创新难度较大、所需投入的资金较多、即将面临的风险也很大，因此，我们要对这几个方面多加关注。

2. 创业主体多元化

互联网的发展使得社交网络呈扁平化发展，信息技术和知识点的传播速度非常惊人，创业主体也开始出现多元化，创业者从最初的技术精英发展到现在的普通大众。

3. 创业成本较低

只要创业者自己研究出了创新项目，我们就能够通过互联网和各种社交平台去寻找相关的人才，并吸引投资者的注意。采用这种方式可以建立非常专业的团队来运作新项目，大大降低了我们在创业中所需投入的成本。

4. 创业衍生性较强

在互联网时代，我们的创业产业链非常长，衍生性也很强。我们不只做互联网创业，更是要结合传统的产业模式，这样才可以让我们的创业模式更加多样化。而创业者的创新思维和产品可以通过线上和线下传播相结合的方式来和消费者以及用户接触，这样能够让用户提前感知我们的产品。

5. 开放生态

生态是"互联网+"，非常重要的特征，而生态本身就是开放的。我们推进"互联网+"，其中一个重要的方向就是要化解过去制约创新的环节，把孤岛式创新连接起来，让创业者和努力者有机会实现价值。

6. 创业机会更多

随着移动互联网的强劲发展，人们的生活状态已经发生了巨大的变化，互联网技术深深融入了经济社会生活的方方面面，解决了传统日常生活中的衣、食、住、行、游、购、娱、学等诸多问题，也创造了更多的就业机会和创业机会。

7. 创业平台更大

"互联网+"经济模式已经成为我国经济发展的"新常态",互联网与各行各业的有机融合给人们的生活带来了巨大变化,越来越多的人开始重视互联网平台的力量。利用网络市场的全球性、成长性、个性化,将众多的小市场连成一个大市场,再将产品及服务等信息推送到世界的每一个角落,使人们在家便可轻松享受到"互联网+"带来的便利。

8. 创业环境更平等

互联网是开放的,消除了时间、空间、身份等因素的差异,公众在网上发布和接收信息是平等的,不会因为求职创业的社会成本不同而影响最终的结果。传统观念中女性处于就业创业的弱势地位,在"互联网+"的时代,这种情况正在改变,无论男性还是女性都将获得更加平等的创业机会。

9. 创业政策更支持

为了鼓励人们进行"互联网+"创业,政府出台了很多相关优惠和扶持政策,并根据创业过程中遇到的不同问题,提供个性化的帮助和扶持,从而提高创业的成功率。

10. 创业营销更方便

目前创业的营销工作一般都是将自身的产品信息和生产信息利用互联网或者其他一些途径尽可能地传播出去,并力争让更多人能够接收信息且受其影响。互联网能够为创业者营销活动的开展提供巨大的便利,使创业项目的市场营销迈上新的台阶。

在"互联网+"时代,在"大众创业、万众创新"的大背景下,创业已经不再是一件难事。年轻人更应该把握时机,充分借助"互联网+"的优势,顺势而为,在创业的路上越走越远。

二、"互联网+"时代下的创业机会

互联网与经济社会各领域的融合发展进一步深化,基于互联网的新业态成为新的经济增长动力,未来社会的发展,互联网创业已经成为必然趋势。"互联网+"下十大创业机会简述如下。

1. 延伸服务

"互联网+"的兴起会衍生一大批在政府与企业之间的第三方服务企业,即"互联网+"服务商。他们本身不会从事"互联网+"传统企业的生产、制造及运营工作,但是会帮助线上及线下双方的协作,做双方的对接工作,盈利方式则是赚取双方对接成功后的服务费用及各种增值服务费用。其中的增值服务包罗万象,包括培训、招聘、资源寻找、方案设计、设备引进、车间改造等。初期的"互联网+"服务商是单体经营,后期则会发展成为复合体,不排除后期会发展成为纯互联网模式的平台型企业。第三方服务企业涉及的领域有大数据、云系统、电商平台、O2O服务商、CRM等软件服务商、智能设备商、机器人、3D打印等。

2. 工业领域

"互联网+工业"即传统制造业企业采用移动互联网、云计算、大数据、物联网等信息通信技术，改造原有产品及研发生产方式，与"工业互联网""工业4.0"的内涵一致。譬如，"移动互联网＋工业""云计算＋工业""物联网＋工业""网络众包＋工业"等新型结合形式。具体来说，借助移动互联网技术，传统制造厂商可以在工业产品上增加网络软硬件模块，实现用户远程操控、数据自动采集分析等功能，极大地改善了工业产品的使用体验。基于云计算技术，一些互联网企业打造了统一的智能产品软件服务平台，为不同厂商生产的智能硬件设备提供统一的软件服务和技术支持，优化用户的使用体验，并实现各产品的互联互通，产生协同价值。根据中为咨询网观察，物联网技术有助于加快生产制造实时数据信息的感知、传送和分析，加快生产资源的优化配置。在互联网的帮助下，企业通过自建或借助现有的"众包"平台，可以发布研发创意需求，广泛收集客户和外部人员的想法与智慧，大大扩展了创意来源。

3. 金融领域

"互联网＋金融"从组织形式上来看，这种结合至少有三种方式：第一种是互联网公司做金融，如果这种现象大范围发生，并且若取代了原有的金融企业，那就是互联网金融颠覆论。第二种是金融机构的互联网化。第三种是互联网公司和金融机构合作。自2022年以在线理财、在线支付、电商小贷、P2P、众筹等为代表的细分互联网嫁接金融的模式进入大众视野以来，互联网金融已然成为了一个新金融行业，并为普通大众提供了更加多元化的投资理财选择。譬如，互联网供应链金融、P2P网络信贷、众筹、互联网银行等形式。

4. 商贸领域

在零售、电子商务等领域，过去这几年都可以看到它们和互联网的结合，特别是移动互联网对原有的商贸行业起到了很大的升级换代的作用。面对实体零售渠道的变革，"零售业＋互联网"概念被提出。2022年，中国的网民数量达6.49亿人，网站达400多万家，电子商务交易额超过13万亿元人民币。在全球网络排名前10强的企业中，有4家企业在中国，互联网经济成为中国经济的最大增长点。根据中为智研数据，2022年B2B电子商务业务的收入规模达192.2亿元人民币，增长了28.34%；交易规模达9.4万亿元人民币，增长了15.37%。截至2022年，中国跨境电子商务试点进出口额已突破30亿元人民币。

5. 通信领域

随着互联网的发展，来自数据流量业务的收入已经大大超过通话业务收入，但是互联网的出现并没有彻底颠覆通信行业，反而是促进了运营商进行相关业务的变革升级。"互联网＋交通"已经在交通运输领域产生了"化学效应"，从国外的Uber、Lyft到国内的滴滴打车、快的打车，移动互联网催生了一批打车、拼车、专车软件，虽然它们在全世界不同的地方仍存在各种争议，但它们通过把移动互联网和传统的交通出行相结合，改善了人们的出行方式，增加了车辆的使用率，推动了互联网共享经济的发展。

6. 民生领域

现今你可以在各级政府的公众账号享受服务，如某地交警可以在60秒内完成罚款收取等，移动电子政务会成为推进国家治理体系的工具。譬如，2022年12月广州率先实现微信城市入口接入，随后深圳、佛山、武汉相继上线，这几个城市接入3个月来，已有700万人次享受了微信城市服务。

7. 医疗领域

现实中存在看病难、看病贵等难题，"移动医疗＋互联网"有望能改善这一医疗生态。具体来讲，互联网将优化传统的诊疗模式，为患者提供一条龙的健康管理服务。在传统的医患模式中，患者普遍存在事前缺乏预防，事中体验差，事后无服务的现象。而通过互联网医疗，患者有望从移动医疗数据端监测自身健康数据，做好事前防范；在诊疗服务中，依靠移动医疗实现网上挂号、询诊、购买、支付，节约了时间成本和经济成本，提升了事中体验；并依靠互联网可在事后与医生沟通。百度、阿里、腾讯先后出手互联网医疗产业，形成了巨大的产业布局网，他们利用各自优势，通过不同途径实现着改变传统医疗行业模式的梦想。

8. 教育领域

一张网、一个移动终端，几百万名学生，学校任你挑、老师由你选，这就是"互联网＋教育"。在教育领域，面向中小学、大学、职业教育、IT培训等多层次人群开放课程，可以足不出户在家上课。"互联网＋教育"的结果，将会使未来的一切教与学活动都围绕互联网进行，老师在互联网上教，学生在互联网上学，信息在互联网上流动，知识在互联网上成形，线下的活动成为线上活动的补充与拓展。"互联网＋教育"的影响不只是创业者们，还有一些平台能够实现就业的机会，在线教育平台提供的职业培训就能够让一批人实现技能培训，而自身创业就能够解决就业。"大众创业，万众创新"对于教育而言有深远的影响。教育不只是商业，譬如某产品上线一年多，就用近千门职业技术课程和4000多课时帮助了80多万名IT从业者用户提高了他们的职业技能。

9. 政务领域

截至2022年12月，我国在线政务服务用户规模达9.26亿人，较2021年12月增长了515万人，占网民总数的86.7%。2022年，我国在线政务服务相关顶层设计更加完善，平台建设更加有效，技术应用更加普及，发展态势持续向好。《2022联合国电子政务调查报告》显示，我国电子政务水平在193个联合国会员国中排名43位，是自报告发布以来的最高水平，也是全球增幅最大的国家之一。其中，作为衡量国家电子政务发展水平核心指标的在线服务指数为0.8876，继续保持"非常高"的水平。

一些地方政府已经悄然开始了与互联网巨头的合作，试图通过互联网提升政府办事效率，增加行政透明度，助力向服务型政府转型。譬如，腾讯与河南省、重庆市和上海市政府合作打造"智慧城市"，其中一项重要内容就是将交通、医疗、社保等一系列政府服务接入微信，把原来需要东奔西走排队办理的业务通过手机即可完成，节省时间，提高效率。根据中为咨询网观察，阿里巴巴和其新近成立的蚂蚁金服也已开始同地方政府接洽，计划将上述政务服务接入支付宝和新浪微博移动客户端。浙江省级政府也计划在未来允许支付宝承接省内非税类收费业务。接入阿里巴巴支付宝移动客户端的政务服务体系已在上海、杭州、广州、厦门等东部沿海城市以及山西省上线。

10. 农业领域

农业看起来距离互联网最远，但"互联网＋农业"的潜力却是巨大的。农业是中国传统基础产业，亟需用数字技术提升农业生产效率，通过信息技术对地块的土壤、肥力、气候等进行大数据分析，然后据此提供种植、施肥等相关解决方案，这样会大大提升农业生产效率。根据中为咨询网观察，农业信息的互联网化将有助于需求市场的对接，互联网时代的新农民不仅可以利用互联网获取先进的技术信息，也可以通过大数据掌握最新的农产品价格走势，从而决定农业生产重点。与此同时，农业电商将推动农业现代化进程，通过互联网交易平台减少农产品买卖的中间环节，从而增加农民收益。面对万亿元以上的农资市场以及近 7 亿的农村用户人口，农业电商具有巨大的市场空间。

三、"互联网 +"时代创业常见的商业模式

"互联网 +"时代创业商业模式是指以互联网为媒介，整合传统商业类型，连接各种商业渠道，通过全新商业运作和组织构架设计，整合传统的移动互联网商业模式而形成的建立在"互联网 +"基础上的商业模式。

"互联网 +"将互联网的创新成果与经济社会各领域深度融合，推动技术进步、效率提升和组织变革，提升实体经济创新力和生产力，形成更广泛的以互联网为基础设施和创新要素的经济社会发展新形态，也是互联网与各行各业的智慧融合。如互联网与金融结合，形成智慧金融；互联网与医疗结合，形成智慧医疗；互联网与旅游结合，形成智慧旅游；互联网与教育结合，形成智慧教育；互联网与工业结合，形成智慧工厂等。

1. 电商模式

电子商务指在广泛的商业贸易活动中，在互联网技术的网络环境下，基于浏览器 / 服务器应用方式，买卖双方进行各种商贸活动，实现消费者的网上购物、商户之间网上交易、在线电子支付以及各种商务活动、交易活动、金融活动和相关综合服务活动的一种新型商业运营模式。电子商务按交易对象进行分类如表 6-1 所示。

表 6-1　电子商务按交易对象分类

类　型	英　文	含　义
ABC	Agent、Business、Customer	代理商、企业和消费者
B2B	Business to Business	企业对企业
B2C	Business to Customer	企业对消费者
C2C	Customer to Customer	消费者对消费者
B2M	Business to Manager	企业对职业经理人
B2G	Business to Government	企业对政府
M2C	Manager to Customer	职业经理人对消费者
O2O	Online to Offline	线上对线下
C2B	Customer to Business	消费者对企业
P2D	Provide to Demand	供给方对需求方
B2B2C	Business to Business to Customer	卖方、交易平台、买方
B2T	Business to Team	团体采购
F2C	Factory to Customer	制造商对消费者

在当今互联网时代，正在催生一种新的商业模式，即"工具＋社群＋电商／微商"的混合模式。微信在最初阶段只是一个社交工具，主要通过工具属性、社交属性、价值内容等核心功能吸引目标客户，然后通过加入朋友圈点赞与评论等社区功能留住客户，继而添加微信支付、信用卡还款、手机充值、生活缴费、城市服务等功能，使微信能够具有持久的生命力。

2. 平台商业模式

平台商业模式是一种虚拟或真实的交易场所，其本身不生产产品或服务，但可以促成双方或多方供求之间的交易，通过收取平台费用赚取差价、佣金、流量等形式获得收益的一种商业模式。

互联网的发展，使信息交流越来越便捷，具有相同需求的人更容易聚在一起形成社群。互联网将分散、零星的客户需求聚拢在一个平台上，形成新的具有共同需求的群体，并形成一定规模达到聚合的价值，如淘宝。平台商业模式具有极大的开放性、增值性，营造双边或多边市场特征，平台商业模式更加重视用户体验和产品的个性化设计，其核心是打造足够大的平台，使产品更加多元化和多样化。

平台商业模式有很多，通过表6-2就能够准确地理解什么是平台商业模式。

表6-2　平台商业模式

序 号	类 型	平 台 代 表
1	公共服务类	预约挂号平台、交通出行12306、在线教育等
2	商务交易类	阿里巴巴、淘宝、京东、当当等
3	社交类	新浪微博、微信、腾讯QQ等
4	娱乐类	优酷、抖音、王者荣耀等
5	金融服务类	招商银行、建设银行等
6	智能制造类	格力电器、海尔电器等

华为致力于打造以"云"为基础，整合物联网、人工智能、5G等新技术的数字平台，携手生态合作伙伴，共同为客户提供智慧城市整体解决方案，助力城市数字经济发展，建设数字中国。

在数字经济时代，华为将"云"、大数据、GIS(地理信息系统)、物联网等诸多基础资源能力通过统一的接口向外输出给上层应用，构成城市数字平台。该数字平台以云为基础，整合各种新ICT(信息与通信技术)，打通各类数据。向上支持应用程序快速开发、灵活部署，使得各行业业务办理快捷创新；向下通过无处不在的连接，做到云端协同优化，从而实现物理世界与数字世界的互通。

3. 跨界商业模式

在"互联网＋"时代，互联网与零售、金融、教育、医疗等传统产业进行跨界融合。一方面，传统企业积极向互联网迈进，纷纷向互联网转型，并与互联网公司合作；另一方面，互联网企业加速向传统行业进军，使得行业的界限变得越来越模糊。当前，跨界、跨行业已经成为社会经济发展的新常态，更重要的是，跨界与融合将会成为中国经济升级转型的大方向，这也是适应"互联网＋"时代的重要模式。

跨界商业模式呈现出以下特征：当不同层面进行跨界时，表现为垂直整合或水平扩张的特点；当采用不同的方式进行整合时，表现为强强联合或跨界并购的特点。

马云曾说"如果银行不改变，那我们就改变银行"，于是就诞生了余额宝。余额宝是蚂蚁金服旗下的余额增值服务和活期资金管理服务产品，于 2013 年 6 月面世。与余额宝对接的是天弘基金旗下的余额宝货币基金，具有操作简单、门槛低、零手续费、可随取随用的特点。除理财功能外，余额宝还可直接用于购物、转账、缴费、还款等消费支付，是移动互联网时代的现金管理工具。

4. O2O 商业模式

O2O 是 Online to Offline 的缩写，即线上到线下，O2O 模式给我们的生活带来了很大的便利，并呈现出一定的自身特征。对于消费者而言，可以享受更多的优惠、更优的服务；对于商家而言，可以拥有更多的客户，并可开展精准营销，实现商业模式创新和拓展多元化盈利模式。O2O 商业模式呈现的自身特征如下：

(1) 跨地域、无边界、海量信息、海量用户；

(2) 直观统计和追踪评估商家服务；

(3) 价格便宜，购买方便，可及时获知折扣信息；

(4) 拓宽电子商务的发展方向，由规模化走向多元化；

(5) 打通线上、线下的信息和体验环节，避免信息不对称。

饿了么是中国餐饮 O2O 平台之一，市场占有率高达 60%。饿了么整合了线下餐饮品牌和线上网络资源，使消费者可以通过手机、电脑搜索周边餐厅，在网上众多商家提供的美食中挑选放心、可口的食物，并亲自在线下品尝。

5. 免费商业模式

"互联网＋"时代是一个信息过剩的时代，也是个注意力稀缺的时代，怎样在无限的信息中获取有限的注意力，成了"互联网＋"时代的核心命题。注意力稀缺导致众多互联网创业者们开始想尽各种办法去争夺注意力资源，互联网颠覆传统企业的常用打法就是在传统企业用来赚钱的领域采用免费政策，从而彻底将传统企业的客户群带走，然后再利用延伸价值链或增值服务来实现盈利。所以说互联网经济就是以吸引大众注意力为基础，打造免费的、优质的产品去吸引用户，然后通过新的产品或服务构建的商业模式。

免费商业模式常见的类型分别为直接交叉补贴、第三方市场、免费加收费和纯免费商业模式。

(1) 直接交叉补贴：免费获得一件产品的同时，为另一件产品或服务付费；

(2) 第三方市场：与第三方合作，对顾客免费，赚取第三方利润；

(3) 免费加收费：产品免费，增值服务收费或者产品收费，增值服务免费；

(4) 纯免费：产品或服务完全免费，吸引更多的消费者。

"360 杀毒"是 360 安全中心出品的一款免费的杀毒软件，具有查杀率高、资源占用空间小、升级迅速等优点。零广告、零打扰、零胁迫，一键扫描、快速全面地诊断系统安全状况和健康程度，并进行精准修复。其防杀病毒能力得到了多个国际权威安全软件评测机构的认可，荣获多项国际权威认证。

对免费产品如何赚钱的问题，是每个用户都会思考的问题，大多免费产品都有两种基本收入模式，一种是广告模式，另一种是增值服务模式。

1. 简述创业的定义和特征。
2. 论述创业的意义。
3. 论述创新与创业的关系。
4. 简述创业动机与创造性思维。
6. 简述创业能力的内涵和特点。
7. 成功创业者的能力特征有哪些？
8. 大学生创业能力的培养方式和途径有哪些？

拓展阅读

第七章　创 业 机 会

　　创业机会主要是指具有较强吸引力、较为持久的有利于创业的商业机会，创业者据此可以为客户提供有价值的产品或者服务，同时使创业者自身获益。创业机会的来源是创业者最为关心的问题，也是创业研究者重点关注的问题，还是创业教育的核心内容。对该问题的清晰界定和明确阐述，有助于创业者明确地把握创业起点，有利于创业研究者明晰研究对象和研究内容，有益于创业教育的针对性和有效性。

一、尚未解决的问题

　　创业的根本目的是满足顾客需求，需求没有得到满足就会存在问题。寻找创业机会的一个重要途径就是善于发现和体会自己和他人在需求方面的问题或者是生活中存在的难处。在日常生活中，总是存在许许多多、这样那样让人烦恼的问题，这些问题已经给周围环境、百姓生活和信息互动带来了极大的困扰，对这些社会痛点问题的解决成为相关利益群体最迫切的愿望和需求。因此，创业者可以从社会痛点问题入手，利用专业能力研究创新出行之有效的解决方案或者产品，从而实现创业成功。约翰加德纳曾经说过，每个问题都是一个绝佳的隐藏的机会。我们都知道支付宝是阿里巴巴集团的一款第三方支付产品，支付宝于 2003 年上线，其最初的主要目的就是为了解决淘宝购物的信用问题，推出担保交易新型支付模式，让买家在确认所购的产品满意后才将款项发放给卖家，降低网上购物的交易风险，从而促进了淘宝网的快速发展。2004 年，支付宝从淘宝网分拆独立，向更多的合作商提供支付服务，逐渐成为电子商务的一项基础服务，担当了电子钱包的角色。目前，支付宝已成为中国最大的第三方支付平台。同样，为解决城市公共交通出行的"最后一公里问题"，在北京大学攻读硕士的戴威与四名合伙人在 2014 年创立了 OfO 小黄车，起初只在北京大学校园内推广，旨在为学生解决校内出行问题，成功走出校园之后，创立了国内首家以平台共享方式运营校园自行车业务的新型互联网科技公司，首创无桩共享单车出行模式，开创了共享单车这个行业。因此，寻找社会痛点问题，并找到这些问题的解决方案是创业机会来源的重要渠道。

二、产业与市场结构的变化

产业与市场结构的变化可以为创业者带来新的创业机会。产业中的市场机会是受产业生命周期中的五种竞争作用力变化影响的。这五种竞争作用力是波特提出的：潜在入侵者、供给方、需求方、现有企业间的竞争者和替代品。产业生命周期理论告诉我们，一个产业要经历导入期、成长期、成熟期和衰退期四个阶段。不同的产业阶段具有不同的市场结构和五种不同的竞争作用力，这就创造了不同的市场机会。早期汽车基本上是有钱人的奢侈品，随着汽车工业的迅速发展，汽车产量以每3年翻一番的速度增长，富人已无法消化日益增加的汽车产量，但当时的汽车制造公司仍然打着有钱人的算盘，生产着具有高贵阶层特征的汽车。年轻的亨利福特在底特律看到了市场结构的变化，认为汽车在美国已不再是富人的专属，于是他设计了一种新型汽车，这种汽车主要由半熟练工人进行大批量的生产，并且车主可以自己驾驶和修理，这就是著名的T型车。当时，英国劳斯莱斯轿车的价格与一艘游艇的价格差不多，是技术熟练机械师年收入的40倍，而福特T型车的价格只略高于美国机械师一年的工资。这种汽车一经问世，便取得了巨大的成功。产业与市场结构的变化一般体现在产业增长期明显异于整个经济增长速度，新技术的融入以及市场服务的更新方面，密切关注这些迹象，将有助于企业捕捉行业和市场结构变化的良机，从而找到新的更有前景的商机。

三、宏观环境的变化

宏观环境的变化包括企业所面对的政治、经济和文化等环境的变化。在政治上对经济管制的放松往往会带给其他企业更大的市场空间，比如美国对航空业管制的取消带给西南航空公司极大的成长机会，又比如中国国有企业从一些领域的退出给民营企业的发展带来了机会。在政府对某些领域的管制逐步放松的时候，中国出现了一些成功把握机会的企业，如天然气行业的新奥燃气、华桑燃气，电信行业的UT斯达康、亚信，航空领域的奥凯航空等。企业所面对的其他经济环境也影响着企业的市场机会，如在经济全球化浪潮的推动下，企业开始在全球市场中寻找发展机会。在浙江台州的中国飞跃集团以拉美的阿根廷、巴西、智利等国家为起点走出去，利用外部市场机会，成功地实现了企业二次创业的目标，推动了企业的持续成长。2005年，浙江省和墨美边境线附近的一个名叫安塞纳拉的港口城市缔结友好条约，这为浙江大量的以纺织品和机电产品出口为主的企业创造了一个很好的经济环境，带来的是墨西哥1亿人口、人均GDP 6000美元的巨大市场。宏观环境中的人口变化(人口规模、年龄结构、就业状况、教育程度和收入等方面的变化)也可以为企业带来市场机会。人口变化对消费品、消费者和产品质量都有巨大的影响，这方面较典型的例子是银发市场机会。改革开放以来，我国人民生活水平普遍提高，平均寿命不断增长，国家统计局数据显示：至2022年末，中国60岁及以上人口达到2.8亿人，占全国总人口的比例为19.8%；65岁及以上人口达到2.1亿人，占全国总人口的比例为14.9%。据全国老龄办预测，到2033年，中国老年人口将突破4亿人，占总人口的1/4；2053年将达到峰值4.87亿人，占比超过总人口的1/3。可是，在中国的市场上有关老年人的鞋、帽、衣物专卖店还偏少，相信不久的将来会有一批因为开发利用老年市场机会而成功的创业企业。

四、知识性创新与新技术的发明与运用

新技术与新知识的出现导致企业的生产过程、产品、市场，甚至对资源的组织方式都发生了新的变化，这些变化为企业带来了市场机会。在美国著名大学斯坦福，每年都有许多学生以及教授带着知识与技术，捕捉到来源于市场的机会，开始自主创业，也正是如此才成就了硅谷。在我国也有许多学者走出书斋，走上创业的道路。据统计，湖南2022年已创办或领办企业的院士有10多名，占42名在湘院士的三分之一强，中南大学14名院士中就有9名院士相继下海。他们之所以敢去创业，我们认为那是因为他们拥有可以开创新产品、新市场的知识与技术。从这个意义上来讲，机会来源于新的知识与技术。不过，作为一个企业家不一定需要自己去创造新的技术与知识，有时候他只需要自己能认识到技术的价值就可以了。浙江横店集团在20世纪80年代的时候靠毛纺织品起家，由于缺乏自己的核心技术，因此企业的持续发展受到了影响。一次偶然机会，集团老总徐文荣认识了回老家东阳过年的徐教授，从这位教授那里获得了一项关键技术，对这项技术的开发与利用成为了横店集团成功转型的机会。还有一个典型的代表是袁宝的建昊公司，1992年，袁宝辞去好不容易得来的在建设银行的工作，到北京怀柔注册建昊实业发展公司，创业资金为多方筹得的20万元。袁宝下海后，在资金不足又乏门路的情况下，他将目光首先瞄向了大专院校和科研院所的大量科研成果。袁宝认为在大专院校和科研院所那些经过论证和鉴定之后就束之高阁、沉睡不醒的科研成果中，埋藏着取之不尽、用之不竭的宝藏。袁宝采取苦行僧的做法，仿照推销员，先是一家一家地敲企业的门，将有技术需求的企业名单及其所需技术种类记录在案，再找到各个大学和研究机构，买断相关科研成果，再卖给需要这些成果的企业。如果说袁宝在这个阶段只是通过买卖知识或技术来获取原始积累的话，那么当他开始开发利用基于基因工程的小黑麦这个项目时，其实他就已经抓到了新技术所带来的新市场机会。

五、商业模式的创新

创业机会的来源里有一个很特殊的类型，既不提供具体的产品和一定的市场，也不服务于生产制造过程，而是通过采用新型的组织方式——商业模式来提升整个行业或产业的商业效率进行创业。商业模式的创新提升了商业效率和产品的销售水平，提高了企业的盈利能力。但是，因为商业模式创新在现实中并不是非常频繁和活跃的，所以以商业模式创新为机会来源的创业并不常见。但是由于以商业模式创新为来源的创业具有巨大的影响力，可以改变整个行业、产业甚至是整个商业社会的基本运行形态，所以研究以商业模式创新为来源的创业有重要的意义。商业模式创新很多情况下是科技革命对传统产业和行业的更新改造，特别是当新的社会基础设施出现变革时，商业模式便会出现一次大的变革，商业模式总是紧随和适应社会生产力的发展变化的。在互联网1.0阶段门户网站的时代，免费模式大行其道，成为最活跃的商业模式。随着互联网的发展，马云敏锐地感受到了互联网的革命性价值将会影响生活的方方面面，于是电子商务模式(网上商城、应用免费、广告收益、第三方支付)便被适时推出，成就了整个电子商务时代。总体来说是互联网技术决定了新商业模式的基本形态和特性，创新者、创业者和企业家是通过对新技术、新基础设施和商业逻辑的深入研究、深刻理解而作出有效创新的。

商业模式创新带来的创业机会往往进行的是商贸类的创业，因为商业模式创新本质上就是创新了供应链体系、业务组织流程、交易方式等，核心是要把握好商业过程，而不仅仅是某类具体的产品。因此，商业模式创新的创业是易于被模仿和学习的，无法很好地保护知识产权或者对外部保密，这就要求这类创业者能够保持一定的领跑姿态，直到创业成功，否则容易造成失败。

六、专业技能特长

在现实中还有一种非常普遍的创业机会来源，那就是创业者以自身的专业技能特长为起点进行创业。比如，厨师创办饭店，音乐老师创办音乐培训班，美术老师创办广告设计公司和培训班，美容美发师傅创办理发馆和美容馆，等等。这类创业机会来源广泛且多样，但本质都是创业者自身拥有专业技能特长，通常情况下该类企业不易做大做强，大多数都具有生存型特征，需要外力引导和扶持该类企业做到专、精、特、新。从技能端入手，以专业技能特长为创业机会来源是创业活动中非常普遍和重要的一种形式。

第二节 创业风险识别

创业风险识别是指创业者在风险事件发生前，运用各种方法发现其所面临的各种风险因素及其可能产生结果的行为。虽然不确定性的存在是创业企业必须面对的环境，但创业风险规避仍然有章可循。

一、创新风险的种类

在新创企业面临的诸多风险中，目前最主要、影响最大的三类风险是客户风险、创新风险和法律风险。

（一）客户风险

客户风险指的是新创企业并不确定自己的创新产品是否拥有市场。这是当前中国大多数创业公司面临的最主要的风险。虽然中国已经成为全球创业最活跃的国家之一，但由于技术水平和制度环境的限制，目前，中国创业者大多数所选择的还是对现有技术进行二次创业，集中表现在网络产品和服务开发，并利用互联网渠道进行销售。这实际上并不是完全的发明创造或颠覆性的技术创新，而是属于微创新，因此这类企业面临的真正风险不是来自于技术，而是在于此产品或服务到底是否存在真正的客户和市场。换言之，即客户和市场对新创公司的产品和服务是否认可。客户风险存在的原因一方面在于市场的不确定性；另一个很重要的原因在于新创公司易于犯错，即照搬成熟公司的新产品管理模式：创业者对商业机会进行识别，从一个概念开始，然后进行产品开发、测试，最终生产出具有实用价值的产品。这一新产品在开发过程中实际上蕴含着巨大的客户风险。具体说来，客户风险可以从如下三个方面进行识别。

(1) 创业者不能清晰地定义目标客户群体。任何新创企业最初都没有客户，这是初创期必须面对的事实；对于仅有的少量客户，还要注意防范大客户陷阱。因此，新创企业必须承认自己的新产品或新服务还停留在试验阶段，无论是客户群体还是自己的解决方案都建立在设想之上，这仅仅是一种可能而不是现实，能否真正找到客户和市场都还有待检验。

(2) 创业者并不能清晰地定义商业模式。新创企业就是要打破既有的商业模式，并不存在现成的商业模式。而新的商业模式实际上来自于创业者的假设，其可行性要不断地接受市场检验和测试才能固定下来，但在实践中，创始人往往认为自己已经找到了可行商业模式，从而将重点放在执行力上面。的确，大量的商学院创业教育课程都告诫创业者执行力是第一位的，但是在强调执行力之前，创业者必须清晰地了解通过不断试验才能定义市场，否则市场风险较难规避。

(3) 不能清晰地定义产品特征。即便新创企业能够清晰地定义客户群体，也无法预先知道客户会青睐什么样的产品。实际上，我们在事后会发现，取得成功的新产品开发极少能提供全面的产品功能，而更加普遍的情形是新产品或解决方案往往是在某一方面单点突破，提供完美的价值。因此，重要的并不是创业者所设想的完美产品，而是要在某一方面超越传统产品的客户体验。在与客户直接沟通之前，新创企业对此无从知晓。但在现实中，创始人通常都对新产品具有的特征有非常清晰的想法，只是他们往往忘记了，这是创业者自己的想法，而不是顾客的。产品特征是否符合顾客的要求，只能通过市场来检验。

（二）创新风险

创新风险是指新创企业将技术成果商品化过程中的技术创新失败的可能。技术创新涉及将具有商业价值的新思想变成可商品化、规模化的产品或服务并实现商业利益的一整套活动，在此过程中，产品最终能否创造出客户价值、为客户提供解决方案都充满着不确定性。但技术创新一旦取得成功，将会有高回报。创新风险的特点是研发周期长、投资成本高、产品性能不确定性大、投资成功回报率高。具体说来，创新风险大致包括如下几类风险：

(1) 技术自身的风险，如技术能否被成功开发、其实际效果是否有技术副作用等都难以确定；

(2) 相关技术不匹配的风险；

(3) 技术环境风险，包括发展前景及替代技术的出现，等等。

中国新创企业往往依赖成熟技术，这从另外一个侧面反映出创新风险过高。应该指出的是，由于创业环境与创业制度的制约，中国大多数创业公司所面临的创新风险并非来自于颠覆式的技术变革，而主要是技术改进。对于少数真正进行先进技术研发的技术型创业公司而言，创新风险除了来自技术研发本身，还应关注创新的外部环境风险，其中主要是来自于国家的政策变动与管制。例如医药领域、信息安全等领域的技术研发，研发环节中常常涉及政府审批，且与国家政策与资金支持紧密相关。

（三）法律风险

中国企业普遍缺乏法律咨询意识和法律风险防范机制。新创企业由于财力有限，规模尚小，难以顾及法律规范和法律咨询，实际上这是新创企业面临的最为隐秘的风险。新创企业本质上就是要打破常规，因此其所面对的不确定性要远远高于成熟的大企业，主要表现在：

(1) 新创企业在确定经营领域、获取经营资格和市场准入、争取政府扶持与优惠政策等的过程中会与政府发生千丝万缕的联系，中国企业家在与政府官员交往的过程中可能过于重视关系而轻视法律界限，这实际上蕴含着较大的法律风险。

(2) 新创企业在进行技术研发，实施品牌战略，申请、购买或使用专利成果等过程中涉及大量知识产权问题，创业者往往不具备专业的法律知识乃至常识，易于陷入法律纠纷。

(3) 新创企业在进行决策权力行使、产权和收益分配、公司建章建制、引入天使投资或风险投资、进行并购或上市等诸多环节都涉及大量法律合同，若没有专业律师的咨询和指导，则难以作出科学决策。

(4) 新创企业的市场风险若与法律风险彼此叠加，后果会更加严重。尤其是在融资过程中，新创企业往往缺乏金融和投资领域的专家，风险评估和议价能力有限，对融资陷阱缺乏有效的识别手段，甚至由于无知而触犯法律。但在现实中，极少有新创企业事前对上述可能存在的风险进行防范和明确约定，运营过程中因陷入利益纠纷而分崩离析的企业不在少数。

应当指出，以上几个方面都是涉及新创企业的生存与发展的重大决策，与创业者的经营管理水平无关，但不同于客户风险和创新风险，法律风险一旦发生就无法补救，而前两类风险还容许企业进行试错，犯错可以是局部的影响，且大多可以进行补救，最糟糕的结果也不过就是宣告破产，创业者甚至在多次失败之后仍可以从头再来，这种失败本身也是经验的积累过程，创业者会获得越挫越勇的历练，但企业一旦陷入法律纠纷，其后果则是全方位的，不只是要面对商誉受损、经营惨败、财产损失等，创业者有可能因触犯刑法而失去自由甚至生命，这是比客户风险和创新风险要严重得多的代价。而且经历了如此打击的创业者很可能会就此一蹶不振，再次找到工作可能都很难，创业则更是难上加难了。虽然后果严重，但法律风险却是最易被忽视的。在大多数新创企业领导者的眼中，企业的规范化管理仅仅局限在经营管理领域。新创企业的法治化管理意识和水平都很难达到成熟企业，而且由于财力和企业规模的限制，也很难设立专门的法律事务部，因此造成了法律风险疏于防范的情形。

二、创业风险的规避

随着互联网的发展，产品和服务本身以及销售渠道在一定程度上都已经虚拟化了。在经济全球化和节奏加快的背景下，几乎所有的创业者都会感觉到竞争的压力和紧迫感。创业者容易陷入所谓的先动优势、快鱼吃慢鱼的网络经济特征所带来的困扰当中，认为快速成长是唯一的制胜法则，因此急于拿着商业计划书去争取融资，殊不知现实往往是扩张越快风险越大。

1. 容许试错，降低客户风险

大量新创企业的失败在于找不到可行的商业模式。可获利、可复制的商业模式关乎如下一系列问题：第一，你的产品为谁而生、谁来付费？也就是说你的客户在哪里。第二，你的产品可以为客户创造什么价值？也就是说客户凭什么为你的产品付费。第三，客户怎样付费？即如何进行营销。第四，你的产品如何送到客户手中？即拟采用什么样的渠道。第五，你的资源和团队是谁？即谁来帮你完成上述过程。第六，你做此事的机会成本是多少？即成本如何。这显然是一个完整的经营体系，每一个环节都需要大量的市场实践，搜集市场信息反馈，反复调整资源和配置团队能力，最终找到产品和服务的核心竞争力。而找到可行商业模式的唯一办法只有不断试错。通过试错进行客户开发的优势在于客户可以参与到产品价值的创造过程当中。这不同于以往的先生产再销售的产品开发模式，这一模式的重点是根据消费者的体验和反馈再来完善产品和服务。

2. 围绕降低不确定性分散创新风险

传统的商业计划与预期会成功的战略都是建立在长期的、稳定的运营经历和相对静态的环境基础上，这是新创企业所不具备的条件，因此将理论中的新产品发布程序应用于创业实践并不奏效。既然新创企业的本质是经营的不确定性，是在不确定性中找到可行的商业模式，那么无论是客户开发，还是技术创新，都可以遵循一条摸着石头过河的渐进式道路。具体来讲，就是在摸索实践中进行客户开发，而不是执行既定的商业计划书；通过不断调整来完善技术创新，只要新技术达到了解决方案的最低限度，就可以考虑推向市场，然后再在实际运用中不断修订而趋于完美，而不是追求一次就可以给出最完美的解决方案。二者的本质都是针对不确定性开拓市场，将直接的客户体验融入产品改进和价值创造过程，从而达到降低创业风险的目标。客观上，这一不确定性风险规避模式也是互联网发展的结果。在数字化时代，产品和渠道都采用了网络形式，这显著提升了创业者搜集客户数据信息和作出营销策略调整的效率，在此背景下，新创企业推出创新产品的模式也必须适应虚拟化的要求，他们不再是在实验室里耗费数年，期待着终有一天推出一款完美无缺的产品，这样的商业模式已不适应互联网发展的内在要求。为了规避创新风险，创新者尝试将不完美产品推向市场，从而准确跟踪用户需求。另外，新创企业还要充分利用国家政策与资金支持来分散创新风险。大量原创性、前沿技术创新往往需要长期、大量的甚至不计成本与回报的资金和技术投入，这是新创企业难以完成的。此类技术研发大多由政府、研究机构和大型企业来主导。在可能进入的领域，新创企业也要充分了解和利用政府资助、项目扶持、政策支持以及风险投资的合作等，尽可能降低创新风险；而在财力有限的情况下，还可以通过技术合作来分散创新风险。就技术成果商业化过程而言，新创企业还可以通过模拟工具和技术风险评估来解决技术研发风险。

3. 增强法律意识，规避法律风险

(1) 新创企业必须具备将企业经营法治化的观念，培养法律风险意识；养成在做重大决策时咨询律师、合法经营的习惯。

(2) 创业者必须厘清新创企业与政府及职能部门之间的关系，避免依赖和迷信政治资源。

(3) 创业者需建立针对刑事、民事和经营管理过程中的法律风险防范机制，要具有相对具体的预案，以应对外部环境恶化等，主要是针对企业产权结构、公司治理结构、合同

管理体系、财务、知识产权、投融资等领域建立法律风险防范机制。

(4) 创业者虽然要在商业领域打破常规，但却要在法律领域遵守法律准则。

(5) 坚持理性经营和长远战略，避免急功近利，牺牲企业长期目标。

(6) 新创企业需要定期进行法律风险评估，审查企业内部各种结构、环节和业务流程中的法律风险，做到防患于未然。

1. 创业机会的来源有哪些？

2. 创业风险有哪些？如何规避创业风险？

第八章 创业团队管理

第一节 创业团队概述

一、创业团队的基本概念

创业者仅仅依靠自身的智慧、资源和人脉很难实现其创业想法，许多创业者为了共同的利益往往选择了相互联合，从而形成了团队。为了实现共同的创业目标而相互高度依赖形成的共同从事创业活动、共享创业成果、共担创业风险的利益共同体，称为创业团队。创业团队是为进行创业而形成的集体。它使各成员（包括创业搭档团队成员）联合起来，在行为上彼此影响并相互作用，在心理上因意识到其他成员的存在而产生归属感。优秀创业团队应具有的基本要素有：一个胜任工作的团队带头人；彼此十分熟悉，能够相互很好地配合的团队成员；创业所必需的足够的相关技能。

二、创业团队的组成元素

（一）目标

目标是将人们的努力凝聚起来的重要要素。从本质上来说，创业团队的根本目标在于创造新价值。

创业者的个人目标与企业目标是密不可分的。创业者创建企业的目的是实现个人目标，所以创业者为企业确定目标之前，必须明确自己的个人目标，而且必须定期问一问自己这些目标是否发生了变化，包括建立什么样的企业，要作出什么样的奉献和牺牲，能否承担相应的奉献和牺牲，创业目标也要考虑到市场分析、竞争分析、产品定位、盈利模式、管理机制、营销策略、资金规划和风险评估等策划和评估。

创业团队也应该有一个既定的共同目标，为团队成员导航。没有一个共同的目标，这个团队就没有存在的价值。目标在创业企业的管理中以创业企业的远景、战略等形式体现。

创业目标战略必须具备两大特点：进取性和前瞻性。所谓进取性，代表这个战略的根本目的是用来开拓的，而不是守旧的；是用来扩大战果的，而不是用来逃避竞争的。所谓前瞻性，代表战略的制定是非常依赖创业者的预见力或高瞻远瞩的，需要创业者通过智慧提前预判出未来若干年的大概率机遇或危机，从而提前作相应的团队部署、资源部署及精神思想部署。创业目标要与时俱进，切合实际。当创业目标明确后，创业目标就具有了指向作用、激励作用、标尺作用、凝聚作用。

（二）人

任何计划的实施最终还是要落实到人的身上。人作为知识的载体，所拥有的知识对创业团队的贡献程度将决定企业在市场中的命运。

创业团队是指由两个或两个以上具有一定利益关系、彼此间通过分享认知和合作行动以共同承担创建新企业责任而形成的有效工作群体。狭义的创业团队是指有着共同目的、共享创业收益、共担创业风险的一群创建新企业的人；广义的创业团队则不仅包括狭义创业团队，还包括与创业过程有关的各种利益相关者，如风险投资家、专家顾问等等。因此，人是构成创业团队最核心的力量。三个及三个以上的人就形成了一个群体，当群体有共同奋斗的目标时，就形成了团队。

在一个创业团队中，人力资源是所有创业资源中最活跃、最重要的资源。人力资源也指一定时期内组织中的人所拥有的能够被企业所用，且对价值创造起贡献作用的教育、能力、技能、经验、体力等的总称。人才资源是指一个国家或地区中具有较多科学知识、较强劳动技能，在价值创造过程中起关键或重要作用的那部分人。人才资源是人力资源的一部分，即优质的人力资源。创业团队中对人才的发掘和培养十分重要，人才是我国经济社会发展的第一资源，企业管理者的识人、用人能力决定了企业的发展前景，创业领导者对人才的挖掘培养有利于企业良性运营。企业要快速发展、转型升级，需要有充足的人才供应，如此，才能保证战略目标的实现，满足企业发展的需要。

在创业团队中，不同角色充分发挥各自的优势作用，能够优化整合多方资源，实现企业在管理、决策、创新等方面的有效配合，灵活应对外界环境带来的机遇与挑战，更好地发挥人力资源的重要价值，以一流的管理，培养出一流的人才，创造出一流的产品，使企业得到持续的长期发展，创造出更大的价值。

（三）定位

定位是营销学中的重要概念，它是指企业通过产品和服务来满足消费者需求的过程，也是企业在市场中获得竞争优势的途径之一。创业定位是创业公司初创规划的第一步。每个创业公司自创立伊始就应该有企业战略方向和定位，这也与企业所在的行业和经营的市场有一定的关联。企业定位则是指企业通过其产品及品牌，基于顾客需求，将企业独特的个性、文化和良好形象，塑造于消费者心目中，并占据一定位置。企业定位是创业定位的重要一环。

定位、趋势、时机、资源、资金、团队、独特的资源禀赋、恰到好处的管理半径、持续可输出的商业价值服务对初创企业来说弥足珍贵。面对众多可以利用的商业机会，创业者一定要精心筹划整个创业活动，谨慎地对待创业，因为创业初期的正确定位正是创业成功的关键所在。

创业者要明确自身定位，就需要关注客户群的选择、价值的获取、战略控制、业务范围这四大要素。

(1) 关注客户群的选择，要解决的问题是"我希望对哪些客户提供服务"，主要内容包括：我能够为哪些客户提供价值？哪些客户可以让我赚钱？我希望放弃哪些客户？

(2) 价值的获取，即如何得到回报，要解决的问题是"我将如何获得盈利"，主要内容包括：如何为客户创造价值，从而获得其中的一部分作为我的利润？

(3) 战略控制，要解决的问题是"我将如何保护利润流"，主要内容包括：为什么我选择的客户要向我购买？我的价值判断与竞争对手有何不同？特点何在？哪些战略控制方式能够抵消客户或竞争对手的力量？

(4) 业务范围即公司从事的经营活动、提供的产品和服务，要解决的问题是"我将从事何种经营活动"，主要内容包括：我希望向客户提供何种产品、服务和解决方案？我希望从事何种经营？起到何种作用？我打算将哪些业务进行分包、外购或者与其他公司协作生产？我采用什么盈利模式？

创业者通过这四大要素来对创业团队作出适当的定位，这对企业后期的发展至关重要。

（四）权力

领导人的领导能力可以决定组织的生死存亡，领导人在重大决策上的正确与否能决定组织的兴衰；领导人可以创建与解散组织，决定了组织的存亡；领导人为组织指引方向，能决定组织的成败；领导人用心管理好组织，组织就会蓬勃发展，领导人在组织中胡作非为，组织就会人心涣散、四分五裂，甚至垮掉。

创业团队中领导人的权限大小与其团队的发展阶段和创业企业所在行业相关。一般来说，创业团队越成熟，领导者所拥有的权力相应越小；在创业团队发展的初期，领导权相对比较集中。

对于创业者来说，比较困难的是发展后期的权力下放，创业团队的领导人（创业企业家）要从亲力亲为者变为指导者。在初创和生存阶段，创业企业家位于企业运营的中心，创业企业家的个人能力——其所拥有的技能、才干和知识对于企业的成功来说是最关键的。但是一旦企业摆脱了生存危机，进入快速成长阶段，规模的扩大使协调、决策工作倍增，以至于创业者无法有效地进行监控，这时授权能力的重要性开始上升。这一阶段可能会出现"授权障碍"现象——创业企业家一方面抱怨时间不够，事情越干越多，另一方面却投入并陷于日常琐事中，习惯于亲自作出决策或最后批准，不肯将权力授予员工，最终成为企业成长的瓶颈。如果创业企业家能够成功地跨过这一障碍，企业则会继续成长。

授权是管理人的重要任务之一，有效的授权是一项重要的管理技巧。创业企业家应努力做到：建立适合的控制系统；克服认知刚性，转变认知模式；营造授权氛围，开展组织学习；建立授权的支持系统；明确组织成员之间的关系，这样，领导者才能腾出时间处理领导活动中最重要的问题；为被领导者提供培养和锻炼工作能力的机会，这有利于不断充实各级领导人员；提高决策的效率；提高企业组织成员的士气。

（五）计划

创业计划是由创业者准备的一份书面计划，用以描述创办一个企业时所有相关的外部及内部要素，包括商业前景的展望、人员、资金、物质等各种资源的整合，以及经营思想、战略方针等，是为创业项目制订的一份完整、具体、深入的行动指南，又叫创业的商业计划。

创业计划包含两层意思：一是由于目标的最终实现需要一系列具体的行动方案，因此可以把计划理解成达到目标的具体工作程序；二是只有在有计划的操作下，创业团队才会一步一步地贴近目标，从而最终实现目标。

创业计划涉及未来，因而应具有预见性。不论个人或组织，都必须在对未来进行充分估计的基础上行动。因此，运用科学的方法对未来进行预测，应是计划的一个基本组成部分。这些预测按内容分类，包括国家宏观经济前景及变动预测等。正确的预测将有助于创业者免于掉入灾难的陷阱。

创业计划涉及行动，因而应具有可行性。创业就是行动，没有具体的行动，创业就是一句空话，所以创业计划又可称为创业行动计划。它既指出了所要达到的目标，又指出了所要遵循的路线、通过的阶段和所使用的手段。因此，失去了可行性，创业计划就会失去指导行动的功能。

创业计划涉及许多复杂的环境因素及其变化，因此应具有灵活性。创业者受自身知识结构、所获信息数量和质量及个人能力水平的限制，完全准确地看清未来是不可能的，因而对于不确定的未来，创业计划应是相当灵活的，能顺应人们认识的深化而调整。计划越灵活，因偶发事件发生所造成损失的风险就越小。

另外，针对创业的不同阶段，对计划的要求是不同的。一般说来，在创业的初期，要求计划更具有指导性；在创业的成长期，要求计划更为具体和详细；在创业的成熟期，要求有长期的、具体的战略发展计划。

对于初创企业来说，创业计划对企业发展的指导性很强，创业计划中的产品和服务要具有独特性；商业模式和盈利模式要可行；管理需高效；风险投资要以盈利为主要目标；制定退出机制。好的创业计划会吸引更多投资商投资和关注。对于成长期的企业来说，具体细致的计划可以作为项目运作的管理工具。对于成熟企业来说，计划更为重要，它需要提出公司的战略展望和组织使命，建立公司的目标体系，确立公司的发展方向，设置战略性计划，并且鼓励管理层人员提前系统地考虑和制定更切实的目标和政策，更好地协调工作，为企业发展提供更明确的行为准则。

三、创业团队的基本特征

（一）凝聚力

团队凝聚力是指团队对成员的吸引力，成员对团队的向心力，以及团队成员之间的相互吸引。美国社会心理学家费斯汀格 (Festinge) 认为凝聚力是使团体成员停留在团体内的合力，是一种人际吸引力。作为吸引力，它就有力学的一些相同之处，如一个人在玩"流星球"时，流星球总是围绕手这个中心转，不会丢失，手就是中心点。凝聚力的中心点是什么？就是团队对所有成员的吸引力。团队凝聚力不仅是维持团队存在的必要条件，而且对团队潜能的发挥有很重要的作用。一个团队如果失去了凝聚力，就不可能完成组织赋予的任务，本身也就失去了存在的条件。

关于团队凝聚力的产生有内外两方面的因素。内在因素来自成员与团队本身，外在因素来自环境的压力。团队凝聚力可以是团队成员关于情境的理解与反应趋向一致的过程，也可以是成员对他人行为的附和，还可以是成员共同持有的一种特定的价值观。这种价值观的主要内涵就是要遵循四条基本原则：

一是对共同利益的认同原则。面对社会上现实的收入反差，大家容易形成对共同利益的认同，这种认同会自动转化为维护大局的自觉行动。对个人利益暂时与集体的根本利益不完全重合的成员，要给予选择机会。

二是以贡献论报酬的公平原则。畸形的报酬/贡献曲线是葬送凝聚力的毒瘤，要注意防止并及时修正。公正的报酬是员工工作的动力。贡献高者报酬就多，贡献低者报酬就低，在这个过程中要做到公正，不允许私人关系影响决定，不允许有特权的成员出现。只有这样，才能保证团队有强大的凝聚力。

三是杜绝损害整体利益的公正原则。不拉帮结派，不亲此疏彼，劳动纪律面前人人平等。占用公家资源，利用工作时间大搞个人业务的现象，绝不允许发生。这种现象特别影响团队成员的工作热情，特别影响团队的形象和威望，特别影响集体的形象，对凝聚力的毒害是极大的。

四是强调发展目标的激励原则。一个团队要有共同的发展目标，有没有共同的目标以及共同目标的定位及要求，直接影响团队的风气、精神和凝聚力。共同目标要通过个体目标来实现，个体目标要注重个体的发展。一个团队的未来设想与可能方向要经常与团队成员讨论，让团队成员在潜意识支配下进行自我设计。个体成员看重未来，更看重创造未来的机会。对他们追求的这种境界要鼓励，要尊重和珍惜他们的创业激情。

据此，提出如下几点培育团队凝聚力的具体措施。

1. 明确一致的目标

管理者与团队成员共同建立目标，融团队目标与个人目标于一体，使个人目标与团队目标高度一致，运用过程目标、表现目标以及成绩目标的组合，利用短期目标实现长期目标，设立团队与个人的表现目标等都有利于团队凝聚力的培育。

2. 良好的团队内部管理

(1) 领导。在领导方式上，要增强团队凝聚力，应较多地采取民主型领导方式，在团队决策上应共商共议，力求最大限度反映民意，切忌独断专行，这样可以使成员之间更友爱，成员相互之间情感更积极，思想更活跃，凝聚力更强。

(2) 沟通。团队成员间的沟通与交流，既可增强人际凝聚力，也可增强任务凝聚力，所以在团队内部应保证足够的沟通时间、适宜的空间或渠道以及良好的沟通氛围。

(3) 有效的团队规范。团队规范是团队成员认可的并普遍接受的规章和行为模式，它可以具体化为团队成员对某种特定行为的认同或反对，区分出某种行为是有益的还是有害的，以此来规范团队成员的行为，鼓励有益的行为，纠正有害的行为，帮助成员了解什么是被期望的行为，提高团队成员的自我管理、自我控制的能力，促进团队凝聚力的培育。

（二）领导力

领导力是指在管辖的范围内充分地利用人力和客观条件，以最小的成本办成所需的事，从而提高整个团体的办事效率的能力。

领导力是把握组织的使命及动员人们围绕这个使命奋斗的一种能力，大体分为图 8-1

所示的五种类别，这五种能力在领导系统中是一个根本性、战略性的范畴，是领导者凭借其个人素质的综合作用在一定条件下对特定个人或组织所产生的人格凝聚力和感召力，是保持组织成长和可持续发展的重要驱动力。当今时代，领导力已经成为综合领导能力不可缺少的构成因素之一。领导者要具备领导力一般须具有以下几点特征。

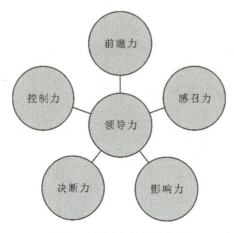

图 8-1　领导力的五种类别

1. 积极进取

积极进取包括对成功的强烈欲望，不断地努力提高，具有雄心、抱负、精力、毅力、主动性。在一些国家，高层管理者成功的欲望与组织的增长率显示了高度的相关性。但是，如果领导者只集中于个人成就，不充分授权的话，对成功的欲望又会成为一个障碍，然而对成功的欲望只能用于预测创业型公司的有效性，而不能用于预测更大、结构层级更复杂公司的部门领导的有效性。

2. 强烈欲望

伟大的领导者不仅有进取精神，而且还有领导的愿望以及强烈的权力欲望，喜欢领导别人，而不想被人领导。强烈的权力欲望促使人们试图去影响别人，并在领导过程中获得满足和收益。当权力需要是符合道德的而不是损害别人时，领导者将激发更多信任、尊重和对远景的认同。

3. 正直

正直即言行一致，诚实可信。正直除了是个人较重要的性格特征外，对领导者来说更为重要，因为这一特点能激发对别人的信任。

4. 自信

自信是非常重要的。领导者角色是具有挑战性的，而挫折是难免的，自信能让领导者克服困难，在不确定的情况下敢于作出决策，并且能逐渐将自信传给其他人。

感知别人的需要和目标并据此调整领导方式方法的能力是非常重要的。领导意味着能评价别人，评估环境，并且选择或改变行为以便能更有效地对环境的要求作出反应，这种品质是领导情境理论的基础。

（三）执行力

执行力 (Executive power) 是指团队个人把上级的命令和想法变成行动，把行动变成结果，从而保质保量完成任务的能力。

团队执行力是指一个团队把战略决策持续转化成结果的满意度、精确度和速度，它是一项系统工程，表现出来的就是整个团队的战斗力、竞争力和凝聚力。个人执行力取决于其本人是否有良好的工作方式与习惯，是否熟练掌握管人与管事的相关管理工具，是否有正确的工作思路与方法，是否具有执行力的管理风格与性格特质等。

执行力一般受时间与日程管理、授权与任务管理、抗干扰管理以及记忆系统等因素影响，因此，要提高团队执行力，就必须具备较强的改革精神和创新能力，坚决克服无所用心、生搬硬套的问题，充分发挥主观能动性，创造性地开展工作、执行指令。在日常工作中，要敢于突破思维定式和传统经验的束缚，不断寻求新的思路和方法，使执行的力度更大、速度更快、效果更好，并养成勤于学习、善于思考的良好习惯。

（四）创新力

创新力 (Innovation) 是技术和各种实践活动领域中不断提供具有经济价值、社会价值、生态价值的新思想、新理论、新方法和新发明的能力。

一个观念落后的企业，虽然可以利用原来的优势惯性继续保持一定的增长和发展，但在竞争的市场环境下，很快就会发生组织系统的僵化和效率低下，如果不能及时地变革和更新，则必然带来销售和利润的下滑，如果这种情况的持续导致企业到了积重难返的地步，那么企业的生命周期也就走到了尽头。

如图 8-2 所示，创新最内核的层面是创新思维，也就是决定行为的内在思维。创新思维决定创新是如何思考、如何想出来的。人类的行为，都是由思维决定的，是由思维指导形成的。而创新行为是改变与创造，它与沿用、继承、抄袭是正好相反的。也就是说，如果是跟原来一样就谈不上创新。因此，人类思维当中，经验、复制、模仿、归纳等由过去要素决定未来做法的思维都不是创新思维。那么，从思维的角度来定义，创新就是独立的、前瞻性的、逻辑演绎推理的思维。容易理解的说法就是"以独特的视角看问题""以发展的眼光看问题""以侦探般的推理来分析问题"。

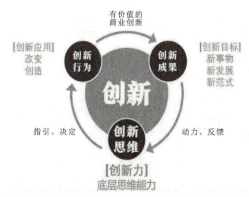

独立思考，前瞻洞察，理性分析，判断机遇，识别重点，抓住主线，形成创新思路、方案、计划

图 8-2　创新力的思维能力

决定着行为的创新思维是最深层次的创新，也是对创新产生最具决定性作用的核心。为什么创新者能够形成创新思路、方案及计划？是因为他们具有创新思维，通过思考、判断、决策、验证，决定了一系列创新的行为。而且，创新思维的根本是思维结构，而不是思维的结果。作为华为的创始人，任正非在43岁时才开始创业，用实际行动重新定义了中国企业家精神，创立了震惊世界的科技王国，同时创立了开中国企业先河的企业治理方法。在判断企业市场时又极具预见性，这是任正非高于其他人的关键能力，是真正的创新力。

创新思维、创新行为和创新成果三者之间是相互影响的循环关系。创新思维，引导和决定着创新行为；创新行为，产生有价值的创新改变，产出创新成果；创新成果，是企业创新的目标和成果，它是创新思维的动力，也给创新思维以实践反馈。

不同类型的创新需要不同的信息、不同的知识结构与存量以及不同的思维模式。团队创新力的激发分为以下几种类型：

(1) 适应型创新。该种类型的团队创新基础需要单环式思维模式，不改变原有的组织规则与模式。它主要利用现已存在的知识与信息，其来源可能在组织内部，也可能在组织外部。组织结构与文化以及战略没有发生变化。

(2) 重组型创新。该种类型的团队创新基础需要双环式思维模式，将改变原有的组织规则与模式。它仍然主要利用现已存在的知识与信息，其来源同样可能来自于组织内部或外部。此时组织结构与文化以及战略将发生显著改变。

(3) 根本型创新。该种类型的团队创新基础需要双环式思维模式，将改变现有的组织规则与模式。它主要利用的知识与信息目前还无人知晓或知之甚少，其来源只能在于实践。此时的组织结构或文化以及战略将发生显著变化甚至与原组织脱离关系。

从上述分析中可以看出，不同类型的创新有着不同的团队创新基础，这需要从宏观上安排好各种类型的创新，以便为微观上的团队创新指明方向。

四、创业团队的类型

（一）星状创业团队

1. 团队特点

星状创业团队由核心团队和周边团队构成多层级网络结构，其中核心团队负责产品设计、技术研发以及市场推广等核心任务，周边团队包括合作伙伴、投资人、顾问和志愿者等辅助性人员。星状创业团队又称为领袖型创业团队、核心主导型创业团队。

2. 团队优势

星状创业团队可以让团队更加灵活，快速响应市场需求和变化，同时也能够吸引更多的资源和支持，提升整个团队的综合实力。

3. 权力分配

星状创业团队中的核心主导人物是权力核心，团队中有一个核心主导人物充当领军角色。这种创业团队在形成之前，通常是核心人物想到一个点子，有了创业的想法，然后以自己为核心组建创业团队。因此，在团队形成之前，核心主导人物已经就团队如何构成进行过仔细思考，然后根据自己的想法选择相应的人员加入团队。这些加入创业团队的成员可给到核心主导人物支持的作用。星状创业团队容易形成权力过分集中的局面。

4. 组织结构

星状创业团队组织构成合理、稳定性较好。团队人员主要由核心主导人物挑选，在挑选时，核心主导人物会充分考虑团队成员的共同性和互补性，从而确保团队具有合理的知识结构、能力结构、资源结构，同时团队成员又有一致的奋斗目标、价值观和利益观。星状创业团队组织结构紧密、向心力强，核心主导人物是组织的领袖，得到其他成员的支持，他的行为对其他个体影响巨大。

5. 冲突处理

在星状创业团队中，当团队其他成员和核心主导人物发生冲突时，由于核心主导人物的特殊权威性，容易使其他成员在冲突中处于被动地位，当冲突较为严重时，他们一般会选择离开团队，从而给组织的稳定性带来冲击。团队应该建立公开透明的文化氛围，让成员有机会向其他成员表达他们的想法和意见，以便更好地处理冲突。团队成员应该保持镇静和冷静，注重互相理解和尊重，以共同利益为导向，在团队共同努力下，积极解决团队冲突。

（二）网状创业团队

1. 团队特点

网状创业团队是指由独立的部门和专业人员构成的多层级网络结构，其中独立部门负责产品设计、技术研发以及市场推广等核心任务，合作伙伴、投资人、顾问和志愿者等辅助性人员辅助参与。网状创业团队又称伙伴创业团队或群体性创业团队。

2. 团队优势

网状创业团队可以让团队更加灵活，因为每个部门和人员都专注于自己的领域，从而在整个团队中形成高效协作的局面。

3. 权力分配

网状创业团队在创业团队组成时没有明确的核心人物，整体结构较为松散；团队成员在团队中的地位相似，容易在组织中形成多头领导的局面；一旦团队成员之间缺失信任、发生冲突，某些团队成员甚至关键成员有可能退出团队，容易造成整个团队的涣散，团队的运作难以达到"整体效应"。因而在网状创业团队的建设过程中更需要信任作支撑。信任对于网状创业团队能否成功运行影响巨大，信任的影响贯穿于网状创业团队运行的全过程，并体现在从创业成员到创业组织的各个层面。

4. 组织结构

网状创业团队的成员通常在创业之前都有密切的关系，比如同学、亲友、同事、朋友等。一般都是在交往过程中，共同认可某一创业想法，并就创业达成了共识以后，开始共同进行创业。在创业团队组成时，没有明确的核心人物，大家根据各自的特点进行自发的组织角色定位。因此，在企业初创时期，各位成员基本上扮演的是协作者或者伙伴角色。由于团队成员在团队中的地位相似，因此容易在组织中形成多头领导的局面。组织决策时，一般采取集体决策的方式，通过大量的沟通和讨论达成一致意见，因此组织的决策效率相对较低。

5. 冲突处理

在网状创业团队中，当团队成员之间发生冲突时，一般采取平等协商、积极解决的态度消除冲突，团队成员不会轻易离开。但是一旦团队成员间的冲突升级，某些团队成员撤出团队，就容易导致整个团队的涣散。因此，团队成员应该保持镇静和冷静，注重互相理解和尊重，以共同利益为导向，在团队共同努力下，积极解决团队冲突。

（三）虚拟星状创业团队

1. 团队特点

虚拟星状创业团队是由网状创业团队演化而来的。虚拟星状创业团队是由分布在不同地点的核心成员和周边成员组成的多层级网络结构，通过互联网和其他技术手段实现协同工作和沟通。虚拟星状创业团队可以让团队突破地域限制，汇集更多优秀人才，减少运营成本。虚拟星状创业团队一般分为以下几个层级：核心团队、合作伙伴、投资人、顾问和志愿者等。其中核心团队负责产品设计、技术研发以及市场推广等核心任务，周边成员负责提供支持和帮助。

2. 团队优势

虚拟星状创业团队的优势在于可以充分发挥全球化协作的优势，集聚不同国家和地区的人才，实现高效、便捷的协作。

3. 权力分配

虚拟星状创业团队中有一个核心人物，但是该人物核心地位的确立是团队成员集体协商的结果，不像网状创业团队那样权力比较分散，因此该核心人物不是主导型人物，而是团队的代言人，他在团队中的行为必须充分考虑其他成员的意见；也不像星状创业团队中的核心主导人物那样有权威，于是有人视虚拟星状创业团队为星状创业团队和网状创业团队的中间形态，称其为核心型创业团队。

4. 组织结构

虚拟星状创业团队是由网状创业团队演化而来的，所以团队成员在创业之前就是志趣相投的伙伴，创业之后他们在组织中能延续密切的关系，保持相对平等的地位。同时由于团队具有核心人物，组织结构相比网状创业团队更加紧密，能避免多头领导的局面。在集体沟通的基础上，由核心人物主导决策，既保证了决策的科学性，又提高了决策的效率。

5. 冲突处理

在虚拟星状创业团队中，当团队其他成员之间发生冲突时，核心人物可以进行仲裁和协调；当团队其他成员和核心人物发生冲突时，核心人物的权威容易受到影响，并有可能导致核心地位的丧失。不论是哪一种类型的冲突，一旦成员间既有的信任关系被破坏，团队成员有可能会选择离开团队，从而给组织的稳定带来冲击。团队成员之间有各自的想法，需要尊重彼此的不同意见，并考虑到每个人的感受。

五、创业团队所遵循的基本原则

（一）合伙人原则

一般企业是招员工，而员工是在做"工作"。但创业团队需要招的是"合伙人"，因为合伙人做的是事业。一个人只有把工作当作事业才有成功的可能，一个企业只有把员工当作"合伙人"才有机会迅速成长起来。所以，创业团队要先解决价值分配问题，然后去找自己的"合伙人"。

寻找合适的合伙人需要参考众多因素。首先，合作者的价值观必须一致，做事必须有底线思维。其次，有共同的愿景，即大家的长远目标要一致。再次，做事要有原则，有所为有所不为。这就是合伙人原则。

（二）激情原则

创业团队一定要选择对项目有高度热情的人加入，并且要使所有人在创业初期就做好每天长时间工作的准备。

为了维系创业团队的激情，企业可采取的方式包括鼓励创新，不让团队员工背上惧怕失败的心理包袱；将长期目标和短期目标相结合；必要的压力激发持续的进取；建立良性竞争的平台；从情感上重视和尊重企业成员的声音，给予关怀和肯定；通过持续的激励促进员工的工作热忱。

（三）团队原则

团队是企业凝聚力的基础，成败是整体而非个人的。成员能够同甘共苦，经营成果能够公开且合理地分享，团队就会形成坚强的凝聚力与一体感。

制定详细完整的团队管理方案，建立良好的团队文化，培养团队的核心成员，经常开展一些团队建设的活动，懂得如何更好地引导团队成员，保持良好的工作环境和人性化的管理，保持强大的个人魅力等都是增强团队凝聚力的有效途径。

（四）互补原则

创业者之所以寻求团队合作，其目的就在于弥补创业目标与自身能力之间的差距。只有当团队成员相互间在知识、技能、经验等方面实现互补时，才有可能通过相互协作发挥出"1+1>2"的协同效应，这便是创业团队的互补原则。

建立优势互补的团队是创业成功的关键。"主内"与"主外"的不同人才，耐心的"总管"和具有战略眼光的"领袖"，技术与市场两方面的人才，都不可偏废。

创业者寻找团队成员，首先要弥补当前资源能力上的不足，要针对创业目标与当前能力的差距，寻找所需要的配套成员。好的创业团队，成员间的能力通常能形成良好的互补，而这种能力互补也会有助于强化团队成员间彼此的合作。

第二节 组建创业团队

在当今竞争激烈的商业环境中，创业已经成为许多人追求的梦想。一个合理的创业团队是创业成功的关键之一，因为一个高效、有凝聚力的创业团队可以为创业公司提供稳定的战略和执行能力，因此，研究如何组建一个高效的创业团队是至关重要的。

组建一个成功的创业团队需要深入了解创业团队的基本条件和组成因素。首先，创业团队应该具有必要的核心要素，如专业技能、领导能力、创新思维等；其次，成员之间的驱力是非常重要的，因为创业过程中会遇到许多挑战和困难，只有具备强烈的意愿和动力的成员才能够克服这些困难。

组建团队的模式和程序也是至关重要的。通常有三种组建团队的模式，包括关系驱动模式、要素驱动模式和价值驱动模式。选择适合自己的模式及合适的程序和方法，可以帮助团队更快地形成共识和规划，并最终达成创业目标。

对于创业团队的组建来说，深入了解团队的基本条件和组成因素，选择适合的组建模式和程序并建立有效的管理机制和文化是非常重要的，这些因素也将决定团队的成功和失败。

近年来，国内外学者在创业团队组建方面进行了大量的研究，从不同的角度提出了许多有价值的观点和结论。

关于创业团队组建的基本条件，学者们普遍认为创业团队的成功离不开核心要素的配备。陈威和张磊研究了企业家精神对中国经济增长的影响，并得出结论，企业家精神在中国经济增长中起着至关重要的作用。代明和郑闽使用中国省际面板数据进行了实证分析，发现企业家创业和创新精神对全要素生产率增长有显著的正向影响。邓强和韩林芝在其研究中探讨了创业理论的演进脉络和启示。他们认为，创业理论不断发展并与实践相互影响，具有重要的启示作用。邓丽芳和丁喆研究了创业团队特质和互动对绩效的影响。他们发现，创业团队的互动和团队特质对创业绩效有显著的正向影响。丁栋虹在他的著作《创业管理》中详细介绍了如何成功地组建和管理创业团队，包括创业团队的成员选择、角色分工、沟通和决策等方面。杜运周和陈忠卫研究了国外创业团队理论的最新进展，并提出了对中国创业团队的启示。他们认为，成功的创业团队应该具备多样化的背景和技能，并且要能够有效地协作和沟通。范巍和王重鸣研究了个体创业倾向与个体特征及背景因素之间的关系。他们发现，个体的性格、经验和家庭背景等因素会影响其创业倾向。

这些研究表明，领导者的特质、团队成功因素、人际动力支持、团队能力组成、角色理论和信任等因素都对创业团队的建设和绩效产生了重要影响。同时，这些研究也为创业团队的组建和管理提供了一定的理论和实践指导。

一、组建创业团队的基本条件

（一）核心要素

组建一个成功的创业团队，需要拥有一定的核心要素。这些要素包括专业技能、领导能力和创新思维等。专业技能是指团队成员所需的专业知识和技能，例如市场营销、产品设计和技术开发等能力；领导能力是指团队成员必须具备的管理和领导团队的能力，包括团队建设、资源协调和决策制定等能力；创新思维是指团队成员必须具备的开放性思维和创造性思维，以及对变化和不确定性的适应能力。

（二）成员驱力

成员驱力是指创业团队成员内在的强烈意愿和动力，推动他们追求创业的目标。成员驱力是团队成员的重要素质，它可以帮助成员克服困难，保持积极态度和动力，提高工作效率和生产力；成员驱力还可以促进团队成员之间的合作和协作，提高团队的创造性和创新性。在组建创业团队时，需要选择那些具有强烈动力和愿望的人，这些人具有执着的精神和决心，能够克服困难和挑战。

二、影响创业团队的组成因素

（一）正确的团队理念

正确的团队理念对于创业团队的组建和发展非常重要。团队理念是指团队对于目标、愿景、使命和价值观的共同理解和认同；团队理念的正确与否直接影响着团队成员的行为、态度和效率。因此，在创业团队组建中，应该树立正确的团队理念，以提高团队成员的凝聚力和归属感，从而实现团队共同的目标。

树立正确的团队理念需要注重以下几点：

(1) 明确团队的使命和愿景：创业团队要有明确的使命和愿景，明确团队的价值观和目标，以此来激励和激发团队成员的积极性和创造性。

(2) 重视团队文化建设：团队文化是团队理念的重要组成部分，通过团队文化的建设，可以形成良好的团队氛围，增强团队成员之间的凝聚力和向心力。

(3) 注重沟通和合作：创业团队中，成员之间的沟通和合作非常重要，可以促进团队成员之间的信任和理解，从而减少冲突和误解。

(4) 鼓励创新思维和创造性思维：创新思维和创造性思维是创业团队取得成功的关键因素，应该鼓励和促进团队成员的创新思维和创造性思维，以推动团队的发展。

在创业团队组建中，树立正确的团队理念是至关重要的，可以提高团队成员的凝聚力和向心力，促进团队的发展和成功。

（二）以结果为导向的团队结构

创业团队的结构对于团队的发展和成功有着重要的影响。以结果为导向的团队结构是一种能够有效促进创业团队成功的结构，这种团队结构强调的是团队成员之间的协作、责任分工和目标管理，以实现团队的最终目标。

以结果为导向的团队结构需要注意以下几个方面：

(1) 明确目标。团队需要明确目标，包括短期目标和长期目标。这些目标应该是可量化的、可行的，并且需要在团队中公开和透明化。

(2) 分工合作。团队成员需要清楚地知道自己的职责和任务，通过分工合作，使任务得以高效完成。

(3) 强化团队协作。团队成员之间需要进行有效的协作和沟通，以确保每个成员都在同一个方向上工作，并能够协调和支持彼此。

(4) 目标管理。团队需要进行目标管理，即对目标的设定、进度的监控和结果的评估，以便及时调整和优化团队的工作。

以结果为导向的团队结构能够使团队成员具有更高的效率和动力，促进团队的成功。在创业团队组建中，团队结构的设计应该充分考虑团队的任务和目标，以满足团队的需要。

（三）责、权、利相统一的管理机制

责、权、利相统一是一种良好的管理机制，它强调团队成员之间的协作和共同目标，保证了团队管理的公平性和有效性。在创业团队中，责、权、利相统一的管理机制是非常重要的，它可以提高团队成员的积极性和创造性，增强团队的凝聚力和向心力，进而实现团队的目标。

责、权、利相统一的管理机制需要注意以下几个方面：

(1) 责任。团队成员需要明确自己的责任和任务，并且积极承担这些责任，以保证团队的工作效率和质量。

(2) 权力。团队成员需要明确自己的权力和职权范围，并在团队管理中行使这些权力，以便更好地完成自己的任务和职责。

(3) 利益。团队成员需要公平分配团队的利益和收益，保证团队的利益最大化，同时满足团队成员的个人利益。

责、权、利相统一的管理机制，可以形成高效的团队管理，提高团队成员的归属感和自我认同感，增强团队的凝聚力和向心力，从而实现团队的成功。

（四）遵循协同共赢的团队模式

协同共赢的团队模式是一种非常有效的团队管理模式，它强调团队成员之间的协作和合作，以实现共同的目标。在创业团队中，协同共赢的团队模式是非常适用的，可以提高团队的工作效率，扩大工作成果，进而实现团队的成功。

协同共赢的团队模式需要注意以下几个方面：

(1) 团队目标。团队成员需要明确团队的目标和使命，共同努力，达成共同的目标。

(2) 分工合作。团队成员需要分工合作，明确自己的职责和任务，并且积极协作，完成团队的任务。

(3) 信息共享。团队成员需要积极分享信息和经验，相互学习和帮助，以提高团队的工作效率，扩大工作成果。

(4) 平等协商。团队成员之间需要平等协商，充分考虑每个成员的意见和建议，以实现协同共赢的团队效果。

协同共赢的团队模式可以使团队成员之间形成一种紧密的协作关系，增强团队成员的信任和凝聚力，提高团队的工作效率，扩大工作成果，从而实现团队的成功。

（五）有效的领导与一致的共识

在创业团队中，有效的领导和一致的共识是非常重要的，它可以提高团队成员的积极性和创造性，增加团队的凝聚力和向心力，进而实现团队的目标。

有效的领导需要注意以下几个方面：

(1) 明确目标。领导需要明确团队的目标和使命，激励团队成员积极参与工作。

(2) 指导方向。领导需要为团队成员指明前进的方向，帮助团队成员更好地完成任务。

(3) 激励激情。领导需要激发团队成员的激情和动力，提高团队成员的工作效率和创造力。

一致的共识是团队成员之间的一种信任和理解，它可以使团队成员更好地协作和合作，提高团队的工作效率，扩大工作成果。团队成员需要共同遵循一致的价值观和行动准则，确保团队的目标得以实现。

（六）具有战略眼光的领导者

在创业团队中，领导者需要具备战略眼光，了解市场和行业的变化，制订合适的战略和计划，使团队在激烈的市场竞争中获得成功。

具有战略眼光的领导者需要注意以下几个方面：

(1) 市场研究。领导者需要了解市场和行业的变化，把握市场趋势和机遇。

(2) 制订战略。领导者需要制订合适的战略和计划，为团队的发展提供清晰的方向和目标。

(3) 团队建设。领导者需要通过团队建设，培养和发掘团队成员的潜力和能力，提高团队的竞争力。

（七）外部环境的支持与认同

创业团队的成功不仅取决于团队内部的因素，也受到外部环境的影响。团队需要获得外部环境的支持和认同，以获得更好的发展机会和资源。

外部环境的支持和认同需要注意以下几个方面：

(1) 政策支持。企业需要关注并积极争取政府出台的相应政策，认真研究市场环境和政策导向。

(2) 市场认可。团队需要获得市场的认可和支持，提高产品或服务的竞争力。

(3) 资源保障。团队需要获得相关的资源支持，如资金、技术、人才等，以保障团队的正常运作和发展。

(4) 社会关注。团队需要获得社会的关注和认可，建立品牌形象和口碑。

通过外部环境的支持和认同，可以提高团队的竞争力和发展能力，促进团队的快速发展。

三、创业团队的组建模式

（一）关系驱动模式

关系驱动模式是指创业团队的组建主要依赖于团队成员之间的人际关系，如亲属关系、朋友关系、同学关系等。这种模式的优点是团队成员之间相互信任，合作默契，有利于团队的协作和发展；缺点是团队成员之间的人际关系可能影响到团队的决策和管理，也可能出现利益冲突和人员流动等问题。

在关系驱动模式下，创业团队需要注意以下几个方面：

(1) 合理利用人脉关系。创业团队需要充分利用团队成员的人脉关系，获取更多的资源和机会。

(2) 建立科学的管理制度。团队需要建立科学的管理制度，规范团队的决策和管理，避免利益冲突和人员流动等问题。

(3) 注重团队建设。团队需要注重团队建设，培养团队成员之间的信任和合作，提高团队的凝聚力和向心力。

(4) 寻求外部支持。团队需要寻求外部的支持和认同，获取更多的资源和机会，推动团队的发展。

关系驱动模式适用于人际关系紧密、信任度高的团队，如亲友创业、同学创业等，但需要注意避免利益冲突和管理混乱等问题，注重团队建设和规范管理。

（二）要素驱动模式

要素驱动模式是指创业团队的组建主要依赖于创业要素，如技术、资金、市场等。这种模式的优点是团队成员之间的人际关系相对独立，更加注重团队成员的能力和素质，避免了利益冲突和管理混乱等问题；缺点是团队成员之间可能存在沟通和协调上的障碍，需要建立更加科学的团队管理制度。

在要素驱动模式下，创业团队需要注意以下几个方面：

(1) 明确创业要素。团队需要明确创业要素，如技术、资金、市场等，确定团队的发展方向和目标。

(2) 注重人才引进。团队需要注重人才引进，选聘具有相关专业知识和创业经验的人才，提高团队的创业能力和素质。

(3) 建立科学的管理制度。团队需要建立科学的管理制度，规范团队的决策和管理，避免利益冲突和管理混乱等问题。

(4) 寻求外部支持。团队需要积极寻求外部的支持和认同，获取更多的资源和机会，推动团队的发展。

要素驱动模式适用于注重专业素质和创业能力的团队，如科技创业、资本创业等，但需要建立科学的管理制度，避免沟通和协调上的障碍。

（三）价值驱动模式

价值驱动模式是指创业团队的组建主要依赖于共同的价值观和理念，如社会责任、环境保护、公益事业等。这种模式的优点是团队成员之间的价值观相近，具有共同的目标和使命感，有利于增强团队的凝聚力和向心力；缺点是团队成员之间可能存在技术和能力上的不足，需要注重团队成员的培训和提升。

在价值驱动模式下，创业团队需要注意以下几个方面：

(1) 明确共同的价值观。团队需要明确共同的价值观和理念，如社会责任、环境保护、公益事业等，确定团队的发展方向和目标。

(2) 注重团队文化建设。团队需要注重团队文化建设，营造积极向上的团队氛围，提高团队成员的凝聚力和向心力。

(3) 加强成员培训。团队需要加强团队成员的培训，提高技术和能力水平，支持团队的发展。

(4) 寻求社会支持。团队需要积极寻求社会的支持和认同，获取更多的资源和机会，推动团队的发展。

价值驱动模式适用于具有共同价值观和理念的团队，如公益创业、环保创业等，但需要注意加强成员培训，提高技术和能力水平，支持团队的发展。

四、组建创业团队的程序及方法

（一）明确创业目标

明确创业目标是组建创业团队的第一步，它可以帮助团队成员明确发展方向和目标，规划好未来的发展路线，有助于团队的协调合作和顺利发展。在明确创业目标的过程中，需要注意以下几个方面：

（1）确定创业领域和市场需求。在选择创业领域时，需要根据自身的专业知识和兴趣爱好，选择市场需求量大、前景广阔的领域。

（2）制定明确的发展目标。在确定创业领域后，需要制定明确的发展目标，包括短期、中期和长期目标，并根据目标的实现情况及时进行调整和修正。

（3）明确团队成员的角色和职责。在明确创业目标的同时，需要明确团队成员的角色和职责，分工明确，避免资源浪费和重复劳动。

（4）考虑外部环境和竞争情况。在明确创业目标的过程中，需要考虑外部环境和竞争情况，制订相应的应对措施，降低风险和不确定性。

明确创业目标是组建创业团队的重要步骤，需要全面考虑各种因素，制订切实可行的目标和计划，以实现团队的长期稳定发展。

（二）制订创业计划

制订创业计划是组建创业团队的重要步骤，它可以帮助团队成员明确目标和方向，规划好未来的发展路线，有助于团队的协调合作和顺利发展。在制订创业计划的过程中，需要注意以下几个方面：

（1）进行市场调研。在制订创业计划之前，需要进行市场调研，了解市场需求、竞争情况、行业发展趋势等信息，为制订创业计划提供依据。

（2）确定战略目标。在进行市场调研的基础上，需要确定创业的战略目标，包括市场定位、产品特色、营销策略等，制订出切合实际的目标。

（3）明确经营方式。制订创业计划还需要明确经营方式，包括企业的组织架构、财务管理、人力资源管理等方面，制订出合理的运营计划。

（4）考虑风险管理。在制订创业计划时，需要考虑风险管理，制订相应的风险管理策略，降低风险和不确定性。

制订创业计划是组建创业团队的关键步骤，需要全面考虑各种因素，制订切实可行的计划和策略，以实现团队的长期稳定发展。

（三）寻求创业伙伴

寻求创业伙伴是组建创业团队的重要环节，它可以帮助团队成员互补技能，提高团队的创新能力和市场竞争力。在寻求创业伙伴的过程中，需要注意以下几个方面：

（1）确定团队需求。在寻求创业伙伴之前，需要先确定团队的需求，包括人才需求、技能需求、经验需求等方面，以便更加精准地寻找创业伙伴。

(2) 通过社交寻找。可以通过广泛的社交活动寻找具有相关背景和技能的人，建立联系并邀请他们加入团队。

(3) 参加创业活动。参加各种创业活动，如创业比赛、创业展会等，能够认识到很多有创业激情和实践经验的人，可以建立联系并邀请他们加入团队。

(4) 利用宣传平台。利用校招会等专业招聘渠道扩大宣传，能够找到拥有相关背景和技能的人，可以建立联系并邀请他们加入团队。

寻求创业伙伴是组建创业团队的重要步骤，需要全面考虑各种因素，找到适合的人才，建立良好的合作关系，以实现团队的长期稳定发展。

（四）确定合作模式

确定合作模式是组建创业团队的关键步骤，它可以帮助团队成员明确合作方式和权责关系，规范团队行为和协作方式。在确定合作模式的过程中，需要注意以下几个方面：

(1) 明确合作方式。在确定合作模式时，需要明确合作方式，包括联合创办、合资经营、股份分红等方式，以及各自的权责关系和利益分配方式。

(2) 制定合同或协议。在确定合作模式后，需要制定合同或协议，明确各方的权利和义务，规范团队行为和协作方式。

(3) 考虑风险管理。在确定合作模式时，需要考虑风险管理，制定相应的风险管理策略，降低风险和不确定性。

确定合作模式是组建创业团队的关键步骤，需要全面考虑各种因素，制定合理的合作方式和协议，以实现团队的长期稳定发展。

（五）构建制度体系

构建制度体系是组建创业团队的重要步骤，它可以帮助团队成员规范行为和协作方式，维护团队的稳定和发展。在构建制度体系的过程中，需要注意以下几个方面：

(1) 制定制度。在构建制度体系时，需要制定相关制度，如公司章程、股东协议、劳动合同等，明确各方的权利和义务，规范团队行为和协作方式。

(2) 强化执行力。制定制度只是第一步，更重要的是要强化执行力，确保制度得以有效执行，提高团队的协作效率和创新能力。

(3) 持续完善。构建制度体系是一个动态过程，需要不断完善和更新，以适应不同的发展阶段和业务需求。

构建制度体系是组建创业团队的关键步骤，需要全面考虑各种因素，制定合理的制度和规范，以实现团队的长期稳定发展。

（六）团队调整融合

团队调整融合是组建创业团队的必要过程，它可以帮助团队成员更好地适应新的环境和角色，提高团队的协作效率和创新能力。在团队调整融合的过程中，需要注意以下几个方面：

(1) 明确角色和职责。在团队调整融合的过程中，需要明确团队成员的角色和职责，确保各项工作得以有效分工和协作。

(2) 加强沟通和协作。团队调整融合需要加强团队成员之间的沟通和协作，建立良好的合作关系，提高团队的协作效率和创新能力。

(3) 及时反馈和调整。在团队调整融合的过程中，需要及时收集反馈意见，根据团队的实际情况进行调整和改进，确保团队顺利发展。

团队调整融合是组建创业团队的必要过程，需要全面考虑各种因素，加强沟通和协作，及时反馈和调整，以实现团队的长期稳定发展。

第三节　创业团队管理策略

一、创业团队的情绪管理

创业团队情绪在复杂的创业背景下可以传递出一种信息，并能够在个体水平上相互传递和感染。在有着良好情绪氛围的创业团队中，成员间的交往与合作，可以使他们产生默契，在学习过程中表现出知识传授与吸收水平的高效性，成员之间彼此信任，感情融洽，创业团队成员表现出更高的工作积极性。在创业的过程中，创业激情是创业的强大动力。然而，创业可能会面临失败与挫折，如何应对失败导致的负面情绪，将失败转化为一种学习动力以便提高创业能力，是创业团队情绪管理的重要课题。

（一）创业团队情绪的概念

团队情绪是建立在团队认同感基础之上的团队成员间得以分享的情绪，是团队工作环境的重要组成部分，既反映了团队成员对所在团队特点的共同心理感受，又直接或者间接地表达出团队成员对特定团队工作环境的看法。创业团队情绪属于团队情绪的范畴，据此，这里将创业团队情绪界定为建立在创业团队认同感基础上的创业团队内部得以分享的情绪，是创业团队工作环境的一个重要因素。团队成员会把个体层次的情感以及情绪体验带入团队进行分享，这一过程与其他成员的情绪体验产生互动，将在特定的团队情绪规范下，通过情绪的感染与展示，达到情绪整合状态，进而形成团队情绪。

在创业团队中，可以将情绪归为两大类，即积极情绪和消极情绪。积极情绪即正向情绪，是指个体由于体内外刺激、个体需要得到满足而产生的带有愉悦感受的情绪，对创业过程具有显著影响，如快乐、乐观、创业激情等。而消极情绪是人们心情明显不愉悦的主观体验，会干扰个人在信息处理过程中的注意力。

（二）情绪对创业团队的影响

情绪对创业团队的影响主要体现在创业团队成员的认知和创业过程这两个方面。了解情绪对创业团队的影响，可以加深人们对于创业活动及其规律的认识。

许多研究已经证明，情绪在认知过程的不同层面、不同环节会产生不同的作用，不仅体现在情绪影响信息加工的速度和准确度方面，还体现在情绪可以改变认知的功能。因此，在创业领域，探讨情绪在创业过程中的影响主要是基于认知与情绪互动的视角，具体表现在如下几个方面。

1. 情绪影响创业者感知

情绪有积极和消极之分。相比于消极情绪状态下的个体，积极情绪状态下的个体更倾向于以一种欣赏的眼光来看待周围事物，创业者更加注意外部创业环境的变化，从而更愿意积极地开展创业活动并且更具有冒险性。处于积极情绪状态下的创业者更容易捕捉到有用的社会信息，从而使认知得到优先加工，促进创业过程的顺利开展；同时，对创业合伙人也会表现出更为友好的一面，增强双方的合作关系。而处于消极情绪状态下的创业者，则更容易陷入沮丧和困惑之中，对周围信息视而不见，往往寻找不到问题的解决方案，局限于大脑所能想到的信息；同时，容易对创业合伙人产生错误感知，使创业合伙人产生不信任感，导致双方出现冲突，甚至是合作破裂。

2. 情绪影响创业者记忆

从信息加工论的视角来看，情绪影响记忆的方式有两种。其一，个体当时的情绪状态在很大程度上决定何种信息能被关注到并保存在个体的记忆系统中。也就是说，当前的情绪状态对记忆的信息具有过滤效应，即只允许那些与其自身状态（积极或消极）相符的信息进入记忆系统。其二，情绪能够对信息的提取内容产生影响。积极情绪会给创业者带来关于积极信息的记忆，而消极情绪容易使创业者想起消极信息。

3. 情绪影响创业者思维过程

情绪对创业者的思维过程有着重要的调节作用，极大地影响着创业者的决策行为。反复的强烈情绪体验容易导致创业者的思维表现出模式化的倾向。例如，创业投资过程中的"成本沉没效应"就与情绪有关。

成本沉没效应是一种为了避免损失带来的负面情绪而沉溺于过去的付出中，选择了非理性的行为方式，具体表现为，创业者一旦投入了时间、金钱或其他资源之后，就会表现出继续投入的强烈倾向。成本沉没效应的发生与创业者对于损失的厌恶、风险的敏感、为了赢得他人的尊敬和对于已经做出的投资行为的后悔等情绪有密切的联系。对于沉没成本的超敏感性也可能会带来沉没成本的逆效应，即投资者为避免重复体验错误预期的痛苦，强迫自己立即结束投资。再比如，创业中决策并非是个人的行为，而是需要团队全体达成一致。然而，团队决策中的"群体极化"现象与团队成员之间情绪的相互感染有着重要联系。群体极化（Group polarization）是指在一个组织群体中，个人决策受到群体的影响，个别群体成员，特别是权威性人物（例如主要创业者）的立场及情绪易于感染大家，再经由大家认同与相互渲染，容易作出比独自一个人决策时更极端的决定，决策的结果多数情况下更倾向于冒险，少数情况下则更趋于保守，从而背离最佳决策。

（三）情绪管理策略

情绪管理在创业团队管理中越来越受到普遍关注。创业企业应该多管齐下，不仅要在看得见的"硬性"方面改进，还要在看不见的"软性"方面下功夫，不断提高管理创业企业团队成员情绪的能力。这样，一方面可以降低团队绩效的波动幅度，另一方面可以不断地吸引优秀的创业人才，同时可以为创业企业培养卓越的管理者，实现企业持续发展的战略目标。在具体的管理工作中，针对创业团队情绪所存在的问题，可以从下面几个方面入手制定情绪管理的对策。

1. 团队成员甄选环节注重情绪管理能力

在创业团队组建的过程中，团队成员的甄选是很重要的一环，决定了未来整个创业团队的人才质量。在情绪管理越来越受到重视的今天，在成员甄选环节考察情绪管理能力则显得很有必要。因为只有当成员发自内心地努力工作时，才能发挥出最佳水平。现在人事测评技术的发展也使情绪管理能力测试（如情商测试）成为可能。

2. 把行业特点、工作环境和工作性质相匹配

在创业团队所处的环境中，行业的性质特点是难以改变的。虽然创业团队难以改变行业本身，但创业团队可以在"适者生存"的原则下适应行业的特点生存并发展壮大。因而创业团队可以把团队成员的工作环境与行业特点、工作性质匹配起来，使工作环境尽可能地与行业特点、工作性质相符。

3. 培训团队成员的情绪管理能力

情绪对团队成员的创业过程具有重要作用，会影响团队成员的认知过程和决策行为。因此，创业企业和团队应该将提高情绪管理能力作为一项重要的培训内容，通过有效的情绪管理来改善自身与其他团队成员的创业氛围，增强创业团队的创业热情。

4. 加强人文关怀

人文关怀主要包括两方面，一是工作当中的关怀，二是日常生活中的关怀。在工作方面，首先，创业企业应该制定完善的规章制度，如合理安排休假制度、节假日人性化的休息安排等，公平地对待每一位成员，对其进行关怀。其次，应建立公平、公正、合理、健全的管理制度，针对成员的情感特点采取相应的管理方式，最大程度地调动成员的积极性，避免由于管理不良而产生负面情绪，给创业团队带来负面影响。最后，还可以给成员创造宽松的情感交流环境。在日常生活方面，团队成员每天开始工作时的情绪对其一天的工作绩效具有较大的影响。团队成员在日常生活中所产生的正面情绪会使其处于一种良好的情绪状态中，促使其充满热情地投入工作。

5. 加强文化建设和团队领导者的情绪管理能力

创业企业中，情绪问题和情绪管理能力都是因人而异的。在一种和谐的创业企业文化引导下，创业团队内有一个可以激发团队成员努力奋斗的目标愿景，有一种创业团队全体成员共同认可的价值观和创业精神，就有助于团队成员超越个人情感，共同营造良好的团队创业氛围，激励团队成员以高度一致的积极情绪来实现创业企业的目标愿景。若团队领导者的情绪管理能力较强，则有助于团队成员及时发现不良情绪的产生，并剖析其原因，对症下药，积极应对情绪问题。因而，团队成员的情绪管理能力与创业企业文化和领导者的情绪管理能力是密切相关的。

二、创业团队的冲突管理

（一）冲突管理的内涵

由于新创企业的组织结构和规章制度还不成熟、不完善，因此创业团队内外部都会存在由于成员间的意见分歧、认知差异而产生冲突的现象。从管理心理学的视角来看，冲突

是因组织之间或组织内部的互不相容、互相排斥而产生的不一致、不协调的互动状态。因为冲突的不和谐及斗争性，做好创业团队建设，必须充分了解对冲突持有的观点。第一种观点认为冲突是不利的，任何冲突都应该避免；第二种观点认为冲突是不可避免的，团队要容忍、认同冲突并使之合理化；第三种观点认为冲突是有利于团队建设的，一定水平的冲突是必要的。创业团队建设应该结合对冲突的不同观点进行冲突管理。最新研究发现，冲突是否对团队有利主要取决于团队成员处理冲突的方式，而处理冲突方式的好坏主要取决于冲突管理的水平。

对创业团队冲突管理的研究主要集中在创业团队成员之间的相互作用上，主要有积极和消极之分。一方面，专注于研究团队冲突对创业团队有消极影响的研究发现，关系冲突与团队满意度、团队决策质量、创业绩效呈负相关。另一方面，专注于研究团队冲突对创业团队呈积极影响的研究发现，有些冲突可以防止关系的停滞并给关系的发展与改进提供机会。

（二）冲突管理的原则

创业团队冲突管理需以效果为依据，讲究方式和方法。创业团队冲突管理原则包括尊重原则、公平原则、合作原则、效率原则和共识原则五个方面。

1. 尊重原则

创业团队中很多冲突是由于创业团队决策过程中成员意见未受重视，不以事实为依据以及个人专业知识和技能、价值观和经营理念等个体差异而引发的矛盾争端。因而管理创业团队冲突要遵循参与过程、尊重事实及尊重个体差异的原则，这也构成了尊重原则的三个维度，是冲突管理的前提条件。为了防止和处理团队成员工作或决策过程中的冲突，创业团队必须尽可能尊重参与过程，尊重成员提出的意见，尊重成员的付出，以便于决策的实施，发现决策失误时自动纠正。创业团队成员团结意识越强，其个体差异、工作理念和方法越能够得到尊重和理解，这样才能创造性地开展工作，在工作中取长补短，提高工作效率。在决策中，应鼓励成员发表不同见解，避免"一言堂"。任何策略的制定与实施都应以事实为依据，而不是未经证实的推测。

2. 公平原则

在创业团队经营管理过程中，公平原则往往被忽视。团队成员权力分配不当、权利和责任不明确等问题普遍存在，彼此间缺少必要的交流和信任，协调配合差，导致创业团队成员工作效率不高。如何准确把握公平原则，充分调动创业团队成员工作积极性，成为创业团队冲突管理的首要问题。公平原则包括程序公平、分配公平、互动公平，与团队成员的满意度呈正相关关系。当出现创业团队冲突时，不可避免地会涉及到不同成员的利益。团队领导者要以事实为依据，找出冲突发生的原因，坚决抵制不公平、不公正行为。管理创业团队冲突时，必须遵循公平原则，营造处事公平的环境和氛围，做到程序公平、分配公平、互动公平，以提高创业团队整体效益。

3. 合作原则

创业团队的发展离不开成员间的友好合作，而协作的基础是双方的互信互利，这是一种双方相互依赖的联合行动。管理创业团队冲突可被视为为促进团队成员更好地合作。可以说，合作原则是创业团队冲突管理的终极目标。

创业团队冲突管理的合作原则需要建立协调沟通机制，促使团队成员从无序状态中走出来，实现团队成员的一致性合作行为。在此基础上，应在团队内部建立信任机制，由此深化受规章制度约束的初级合作，强化团队成员合作意识，促使团队成员合作行为出现蜕变，齐心协力实现共同目标。

4. 效率原则

效率原则包括时效原则、成本原则和有效原则。在冲突管理过程中特别要注意因无法有效控制冲突过程所带来的机会流失、成本代价和低效损失。冲突发生时，要理性分析冲突的本质问题，辨别冲突性质类型，及时、迅速地采取最佳解决策略，防止冲突升级或恶化、事态得不到缓解，从而影响创业团队日常经营管理。因此，冲突管理需要控制好冲突事件的起止时间、可允许成本范围以及能承受的最低团队效能。不良冲突及低效的冲突管理方式都有可能导致冲突持续时间漫长。破坏性冲突的发生往往带来高成本、低效益的结果。有效管理冲突能及时地抑制破坏性冲突的负面影响，以低成本的输入转换为高效益的输出，快速降低冲突所带来的损失。所以，冲突管理是否有效须以效率为判断标准。

5. 共识原则

创业团队中的每个成员都可以被视为"理性复杂人"，因此只有当团队目标与个人目标一致、团队价值追求与个人价值观一致时，采取团队行动比个人行动更能满足自身需要，才会产生团队行为。创业团队冲突管理的共识原则包括目标共识和价值共识，是团队冲突管理的向心力。目标共识要求创业团队成员朝着共同的创业目标努力。当团队成员都朝着共同目标努力时，他们可以不计个人得失，更好地理解团队成员并从其他成员的观点中学习成长。

（三）冲突管理的策略

冲突在创业团队中是十分普遍的现象，冲突产生的原因也是复杂的，尤其是创业企业上市后，在竞争激烈的创业环境和社会环境下，创业团队冲突有一种愈演愈烈的趋势。因而，在创业企业中，有效管理创业团队冲突，降低不良冲突发生的可能性，对已经出现的冲突进行合理调整，有助于创业企业长期稳定地发展。在创业企业中，冲突管理策略是团队冲突合理调节的重要途径，适当地选择冲突管理策略，才能有效地对团队冲突进行管理。

1. 激发建设性冲突

所谓建设性，是指积极促进事物发展的性质，而建设性冲突即创业团队成员为了实现共同目标而在不同的途径和方法上产生的冲突。建设性冲突有利于促进创业团队内部良性竞争，鼓励创业团队成员更活跃地参与到问题解决中，对创业企业的经营管理产生积极影响，其结果是团队中就问题的解决形成共识，找出低成本、高效益的最优或者次优的解决策略。在创业团队中，应积极鼓励建设性冲突，通过一些科学的手段或策略来激发和维护建设性冲突。

团队领导者可以在团队内部创造一种轻松的团队氛围，鼓励团队成员表达自己的不同意见。例如，引导其他成员在团队会议上先发表他们的看法，避免出现"一言堂"现象。特别是在重要决策中，为避免创业团队成员采取逃避或妥协的冲突管理方式，创业团队可以采取匿名投票或鼓励反对意见的方式促使其他成员充分表达出不同的观点。除此之外，也可以引入外部力量，广开言路，集思广益，使团队成员的思维更为活跃，以更好地激发团队中的建设性冲突。

2. 合作化解冲突

合作型冲突管理方式是针对创业团队冲突寻找双赢结果的解决之道。合作表示既关心自己又关心他人，不是用各自的方法来解决问题，而是重视双方共有的解决对策来化解冲突，目标是找到让冲突双方都满意的解决之道。最佳合作状况是创业团队成员都从中得到自己想要的多赢的结果，减少不利冲突的负面影响，更好地促进创业团队的健康和长期发展，提高创业企业的绩效。因此，创业团队应重视合作型冲突管理方法，加强创业团队成员间的合作意识，降低不利冲突发生的可能性。一般来说，创业团队成员能与其他成员在能力和技术上形成互补，团队合作能充分发挥团队成员的优势，相互补充，产生"1+1>2"的效果，再加上团队成员间的相互信任是实现成员间有效合作的必要基础，团结协作是形成共同理念、提高团队绩效和作出正确决策的先决条件，所以，加强创业团队成员的合作关系要求团队建立有效、实用的团队协调沟通机制，促使团队成员相互理解和尊重，使其产生达成一致的合作行为。在此基础上，还可以在创业团队内部建立信任机制，进一步深化团队成员因激情和利益而产生的初步合作，促进团队成员形成积极的创业心态，使合作成为团队所有成员都认可的重要行为。当这种行为产生质的变化时，就会有真正的创业团队成员团结协作行为。

3. 基于生命周期的冲突管理策略

在创业团队组建和发展阶段，创业团队成员往往会积极投入到所从事的创业工作中，充满干劲，并且团队成员间往往彼此较为熟悉，因此在这一阶段利益冲突、权力冲突发生的可能性相对较小。然而，此时创业团队一切工作还不能顺利展开，成员对于团队未来发展尚未形成共识，团队的各个层次的工作目标需要一一落实。在不断的团队决策过程中，创业团队成员间很容易由于对问题的看法不同而引发工作冲突、沟通冲突。因此，在创业初期，创业团队可以采取一些防微杜渐的策略。例如，通过成员彼此间长期积累的友好关系缓和团队决策过程中的不快，当冲突即将发生或已经发生时，暂时停止决策任务，交流一些关于日常生活的活动，借此平衡和稳定团队成员情绪，再沟通先前的决策任务，进而避免工作冲突的发生、升级或恶化。

在创业团队成熟阶段，团队的经营管理进入正常轨道，团队成员对团队未来发展方向和行动策略有了清晰的认识，也更为熟悉团队的管理工作，因而在团队决策过程中发生冲突的可能性较小。此时，团队成员考虑更多的是其未来职业生涯发展以及团队利益分配问题，成员间往往容易发生利益冲突和权力冲突。因此，在创业团队成熟阶段更应侧重于利益冲突和权力冲突。在团队工作分工和利益分配方面应有具体而明确的规定，避免模棱两可的决策导致团队成员出现过多的猜测和怀疑，影响创业团队的和谐氛围。

三、创业团队的绩效管理

由于管理理论的快速发展，绩效管理逐渐成为一门技术性强的应用型管理学科。绩效管理在创业团队发展中也是必不可少的环节，只有制定有效的绩效管理方案，才能明确创业团队发展概况，推动创业团队有效发展。

（一）创业团队绩效管理的定义

绩效管理是管理者通过一定的方法和制度确保企业及其子系统（部门、流程和员工个人）的工作表现和业务成果能够与企业的战略目标保持一致并促进企业战略目标实现的过程。创业团队的绩效管理是创业团队各级管理者和员工为了达到创业团队的目标共同参与绩效计划制订、绩效辅导沟通、绩效考核评价、绩效结果应用、绩效目标提升的持续循环过程，绩效管理的目的是持续提升个人、创业团队的绩效。

绩效管理是一个完整的系统，在这个系统中，管理人员和员工全部参与进来并通过沟通的方式将企业的战略规划和经营目标、管理人员的职责、管理的方式和手段以及员工的绩效目标等管理的基本内容确定下来。在持续不断沟通的前提下，管理人员帮助员工清除工作过程中的障碍，提供必要的支持、指导和帮助，与员工一起共同达成绩效目标，从而实现企业的远景规划和战略目标。

（二）创业团队绩效管理的作用

创业团队绩效管理的实施对于组织、管理者和员工均有很大的意义，主要表现在以下几个方面。

第一，促进创业团队的质量管理。组织绩效可以表现为数量和质量两个方面。近年来，质量已经成为组织绩效的一个重要方面，质量管理已经成为人们关注的热点。绩效管理过程可以加强全面质量管理（TQM），因为绩效管理可以给管理者提供 TQM 的技能和工具，使管理者能够将 TQM 看作组织文化的一个重要组成成分。所以，设计科学的绩效管理过程本身就是一个追求"质量"的过程——达到或超过内部、外部的期望，使员工将精力放在质量目标上。

第二，协助创业团队进行结构调整与变革。大多数的组织结构调整都是企业对社会经济状况的一种反应，其表现形式各种各样，如减少管理层次（delayering）、减少规模（ownsizing）、提高适应性（flexibility）、强化团队合作（teamworking）、高绩效工作系统（high performance work system）、重构战略性业务组织（strategic business unit）、建立授权（empowering）体系等。组织结构调整后，管理思想和风格也要相应改变，如给员工更多的自主权，以便更快更好地满足客户需求；给员工更多的参与管理的机会，促进他们对工作的投入，提高他们的工作满意度；给员工更多的支持和指导，不断提高他们的胜任能力等。创业团队的成功与绩效管理存在千丝万缕的关系，只有通过建立绩效管理系统，才能实现这些结构调整的目标。

第三，促进创业团队信息沟通和企业文化建设。绩效管理非常重视员工的参与。从绩效目标的制定、绩效计划的形成、实行计划的信息反馈和指导，到绩效评估、对评估结果的运用及提出新的绩效目标等都需要员工的参与，需要管理者和员工相互沟通。这种参与式管理体现了对员工的尊重，不仅满足了员工的物质需要，还满足了员工的尊重需要和自我实现需要，为企业创造良好的文化氛围奠定了基础。创业团队也应该在创业之初树立团队文化的方向，通过建设团队文化促进团队信息沟通以便于绩效计划的顺利实行。

第四，避免冲突，增进合作。当员工认识到绩效管理是一种帮助而不是一种责备时，他们会更加积极合作和坦诚相处。绩效管理不只讨论绩效低下的问题，还讨论员工的工作成就、成功和进步，这是员工和管理者的共同愿望。有关绩效的讨论不应仅仅局限于管理者评测员工，而应该鼓励员工自我评价并相互交流对绩效的看法。在冲突或尴尬的问题变得严重之前最好能及时处理，问题发现得越早，越有利于问题的解决。管理者基于观察发现问题，并帮助员工评价和改进自己的工作，共同找出答案。如果管理者把绩效管理看成是一种合作过程，将会减少冲突、增进合作。创业团队成员也将会因为对工作及工作职责有了更好的理解而受益。所以，绩效管理是激发全体创业团队成员有效工作的管理投资。

第五，节约管理者的时间成本，提高管理效率。绩效管理可以使员工明确自己的工作任务和目标，使他们领悟领导者希望他们做什么，他们可以做什么决策，以及必须把工作干到什么样的地步，何时需要领导指导等。管理者借助绩效管理的工具和方法赋予员工必要的知识来帮助他们进行合理的自我决策，这样就可以减少员工之间因职责不明而产生误解，也有助于员工找到造成错误和低效率的原因，进而减少以后工作的错误和差错（包括重复犯错误的问题），以免日后付出更大的代价。如此，管理者就不必介入各种事务中进行过于细节的管理，从而节省时间，去做自己应该做的事情。所以从某种意义上讲，绩效管理是一种为防止问题发生而进行的时间投资，尤其是创业团队初期发展阶段，进行有效的绩效管理可以减少一定的时间成本，能够使管理者将更多精力用于团队专业技术开发而非团队整顿。

第六，改进员工的工作动力，提高劳动生产率。绩效管理可以从以下几个方面提升员工的工作动力：一是提高绩效工资。按照期望理论的观点，工资和绩效相联系能激发员工的工作热情。二是通过目标的设定来激励员工。目标本身就具有激励作用，目标能把人的需要转变为动力，使人们的行为朝着一定的方向努力，并将自己的行为结果与既定的目标相对照，及时进行调整和修正，从而实现目标。三是通过对员工的工作进行指导，帮助他们排除工作中的障碍，对他们进行培训等更趋于人性化的管理方式，以提高员工对组织的承诺和对组织的满意度，从而激发员工的工作动力。创业团队制定符合团队自身的绩效管理制度，可以使成员明确自身的工作目标，增强工作动力，从而促进团队生产率的提升。

（三）创业团队激励的方法

因为创业团队的激励方法需要综合考虑项目团队的核心要素、方法、是否分阶段以及方法是否通用，故不同的创业团队采取的激励方法也有所不同。创业团队的激励方法主要有团队成员的自我激励、团队利益趋向创始团队和团队成员实现共赢。

1. 团队成员的自我激励

所谓自我激励，即成员自己对自己的激励，也就是创业团队建立开阔、广泛和平等的激励平台，让团队成员在这个平台上，在创业团队允许的范围内自由活动，充分发挥自主性，努力展现自我、激励自我，从而激发出成员内部的强大动力，实现创业团队和成员的共同成长。自我激励的目的和结果便是知识型成员自我价值的实现，亦即达成其"价值承诺"。自我激励，对团队组织而言，是激励开发管理的最高境界；对成员个人来讲，是个人从消极被动的执行者转换为积极主动的进取者，是个人成长与发展的最佳状态。

成员自己对自己的激励是建立在对自己的认识、评价、判断的基础上的。一个人是如何判断、看待自我本身的，称之为"自我意象"。自我激励机制的建立关键是知识型成员形成良好的自我意象；创业团队要达成成员的自我激励机制，首先要帮助知识型成员培养一个积极的自我意象，可以通过以下方法来帮助实现。

第一，开展广泛的教育培训，使知识型成员随创业团队的发展不断成长。目前我国的创业团队在人才开发问题上存在一定程度的短视，"只使用、不培训""只管理、不开发"是共同的特点。没有以创业团队为主导的培训与开发，将使研究人员的知识迅速老化，智力储备很快枯竭。开展教育培训的目的是使知识型成员具有走向成功的意愿和拥有实现成功的能力，这样才能为知识型员工树立积极的自我意象打下基础。因此，开展的教育培训不仅应包括能力培训，还应有自信心培训。能力培训主要是专业技术和技能的培训，通过培训，可以提高成员实现目标的能力，为承担更大的责任、更富挑战性的工作及提升到更重要的岗位创造条件。

第二，进行职业生涯规划和设计。企业为知识型员工进行职业生涯规划是帮助知识型员工树立积极的自我意象的重要途径。开展职业生涯管理，可以使知识型员工清楚地看到自己在组织中的发展道路，而不至于为自己目前的地位和未来的发展感到迷茫，从而有助于树立积极的自我意象。企业必须重视员工职业生涯设计，充分了解员工的个人需求和职业发展意愿，为其提供适合的上升道路，使员工的个人发展与企业的可持续发展得到最佳的结合。只有当员工能够清楚地看到自己在组织中的发展前途时，他才有更大的动力为企业尽心尽力地贡献自己的力量，与组织结成长期合作、荣辱与共的伙伴关系。

第三，让知识型员工参与决策。一般情况下，员工对他们自己参与决策的工作最感兴趣。因此，让知识型员工参与和他们的业务工作或利益直接相关的决策，不仅可以充分表达企业对他们的信任和尊重，而且可以极大地调动知识型员工实现工作目标的积极性，使其全身心地投入工作中。一旦员工对公司事务有了更强的参与感和更多的自主性，他们对工作的责任感就会大大增加，从而帮助知识型员工塑造积极的自我意象。

第四，提供正面的反馈。事实证明，给知识型员工提供积极的、正面的反馈意见比提供批评性的、非建设性的反馈意见更能提高员工的自信心。用积极的、正面的反馈意见去引导员工工作，可帮助他们树立成功的信念，增强他们的自信心，从而帮助知识型员工塑造积极的自我意象。

2. 团队利益趋向创始团队

创业团队运作的核心思想是通过创业者之间的优势互补、资源共享、风险共担实现"共赢"的目标。创业团队强调的是整个创业团队的整体利益，在保证整体利益的基础之上，通过风险、利益的合理分配来实现每个创业者利益最大化、风险最小化的目标。

"大河有水小河满""锅里有碗里才有"，团队是一个集体，只有团队优秀，组织发展良好，个人利益才能得到保障。个人作为团队的组成部分，一定是将个人利益与集体利益结合起来，才能得到最大的精神收获和物质收获。然而很多时候，员工却不这么认为，当为了团队利益要牺牲个人利益的时候，很多员工大都是不乐意的，因为感觉不公平，自己的付出没有得到相应的回报，有可能产生抱怨情绪，进而消极怠工，最后甚至离开团队。

解决这个问题除了要完善公司的制度外，很关键的一点是要看中层干部（简称中干）

的行为。因为公司高管关注的是公司战略，离基层太远，最了解公司战略且离基层最近的就是中干。中干往往是一个小团队或者几个小团队的领导者，对团队实力与工作情况最为熟悉。需要从以下几个方面来解决这个问题。

第一，从源头预防。中干们清晰地了解公司的战略布局，对未来有相对准确的判断，清楚为了实现某一工作目标，需要吸纳具有哪样特质与才能的人才加入到这个团队中。在招募新员工时，中干要去寻找志同道合、认同公司价值观、愿意与公司一起成长的人。这样的人，看重的是长远利益，不会为了短期利益而斤斤计较，当公司需要他们的时候，他们会全力以赴，去搏一个更好的未来。但前提是，这家公司是让人信赖、让人看得到前景的组织。

第二，营造公平氛围。要在团队中营造一种公平的氛围，在物质利益合理分配的情况下，给予每个成员公平表现的机会，让每个人都相互协助，在不同的项目中扮演好主角配角。这样，团队成员机会均等，愿意把自己的强项发挥出来，才能使团队的力量变强大，团队就可以做更多的事情，得到更大的收益。

第三，为团队争取利益。个人利益与团队利益是相对而言的。在公司这个大集体当中，小团队的利益又变成了个人利益。尤其是在创业团队发展过程中，团队利益的分配影响整个团队管理格局。创业团队初期要制定公司利益分配政策，避免因利益分配不均而导致的人才流失等。创业初期应在完善各项管理政策的基础上提升公司的生产率，为团队获取更多的利益。

在公司战略布局中，有的团队承担着一些特殊使命，有的不能为公司带来直接收益，甚至是花钱的部门。对于这样的团队，某些公司不太注重团队成员的利益，在资源上不太愿意投入，这样会直接影响团队成员的积极性。总的来说，对员工而言，作为团队的组成部分，在追求个人利益的时候，要将个人目标与团队目标相结合；对公司来说，也不能任意侵害某一个成员的利益，如果员工的基本利益不能得到保障，集体利益、团队利益也就无从谈起。公司远景是建立在每一位员工辛勤付出的基础上的。

3. 团队成员实现共赢

要调动员工的积极性，激励必须要符合员工个人目标的实现。在团队管理中，只有把团队的目标内化为个体的目标，融入个体的内在目标，激励才会取得应有的效果。但个体目标与团队目标二者并不是完全一致的，在现实激励中一定要努力寻找各层次利益与目标的最佳结合点，从而实现个人和团队的双赢。

企业与员工作为统一的整体，是互相联系、互相制约、缺一不可的。企业通过雇佣员工来为其创造价值，同样，员工也会对企业寄予极大的期望。双赢模式的实现主要有以下途径。

1) 规范管理途径

在知识经济时代，管理呈现出灵活性和不确定性。因而企业在管理员工时，应该为其提供公平并有竞争力的薪酬，提升自己的管理水平，使企业内部管理规范化，以此充分发挥员工的创造性和积极性，使他们能按照企业的目标，结合自身的特点自主地完成任务。创业团队在团队管理的过程中应结合团队发展的实际情况和员工个人发展情况，建立和完善相关制度，规范团队管理方案，使员工能够在有秩序的管理下发挥创造性。

2) 能力提升途径

能力提升途径非常重要，企业要为员工提供广阔的发展空间，主要包括以下几个方面。一是为员工提供更多的培训与教育机会。伴随着经济发展的日新月异，组织生存的环境变得更加复杂与快速多变，商场如战场，工作中所需要的知识和技能的更新速度也随之加快，这就要求企业要以广阔的视野，从支撑企业核心竞争力的角度去为员工构建相应的培训环境和开发系统。二是为员工提供明确的晋升渠道。随着基本需求的满足，员工越来越渴望得到上司的重视，得到晋升。明确的晋升渠道，使员工能够清晰地看到自己在该企业中的位置，员工若想晋升到更高一级的职位，就必须努力地提升自己的能力，以求达到该职位所需要的能力。三是为员工提供更多的轮岗、换岗的机会。轮岗、换岗能够使员工更快地了解企业的工作，熟练掌握企业的各项工作技能，不断地提高员工的自身素质和工作能力。创业团队发展中需重视专业技术的改革和创新，团队应为成员营造良好的学习环境，通过各类培训和学习，让成员能够在工作过程中进行补充学习，保持团队队伍的革新性，保持持久活力，促进团队可持续发展。

3) 创业团队建设途径

第一，营造和谐的人际环境。尽管员工工作独立自主性强，但是他们的工作并非独立完成的，在工作过程中往往是以工作团队的形式出现，他们希望自己在工作中得到上级的支持、信任和理解，同样也希望与同事友好合作、相互交流、互相尊重，为共同的目标而努力。为此，企业必须营造一个和谐的人际环境来支持员工工作的开展和顺利进行。良好的人际关系是成功的基石。这就要求企业能够尊重员工，给予员工足够的关怀，建立"以人为本"的企业文化，培育企业的凝聚力。

第二，建立互补型的组织团队。随着现代企业工作复杂性的增加，企业完成工作的方式已由原来的单一工作方式转变为现代的团队协作工作方式。团队协作工作方式依赖团队智慧来完成某项工作。因而，团队成员之间的配合对于团队工作的完成至关重要。

第三，注重个人与团队激励相结合。员工对于自己的团队一般都有一种集体荣誉感，如果企业只对团队中的个人进行激励，而不给员工所在的团队进行激励，那么团队中的成员就会感到失落，团队成员之间就会出现一些内部矛盾，整个团队的士气就会受到很大的打击。

总之，激励机制主要是把激励的手段、方法与激励的目的相结合，从而达到激励手段和效果的一致。激励手段是灵活多样的，应根据不同的工作、不同的人、不同的情况制定不同的制度。

▌四、创业团队的股权分配

（一）股权的概念和特征

股权，是股东权利的简称。股权的一般定义是指股票持有者所具有的与其拥有的股票比例相应的权益及承担一定责任的权利。《中华人民共和国公司法》规定，公司股东依法享有资产收益、参与重大决策、选择与监督管理者、知情权、退出权等相关权利。公司法规定股权平等，股东按照投入的资本享有和行使权利。创业团队成员需要对股权的基本特征有一定的了解。

1. 股权决定股东对公司的财产利益

股权最本质的权利是财产利益，主要包括股息和红利的分配权、剩余财产分配权、有限认购权等。创始人、投资人及其他股东拥有股权的比例决定了他们可以从公司获得多少财产利益。我国公司法规定，有限责任公司的股东按照实缴的出资比例分取红利，股份有限公司的股东按照持股份比例分配。当公司新增资本时，股东有权优先按照实缴的出资比例认缴出资。

自然人主要通过债权和股权两种方式投资一家公司，股权和债权都代表了相应投资人未来从公司获得的权利。企业资产负债报表上的负债部分是公司的债权人持有的公司权益，而所有者权益就是公司的股东持有的公司权益。债权通过偿本付息的方式来偿还，利率一般固定，因此未来收益一般可预测。股权却不同，收益有可能上不封顶，随着公司的发展，公司的资产逐渐增加，偿还完公司债务后的权益都归属股东。当然风险与收益成正比，当企业经营不善、面临破产清算时，公司剩余资产优先偿还债权人的债务，有剩余的再偿还给股东。

2. 股权从根源上决定公司的控制权

公司控制权是指选择和监督公司代理人的权力，以及公司的经营管理决策权。股权凭借其表决权、选择管理者的权利等支配性权利，从根源上掌握了控制权。

依据我国公司法，股东大会是公司最高权力机构，拥有公司一切事项的决策权。有限责任公司的股东会议由股东根据出资比例行使表决权，股份有限公司出席股东大会的股东按照持有股份行使表决权。根据公司法的规定，增资、减资、合并、分立、修改公司章程等重大事项，需要三分之二以上表决权通过；其他一般事项，需要二分之一以上表决权通过。此外，持股三分之一以上的股东拥有重大事项的一票否决权。股权与控制权并不是完全对应的关系，比如我国《公司法》规定，有限责任公司股东会议由股东按照出资比例行使表决权，但是公司章程另有规定的除外。

3. 股权可以受到限制

股东的权利与其出资义务相对应，股东只有履行好了出资义务才可以享受相应的股东权利。如果股东在履行出资义务方面存在问题，公司可以对其股权的行使做出一定的限制。比如我国《公司法》规定，股东如果未履行或者未全面履行出资义务或者抽资出逃，公司可以根据公司章程或者股东会议决定对该股东的利润分配请求权、新股优先认购权、剩余财产分配请求权等权利作出合理限制。

4. 股权的责任

股权不只是代表着权利，也意味着责任和义务。我国《公司法》规定，公司是企业法人，拥有独立的法人财产，享有法人财产权。公司按照全部的法人财产承担债务责任。

因为有限责任公司的股东所认缴的出资额数量是确定的，股东责任相应地具有金额上的确定性。而股份有限公司的股东出资是折算成股份的，因此股东责任具有比例上的确定性。

（二）股权分配的常见方式

目前公司在成立初期的股权分配方式一般有以下几种。

1. 单一股权分配

简单来说就是根据公司合伙人在公司成立时期投入的资金比例分配相应股份，这种股份分配方式最简单，相对于其他股份分配方式来说较为适用于同类职员关系对等的公司。这种股份分配方式将每个成员的利益与公司绑定，可以使成员积极投入到工作中去，促进成员工作效率的提升。但是随着公司的发展，这种分配方式不可避免地会发生利益冲突的问题。

2. 奇数合伙人股权分配

这种分配方式的特点是企业的合伙人数量一般是奇数，通过让股东形成制约关系来保证公司的稳定。比如一个企业拥有三个合伙人，其中两个处于强势地位，另一个虽然处于弱势地位，但他却是平衡的关键，因为任何的个体都没有决定权，而彼此的制约关系是稳定的基础。此种分配方式的弊端是会造成股东之间的共谋与不正当博弈。

3. 分散化股权安排

这种方式往往适合一些家族企业，让尽可能多的家族成员持有公司的股份，不论其是否在公司工作，所有家族成员都享有平等权利。管理股权分散的家族企业一般有两种方式：外聘专业的职业经理人员管理，由个别家族成员管理。

4. 预留股份机制

预留股份机制是为了吸引优秀的人才，专门设置一部分未分配的股份用于激励部分高级人才的机制。这种机制通常的规则是创业者分配 70%～80% 的股份，预留 20%～30% 的股份分配给高级人才，让他们享有相应的投票和分红权利。

（三）股权分配原则

考虑到创业团队股权分配可能出现的问题，为了能够有效地规避这些风险，在实际的股权分配中，应把握一些根本性的原则，保证创业团队和初创企业的长久发展。

(1) 必须量化成员的贡献，保证公平性。创业团队股权分配的本质是一个交易的过程，在参与创业的过程中，每个成员或许扮演着截然不同的角色。有的成员投入资金，有的投入技术，有的投入人脉关系等。因为每种贡献的性质不同，所以难以等价对比大家的贡献。但是，股权分配必须有一个相对统一的量化标准。所有的创业团队都应该遵守一个核心的原则，那就是公平原则。何谓公平，最基本的就是等价交换，付出与收获对等。所以，必须量化每一位成员对团队的贡献，根据他们的贡献配备相应的股权。

创业往往需要经过长时间的付出才能收获成功，在这个过程中，需要不断地投入各种资源到初创企业当中。因此权利和利益的分配导向也应该能够向那些长期为创业公司贡献的成员倾斜，比如可以采取按照年度、项目进度、销售增长以及市场份额变化等分股权分配的时间点，分阶段地分配股权。分阶段分配可以让团队更重视长期利益，更好地规避短视效应。

(2) 为投资者进入留出空间，但是必须保证公司的控制权。目前的创业基本上都需要引入外部的资金。投资人在考虑是否投资一个创业团队的时候，一方面他们会思考创业的商机与模式，另一方面他们也非常重视创业团队的股权架构是否合理。真格基金的徐小平就表示过，他在投资时非常关注融资团队的股权分配架构。而且当创业企业准备上市时，股权架构也必须符合资本市场的要求。因此在进行每次的融资时，创业团队都需要对团队的股权进行规划与调整，为投资者留出适当的空间。

同时，随着多轮的融资，创业团队的股权必然会遭到稀释，这就会出现公司的控制权旁落的风险。尤其当创业团队内部出现意见分歧时，投资者往往是"压死骆驼的最后一根稻草"。比如苹果公司的创始人史蒂夫·乔布斯（Steve Jobs），Paypal 的创始人埃隆·马斯克（Elon Musk）都经历过被迫离开自己的创始公司，这些案例也说明了核心团队掌握公司控制权的重要性。

(3) 为公司的股权激励留出空间。创业就像是进行一场接力赛，需要有人将接力棒传递下去。在创业的过程中，需要不断吸纳各种专业的人才为团队补充新鲜的血液，以保证团队的活力。股权分配应该以贡献值为依据，不能仅对最初的成员进行分配；如果仅考虑对原始成员进行股权分配，一方面会滋养团队成员的惰性，另一方面对于新加入的成员而言缺乏激励性。所以，对于新加入的团队成员，必须要考虑他们的股权问题。因此在进行股权分配时必须留出一部分，用于吸引行业的人才。同时，一开始就预留出空间，也能有效遏制再分配时团队出现冲突。

(4) 具备可操作性，不能过于复杂。一个精确合理的股权分配与激励方案，往往都是非常复杂、全面的。但是，再好的股权分配与激励方案，要是操作起来过于复杂，实施的成本也过高，那么就没有可操作性，最后都会流于形式。因此，股权分配的方案需要在精确性、复杂性和可操作性这三者之间取得一个平衡，使得分配的方案能够简单地落地实行。

(5) 必须契约化。股权分配必须契约化，尤其是股权分配涉及团队成员之间的利益时，一旦团队成员发生冲突，正式的契约能够避免出现法律上的股权纠纷，从法律上为团队的稳定性提供保障。同时，将股权分配契约化，能够让团队成员感到股权激励是实实在在的，而不是空话。

1. 创新与创业的关系是什么？
2. 创业者的类型如何划分？
3. 创业者需要具备的素质有哪些？
4. 组建创业团队需要注意什么？
5. 创业团队的组建模式有哪些？
6. 怎样寻找创业伙伴？
7. 团队情绪的影响有哪些？
8. 注重绩效管理有什么作用？
9. 创业投资有哪些特点？

第九章 创 业 计 划

第一节 创业计划与创业计划书

创业计划是指为了创建和运营一家新的企业而制定的详细计划。它通常包括公司的愿景、目标、战略、市场分析、竞争对手分析、商业模式、财务预测、团队组建、市场推广和销售策略等方面的详细规划。创业计划可以帮助创业者确定如何在竞争激烈的市场竞争中成功地开展业务，并向潜在投资者、贷款机构或合作伙伴展示公司的潜力和创业项目的可行性。

我们国家每隔五年会有一个"五年规划"，"五年规划"是对国家重大建设项目、生产力分布和国民经济重要比例关系等作出规划，为国民经济发展远景规定目标和方向。党的二十大报告指出，十九大以来的五年，党中央制定"十四五"规划和二〇三五年远景目标，全面总结党的百年奋斗重大成就和历史经验，就党和国家事业发展作出重大战略部署，团结带领全党全军全国各族人民有效应对严峻复杂的国际形势和接踵而至的巨大风险挑战，以奋发有为的精神把新时代中国特色社会主义不断推向前进。如果没有党中央高屋建瓴、提前谋划，我们党和国家不可能取得一个又一个社会建设中的奇迹。

创业当然也需要计划或者规划，不同的是创业计划一般是通过创业计划书的形式体现出来的。创业计划书 (Business plan) 是全面描述创业项目的完整规划的书面文件。它详尽地介绍了一个创业项目的缘起、努力、成果和未来，介绍项目的产品服务、生产工艺、市场和客户、营销策略、人力资源、组织架构、对基础设施和供给的需求、融资需求，以及资源和资金的利用。创业计划书是最能全面展示创业项目所有设计的文案，能够向所有利益相关者、读者展示项目的商业逻辑、已经取得的进展和未来的方向，对创业团队的发展也十分有意义。

一、创业计划

创业计划是全面规划和设计企业未来发展方向的书面计划，它是创业者在创业过程中必不可少的环节。

(1) 有计划的创业可以为创业者明确目标和方向。创业计划是帮助创业者明确企业的目标和方向的重要工具。通过对市场和竞争对手的分析，创业者可以确定自己的市场定位和业务范围，进而确定企业的发展方向和目标。

（2）有计划的创业可以帮助创业者评估可行性和风险。创业计划可以帮助创业者对创业项目的可行性和风险进行评估。通过对市场需求、产品或服务特点、商业模式、人员组成、资金需求等方面的考虑，可以全面评估创业项目的风险和可行性，从而决定是否值得进一步投入时间和资金。

（3）创业计划阶段的成果可以为相关方提供融资和投资的依据。创业计划可以为创业者寻求融资和投资提供必要的依据。投资者和银行家通常需要了解企业的商业模式、市场前景、财务状况和管理能力等方面的信息，以便作出投资或融资决策。一份全面、清晰的商业计划可以提供这些信息，增加创业者获得融资和投资的机会。

（4）有计划的创业可以科学地规划经营和管理方向。创业计划可以帮助创业者规划企业的经营和管理。通过制定明确的经营计划和管理流程，可以提高企业的运营效率和管理水平，为企业的发展提供支持。

（5）有计划的创业能够适时调整和改进企业策略。创业计划可以作为调整和改进企业策略的工具。创业者可以通过对企业目标、市场变化、竞争对手等方面的重新评估，及时调整和改进企业的战略，以保持企业的竞争优势和持续发展。

因此，创业计划对于创业者来说是必不可少的，它可以帮助创业者明确目标和方向，评估可行性和风险，提供融资和投资的依据，规划经营和管理，以及调整和改进企业策略。

二、创业计划书

创业计划的关键环节是形成创业计划书。创业计划书的目的是规划未来，在创业项目发展中起着十分重要的作用。在创业计划书这个模块中，我们的核心目标是要引领大家完成一份相对高质量的创业计划书，帮助大家推进项目落地、同时在创业大赛中取得优异成绩。因此，对于认知性、概念性的内容，我们会尽量少花篇幅，重点放在引领大家做出成果。认知性的内容，则更多的是引领大家自行研究、总结和表达出来。

创业计划书是创业者向投资者或潜在合作伙伴展示创业想法和计划的重要文件。一个好的创业计划书应该包括以下方面。

（一）项目概述

在创业计划书的开头部分，应该对创业项目做一个简短的概述。这一部分的目的是吸引读者的兴趣，让他们了解这个项目的主要特点和优势。创业计划书概述应该包括以下内容：创业项目的名称和简介、创业项目的主要目标和愿景、创业项目的核心业务和竞争优势、创业项目的预期目标和未来规划等。

（二）行业背景

在创业计划书中，行业背景与市场分析是非常重要的部分。这部分内容主要介绍创业项目所涉及的市场环境和竞争状况。市场分析主要包括以下内容：目标市场的描述、市场规模和增长趋势、竞争环境和竞争对手分析、市场机会和威胁分析、目标客户群体的需求和行为分析等。

（三）行业痛点

创业计划书一般要说清楚行业面临哪些问题。找到了这些问题，就找到了自己应该努力的方向，也就是市场机会。

（四）产品和服务

产品和服务是创业项目的核心，也是创业团队得以解决行业痛点的手段，因此在创业计划书中需要详细介绍产品和服务的特点和优势。这一部分内容应该包括以下方面：产品和服务的核心功能和特点、产品和服务的优势和不足、产品和服务的定位和目标客户群体、产品和服务的开发和生产计划、产品和服务的未来发展规划等。

（五）营销策略

在创业计划书中，营销策略是非常关键的一部分，它决定了创业项目的市场占有率和盈利能力。营销策略主要包括以下方面：产品和服务的定价策略、产品和服务的推广策略、产品和服务的销售渠道和分销策略、目标客户群体的定位和营销计划、品牌建设和品牌推广策略等。

（六）管理团队和人力资源

创业项目以及创业的宏伟目标都需要人来完成。因此，在创业计划书中，管理团队和人力资源是非常重要的一部分。这一部分内容应该包括以下方面：管理团队的组成和人员简介，管理团队的经验、资历和优势等等。

（七）财务分析

创业具有财务可行性是创业成功的基本前提之一，因此财务分析（或称财务预测）是创业计划书的重要组成部分，它为潜在投资者提供了一个了解创业项目盈利能力和财务状况的途径。财务预测应该包括以下内容：创业项目的预计销售额和利润、资金需求和投资计划、利润和损失预测、现金流预测、财务分析和指标等等。

（八）风险管理

创业项目涉及的风险因素非常多，因此在创业计划书中应该包括一份详细的风险管理计划，以减少风险并提高项目的成功率。风险管理主要包括以下内容：项目风险和挑战的识别和分析、风险管理计划的制定和执行、应对风险和挑战的应急预案、风险管理和监控机制的建立和完善、合规和法律风险的预防和管理等。

总体来说，一个好的创业计划书应该全面详实地阐述创业项目的主要特点、市场机遇、产品和服务、营销策略、管理团队和人力资源、财务预测以及风险管理等方面，展现出创业者对于市场的深入了解和对创业项目的深刻思考，同时体现出创业者的专业素养和创业激情，以吸引潜在投资者和合作伙伴的关注和支持。

下面，请你谈谈自己对创业计划书的理解：一份高质量的创业计划书里应该具备哪些内容？可以通过检索、阅读、讨论、请教等方式得出自己的观点，并将观点转化为关键词填入下面的方框中。

我对于创业计划书的理解

三、创业计划书需要把握的"灵魂"

创业计划书是创业者向投资者或合作伙伴展示自己的创业项目的重要文档，它需要具备一定的"灵魂"才能吸引人的注意力和获得资金支持。创业计划书必须具备如下要点。

1. 独特性

创业计划书需要具有独特性，即需要展示出创业项目与市场上其他同类项目的区别和优势，吸引投资者的关注和兴趣。创业者应该对市场进行深入的调研和分析，找出自己的创业项目在市场上的定位和独特卖点，体现出自己的创新精神和创造力。

2. 可行性

创业计划书需要具有可行性，即需要体现出创业项目的实际可行性和市场前景。创业者应该根据市场需求和消费者的偏好，设计出符合市场需求的产品或服务，并制定出合理的营销策略和商业模式。同时，创业者需要进行充分的财务分析和财务的可行性判断，以确定是否有条件继续推进该创业项目。

3. 创业者的能力和素质

创业计划书需要体现出创业者的能力和素质，即需要展示出创业者具备的专业技能、管理能力、团队合作能力、市场洞察力和创业激情等方面的优势。这些因素可以让投资者对创业者产生信任和认同，进而为创业项目提供资金支持和资源支持。

4. 激情和使命感

创业计划书需要体现出创业者的激情和使命感，即需要展示出创业者对于创业项目的热情和对社会的贡献意识。这些因素可以让投资者对创业者和创业项目产生共鸣和认同，增强投资者的投资意愿和合作意愿。

　　总之，创业计划书需要具有独特性、可行性，要能体现出创业者的能力和素质、激情和使命感等方面的"灵魂"，以吸引投资者和合作伙伴的关注和支持，推动创业项目成功。这样的计划书能让读者理解执笔人最想表达的意图，能让人感受到一股强烈的表达欲，能更高效地让投资人迅速了解一个企业。工作总结、活动策划、个人简历等，其实质都是在表达。创业计划书更是如此，可以将创业计划书看做与投资人沟通的"口舌"，没有表达欲，就没有好的商业传输。

　　在写创业计划书的过程中能够进一步完善项目思路，并能对项目进行优化和重构。在不断地尝试和学习中，逐渐掌握了项目的方向，对项目的意义有了更深刻的理解。在这个项目的实施过程中，团队成员参与了过程构思、原型设计、行业分析、营销策略制定、验证性试验、市场调研、用户反馈等各个环节。这个过程不仅是团队成员齐心协力达成目标的过程，也是团队成员通过不断的磨合，从不熟悉到熟悉，互相学习的一个过程。同时一份好的创业计划书如能取得政府的认可、投资人的投资，其强大的背景也能为项目背书，使市场和大众更认可项目的发展前果和可靠性。

四、创业计划书的结构

　　用结构化思维来看，一份完整的创业计划书内容无非是从发现问题—分析问题—解决问题三个维度来进行阐述。当然，根据不同的用途，创业计划书的内容侧重点也不同。例如，"挑战杯"中国大学生创业计划竞赛更加注重实践过程，中国国际"互联网＋"大学生创新创业大赛更加注重教育维度。但万变不离其宗，一份完整的创业计划书内容离不开这样一个逻辑：行业背景、行业痛点、解决痛点、解决方法、产品是什么、产品有多大市场规模、竞争格局、如何销售、进展如何、团队成员资质、未来规划、是否需要融资等。

　　接下来，将结合编者辅导的一个参赛项目——"藕遇知音"来举例说明。"藕遇知音"的表达逻辑和结构是这样安排的：项目背景分析—行业痛点—技术创新／解决方案—产品分析—市场分析—盈利模式—项目进展—财务分析—未来规划—团队介绍—教育维度—实践过程等。

　　(1) 用数据精准描述行业背景。"藕遇知音"显然是一个莲藕类的创业项目，要想把评委和专家迅速带入项目，首先必须让读者很快了解莲藕产业的发展现状。因此，在表达上，创业计划书是这么来切入的：

　　莲藕是我国主要的水生蔬菜之一，历史悠久，文化底蕴厚重。据调查显示，2021年全国莲藕的种植面积超过600万亩，从业人员130余万人。其中，作为"千湖之省"的湖北，其莲藕的种植面积达200万亩，产量约占全国产量的三分之一，是名副其实的"莲藕之乡"。

　　(2) 用有分量的语言分析行业痛点。行业已经大致清楚了，但你为什么要选择这个行业呢？一般而言是因为这个行业有一些情况不尽如人意，也就是存在一些亟待解决的痛点。解决这些痛点，赋予了我们相应的创业机会。在该项目中，他们是这么来分析行业痛点的：

　　当前莲藕行业面临产品开发程度较低、销售渠道过于传统等问题，严重制约着藕农生产生活水平的提高，制约着区域建设、湖北乃至国家经济发展。

　　(3) 用创新思维表达技术创新、解决方案。找到了行业痛点，为什么别人解决不了而非要你来解决呢？这就是"解决方案"或者"产品创新"等部分要表达的内容了。这也是整个创业计划书中最受瞩目的部分。讲好了解决方案，项目的说服力就大大增强了。在"藕遇知音"中，他们是这样开始自己的表达的：

基于以上行业痛点，我们团队经过大量的实践，研讨出几种解决方案。第一，速食化，研发速溶藕粉；第二，时尚化，设计产品包装；第三，营养化，创新产品种类。

（4）用可视化方式表达产品及其特点。对产品的描述，必须精准且可视，否则评委、专家难以把握你的项目的核心点。因此，在表达时要尽量数据化、图片化。在"藕遇知音"中，创业团队用数据表达了产品具有哪些特点、能给藕农带来哪些便利、有多大价值，详细介绍了产品或解决方案，同时还用图片清晰地展示了相关流程和产品图片，如图 9-1 所示。

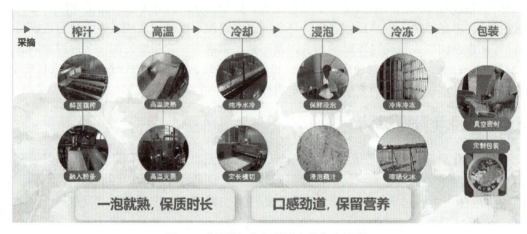

图 9-1　"藕遇知音"项目产品生产流程

（5）从三个角度开展行业分析。产品具有了说服力，还要告诉专家，你的产品在一个蒸蒸日上的市场中具有竞争力，因此就需要进行行业与竞争分析。这一部分主要是分析产品目前的市场规模有多大、有哪些竞品，与竞品相比优劣势是什么等等。"藕遇知音"的行业分析是这样展开的：

据专家推测，2022 年华东地区市场规模达 187 亿元，华北地区达 78 亿元，华中地区达 76 亿元。未来莲藕在各地区的市场规模将持续扩大。

预计 2022 年湖北地区莲藕初级产品盈利可达 30 亿元，深加工产品盈利 35 亿元，综合产值达 65 亿元（见表 9-1）。由此可见，未来莲藕深加工产品将会被越来越多的消费者接受和青睐。

表 9-1　"藕遇知音"行业分析

产品种类	盈利 / 亿元
初级产品	30
深加工产品	35
综合产值	65

（6）用真实的成果呈现盈利模式、营销策略。产品可视、行业可靠，怎么干才能干好呢？这就要讲清楚项目的商业模式、盈利模式、营销策略等等。表达商业模式相关的问题，不能说空洞的话，要用实际行动、实际成果来呈现项目价值、项目方向，以及创业团队的实干精神。

　　"藕遇知音"的计划书中写道："我们探索出'高校＋创业团队＋企业'新模式，实现莲藕产业创新发展，积极地带动学生就业，间接带动农户脱贫增收，采取线上＋线下的营销模式，线上在淘宝、拼多多开展线上店铺，并在抖音打造电商直播矩阵，线下与大型商超进行合作，定期开展营销活动……"

　　在表达他们的营销实践时，他们描绘出这样一番实践的场景：

　　开始的时候，直播间观看人数不超过 10 人。我们通过发布作品，开展直播，积累粉丝数量。一个星期后，粉丝人数从 0 到 1000+，直播观看人数从 10 到 300+，我们与武汉民食为天食品科技有限公司开展合作，于每天的 12：00 ～ 14：00 和 19：00 ～ 21：00 开展直播。同时我们将直播间搬到了藕塘，通过和藕农互动吸粉无数。一年后，粉丝数达 10w+（见图 9-2）。在此过程中也教授了藕农们拍摄视频和直播的技巧，带动藕农们脱贫增收。直播过程中最高单场观看人数达 3000+。最高单场成交金额突破了 6 万元。

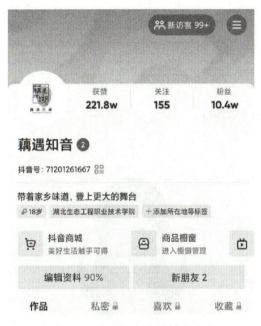

图 9-2　"藕遇知音"的抖音实践

　　(7) 用数据语言表达项目进展，呈现实干精神。创业必须在实干中体现价值，即便是"创意"型项目，也一定要用实际成果呈现项目进展。有真实的调研、研究、生产、经营成果，一定会让评委产生更加信任的感觉。

　　因此，"藕遇知音"的计划书中写道："目前，已经取得了 5 项技术专利。项目利用学校多个直播间资源和电商学生群体，组建了一批 54 人的网络营销团队。打造直播矩阵与……多家企业达成合作，紧跟直播热"潮"，将"直播带货"搬上课堂，截至目前人均直播次数超 100 次，单次直播最高观看人数达 3000+，单次成交金额突破 6 万元……"

　　"2021 年，我们推出了香辣藕粉和热干藕粉两种产品……其中，速溶藕粉营业收入为 169 500 元，荷叶茶收入为 155 000 元，鲜荷叶粉条收入为 125 000 元，香辣藕粉收入为 165 900 元，热干藕粉收入为 195 600 元。截至目前，2022 年营业收入为 811 000 元……"

　　(8) 用真情实感设计未来规划。创业计划书不仅要表达出项目的过去和现在，还要描绘方向与未来，这就是战略和规划的意义。在描绘战略和规划时，应该体现出创始人的理想、格局。这就要求写作时必须以公司创始人身份角色代入，从公司发展方向、财务发展、团队发展等几个方面进行合理规划。

规划一般分为短、中、长期规划。在描绘短期规划时，"藕遇知音"的创业计划书是这么说的：

我们计划在 2022 年年底推出国潮礼盒包装，并为其注入地域文化特点，使产品更有意义、更有深度。此款产品将在 2023 年接近元旦和其他重大节日时在抖音、快手等平台进行推广，将此款产品打造成节日爆品……

(9) 用结构、素养开展团队介绍。再好的项目，都需要人来实现。因此创业团队就成了创业计划书最为关键的内容之一。在介绍团队时，要重点介绍团队成员资质、专家及指导老师。同时，所有在创业计划书上展示出的个人信息要与项目相关，避免提供一些毫无价值的经历、履历信息。

比如，"藕遇知音"的团队介绍中，对项目负责人的展示效果是这样的（见图 9-3）。

湖北生态工程职业技术学院"藕遇知音"团队的成员是一群在莲藕产区长大的孩子，自幼受田田莲叶的熏陶，得到莲藕的滋养哺育，对莲藕有着深厚的感情。

项目负责人：王紫萱

- 湖北洪湖人，自幼接触莲藕种植工作
- 2020 年和父母一起参与莲藕行业的工作
- 2021 年考入湖北生态工程职业技术学院，校主持人小组负责人，具有丰富的直播带货经验
- 2021 年开设账号如今已经直播带货 100+ 场，收获 20000+ 粉丝，销售额 1000 万+
- 同年荣获乡村振兴最佳带货主播，优秀电商助农主播，湖北省微视频大赛三等奖等多个奖项

图 9-3　"藕遇知音"的团队介绍

第二节 创业计划书的写作

一、创业计划书的重点

（一）标题

创业计划书的标题很重要，评委、投资人拿到你的计划书第一眼看到的就是你的封面和标题，标题不能只用公司名称或者项目名称、公益活动名称、"乡村振兴实践"等方式去表达。一定要让人一看就知道你是做什么的、有什么亮点或优势。

一个好的创业计划书标题一般由两部分组成，主标题＋副标题。主标题在突出项目主体内容的同时也要做到朗朗上口，建议大家在取名时善用"谐音梗"和一些耳熟能详的成语；副标题突出技术优势、项目特点，同时极具设计感。

现在请拿出手机或者打开电脑，自行检索，研究近 3 届中国国际"互联网＋"大学生创新创业大赛金奖项目名称，写出 5 个值得学习的点和 5 个需要注意的事项。

值得学习的点	需要注意的事项

（二）项目概述

项目概述能够让评委、读者、合伙人迅速感受到项目的使命、现状和前景，因此要求高度精练且十分准确。项目概述一定是在你写完了整个创业计划书之后，将整个计划书的结构、逻辑、内容等等"吃透""嚼烂"之后再呈现出来的东西。概述最能反映出创业者是否真的吃透了这个项目，是否具有高度概括能力，是否重视这个项目。写任务计划书，要在最后环节把最重要的精力放在写概述上。

项目概述应避免臃肿，要用简单干脆的语言对项目进行高度概括，提炼出每一章节的中心思想，用 1 到 2 页的篇幅覆盖到后面所有的内容，告诉大家为什么干这个事、干了些什么事、有了什么成果、未来还要干些什么。争取做到字字珠玑，高度概括。

（三）内文

大家对计划书有了一个最基本的认知，也知道了计划书该怎么展开，每个模块中需要表达哪些内容。但是，创业计划书不光要写出来、"有干货"，还要确保别人愿意看。什么样的计划书别人愿意看呢？如图 9-4 所示，此处编者放了两张图片，分别是两份计划书的缩略图。毫无疑问，第一份看上去比第二份更精彩、更丰富。第二份显得单薄、简陋了一点，并且大量的文字看起来会非常消耗精力。在这样的对比之下，大家肯定更加愿意去阅读第一份计划书。

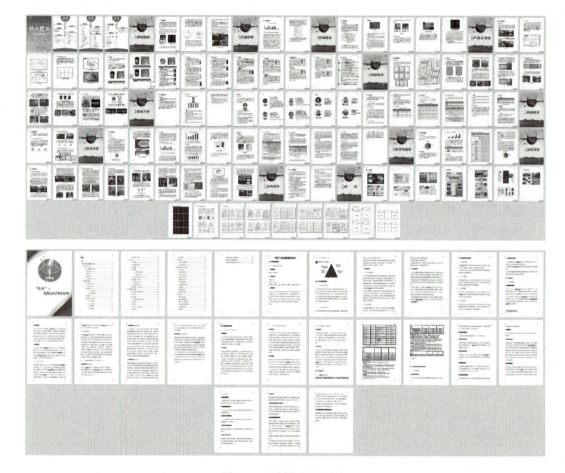

图 9-4　计划书效果对比

同学们可以掌握一个基本技巧：当我们把计划书中每一个结构的内容设计好之后，在每一个部分都要呈现三类要素——字、图、表。同学们还要记住一个基本逻辑，在呈现效果上，"字不如表、表不如图"。

那么，我们能不能用图片、图标去堆砌呢？答案当然也是否定的。我们不能随便在一个标题下面，"一言不合"就用大量的图片来堆砌。文字说明是创业计划书不可或缺的部分。正确的做法是，用文字来展开，图片、图标起到证明修饰的作用。正所谓"眼见为实"，图片相较于文字更具说服力，给人的感觉更为直观，也能够起到缓解阅读疲劳的作用。

以第八届中国国际"互联网 +"大学生创新创业大赛优秀项目"藕遇知音"为例。计划书中提到：项目创新了莲藕深加工产品，拓宽了销售渠道，利用抖音进行直播带货。计划书就在这些内容里面加入了大量的产品图片、抖音账号截图、后台数据、直播截图等，在增加说服力的同时提高了观赏性，如图 9-5 所示。

图 9-5　"藕遇知音"图文效果

除了图片，表格也很重要，当计划书当中涉及到一些具体的数据、数字的时候，要尽量用图表来呈现（见图 9-6）。比如行业分析中提到增长趋势可以用柱状图来呈现，市场占比、融资计划等涉及到百分比的可以用饼状图来表示，财务表现则可以用表格来呈现，这样增加了文字的可视性。

图 9-6　"藕遇知音"计划书的排版效果

二、创业计划书的美化

项目选题、计划书内容再好，格式、字体、排版乱七八糟，评委、投资人也有可能看不懂、看不进去，这都会影响到项目内容的呈现。前面讲到我们在写计划书的时候，每一章节都必须要有字、有图、有表；每一段文字，甚至每一句话，都需要有结构化思维，文字精练，言简意赅；多用数据说话，让全程可视化。这些都是计划书"内在"的美化，计划书的"外表"同样需要"化化妆"，这样会使得我们的计划书看起来更加的精致，能够更好地吸引人注意。

（一）格式

格式上需要注意的有字体、字号、一级标题、二级标题、三级标题、字间距、段间距等，格式设置遵循一个原则，看着舒服、看着清楚，严格来说没有固定的标准。下面介绍一下格式设置的一些基本逻辑以及常用的格式设置，供大家参考。

1. 字体字号

字号遵循一级标题＞二级标题＞三级标题＞正文。一级标题为黑体二号，二级标题为黑体三号，三级标题为黑体小三号，正文为宋体四号。

2. 段落

行距采用单倍行距，字间距采用默认设置，首行缩进 2 字符。

在开始写作之前可先把默认格式设置好，避免后期多次修改（见图 9-7），点击"样式"栏右下角箭头，能看到标题、正文等 Word 自带的格式，点击"正文"，选择其右下三角菜单中的"修改"，在"修改样式"页面可修改正文字体及字号；点击左下角"格式 - 段落"，在"段落"页面可对首行缩进、行距进行修改。标题设置同正文设置的步骤一样，提前进行统一设置。

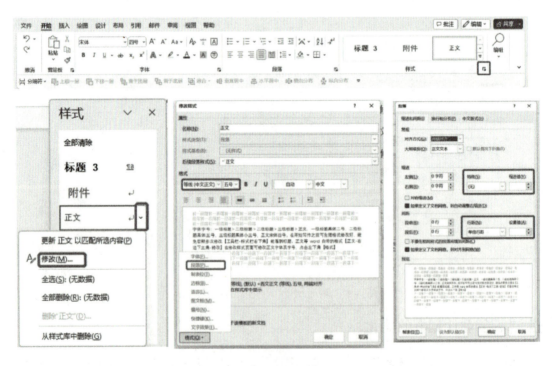

图 9-7　样式设计

在样式选项卡中默认只有一级标题和二级标题，三级标题需要手动添加。点击"样式"栏左下角的"A₊"，进入创建样式界面。在"属性"栏将"名称"修改为标题3，"样式基准"选择标题3，"后续段落样式"选择正文，在"格式"栏修改字体与字号，最后点击确定就添加成功了，这时在"样式"栏就能看见标题3了，如图9-8所示。

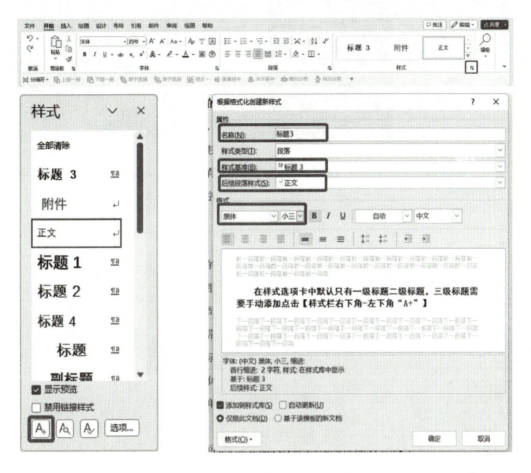

图9-8　标题设计

设置完标题样式以后，在后面的写作中，各级标题就能够直接应用，为目录的一键生成提供了便利。目录也是创业计划书中很重要的一部分，通过目录能够了解整个创业计划书的结构，目录还有一个很重要的功能就是点击相应的标题能够链接到后面的正文部分，所以这也是前面要设置好一、二、三级标题的原因。

（二）美化

爱美之心人皆有之，人人都喜欢欣赏美的事物，计划书也是如此。一份"光秃秃"全是文字和一份色彩鲜艳、内容丰富的计划书摆在你面前，相信你肯定更愿意去看那份"漂亮"的计划书，并且它在你脑海中的印象会更加深刻，所以美工做得好是能够大大加分的。图9-9为大家展示了四份创业计划书的封面，均是获得第八届中国国际"互联网＋"大学生创新创业大赛国赛银奖及以上的项目，同学们仔细观察，写出自己的收获，最低5条，最高不限。

图 9-9　计划书封面效果呈现

序号	收获
1	
2	
3	
4	
5	
6	
7	
8	
9	
10	

1. 封面

　　封面相当于人的"脸面"，是给人的第一印象，第一印象是很重要的，一个美观大气的封面能够勾起他人的阅读兴趣，也能够体现出你在制作这份计划书时是真的用心。在计划书的美化过程中，相当一部分的精力都要放在封面的美化上，要做到别人爱看、别人想看、看完留下深刻印象。那么怎样才能设计出一个既美观又贴合项目的封面呢？

　　下面以第八届中国国际"互联网＋"大学生创新创业大赛国赛金奖项目"滴血验虫"的计划书封面为例来进行说明。

　　在开始美化之前，首先要根据项目的特点，确定计划书整体的主题风格及配色。"滴血验虫"是一个与血液寄生虫相关的医疗类项目，并且项目有科技含量，那就采用一种医疗科技风的主题风格，项目与"血"有关，因此选择以红色为主色调的整体配色。

方向确定之后，项目负责人开始进行美化。大家可以先思考一下封面要放哪些内容。

答案是除了主标题、副标题以外还可以放上项目的"亮点数据"（见图9-10），把项目最核心、最突出、最吸引人的数据提炼出来放在封面，这样当别人拿到你的计划书，通过封面就能够获得信息，知道你目前做出了哪些成绩。一些比赛中可能要体现公司，那么也可以将公司名称放在封面中。

图 9-10　封面效果呈现

接下来，我们一起来看看这个封面是如何实现的。其实很简单，整个背景是一张与血液有关的图片，在图片上加一个黑色的蒙版避免其影响文字的阅读。主标题采用了一个符合主题的艺术字体，每个字加上一个单独的"渐变"，副标题是Word自带的字体，整体设置"渐变"，加上一个科技风格边框。下面的项目亮点数据则是使用Word自带的"插入-形状"插入了一个圆角矩形，再进行一些美化处理就做出来了。

以上所有操作都可以在Word中进行，其实做起来并不难。最耗费时间和精力的，大概就是寻找素材和构思了。要想具备这样的能力，没有技巧，只能多看、多学、多做，平时看到不错的设计就拍下来，记录下来，自己想一想，做一做，争取做出理想的效果。

这里跟大家分享一个网站 https：//www.aboutppt.com/，这里面有很多素材资源以及设计高手的设计案例、设计思路。大家可以平时多看多练习。

2. 内页

接下来是内页设计，内页设计要做到"贴合主题、点到为止"。不能做得太花哨，计划书的核心是内容，美化只能起到点缀的作用，不要喧宾夺主；也不要为了设计而设计，只要整个计划书看起来没有那么"素"就可以了。

下面还是以"滴血验虫"计划书为例，我们截取了计划书部分内页设计（见图9-11），供大家学习参考。

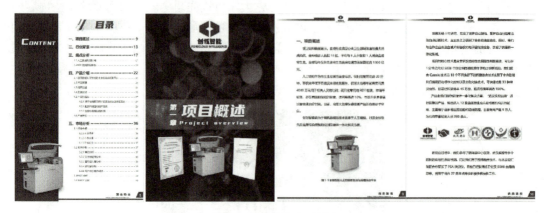

图 9-11　计划书内页效果

内页需要我们设计的部分主要为目录、过渡页、页眉、页脚、页码。过渡页与封面设计思路类似，主要在素材选择上要多下功夫，选择与封面相近的图片作为背景。目录、页眉、页脚、页码可进行简单的设计，不要过于浮夸，核心是要贴合主题，使每一页看起来更加精致。正文中的一些关键数据、重点内容可以使用与主题相同的颜色进行加粗处理，使整体看起来更加协调。

所有的设计和装饰要遵循一点——不要影响阅读。计划书中所有的设计不要"超过"正文内容，更不能影响阅读，比如背景太亮会影响背景前内容的阅读，可采用蒙版、毛玻璃、柔化、渐变等一些手法进行调整，要处理的平滑不能太突兀，不要让设计成为你的减分项。

第十章 创 业 资 源

第一节 概 述

"创业"一词是由"创"和"业"组成的。"创"具有创建、创办、创立、创造、创新等含义;"业"有家业、事业、企业、就业、产业等内涵。从词义上理解,创业有"创建企业"或"开创事业"之意。《辞海》将创业定义为:"创立基业"。

广义的创业,可以理解为开创新事业。"任何一个在极度不确定情况下开发新产品或新业务的人,都是创业企业家。无论他本人是否意识到,也不管他是身处政府部门、获得风险资本投资的公司、非营利机构,还是由财务投资人主导的营利性企业。"因此,百姓创家业,能人创企业,干部创事业,可以作为广义创业概念的一个注释。

狭义的创业,则是指个人或团体依法登记设立企业,以营利为目的,从事诸如生产、加工、销售、服务、分销等商业活动。

很多学者分别从不同角度对创业的概念进行了诠释。各种概念中出现频次最多的关键词是:"开始、创建、创造""新事业、新企业""创新、新产品、新市场""追逐机会""风险承担、风险管理、不确定性""追逐利润、个人获利""资源或是生产方式的新组合"等等。

创业已成为研究企业家和创业活动的一个重要内容。关于创业的定义,目前还没有一个广泛接受和一致的定义。以下是一些具有代表性的定义。

哈佛商学院教授斯蒂文森 (H.H.Stevenson,1985) 认为:"创业是不拘泥于当前资源条件的限制下,对机会的追寻,将不同的资源组合以利用和开发并创造价值的过程。"这一定义强调了察觉机会、追逐商机的意愿以及获得成功的信心和可能性在创业过程中的重要性。

美国百森商学院教授杰弗里·蒂蒙斯 (Timmons,1999) 认为:"创业是一种思考、推理和行动的方法,它不仅要受机会的制约,还要求创业者有完整缜密的实施方法和讲求高度平衡技巧的领导艺术。创业不仅为企业主,也为所有的参与者和利益相关者创造、提高和实现价值,或使价值再生。"

美国鲍尔州立大学商学院教授库拉特克 (Kuratko) 和佛罗里达州国际大学教授霍杰茨 (Hodgetts) 认为:"创业是一个涉及远见、改变和创新的动态过程。它需要投入精力与热情来进行创新并实施新的构想和新的解决办法。创业的必要因素包括能承担一定风险——时间、财产或职业的风险；有能力成立一个高效的风险团队；整合所需资源的创造性技能；制定一份稳固的商业计划的基础技能；最后，具备一种远见，在别人认为是混乱、矛盾和迷惑的地方发现机遇。"

李志能等人认为："创业是一个发现和捕获机会并由此创造出新颖的产品、服务或实现其潜在价值的过程。"

南开大学创业管理研究中心张玉利教授认为："把创业仅仅理解为创建新企业是片面的，创业的本质更在于把握机会、创造性地整合资源、创新和快速行动，创业精神是创业的源泉。"

武汉科技大学创新创业研究所贺尊教授认为："广义的创业，是在易变性 (Volatility)、不确定性 (Uncertainty)、复杂性 (Complexity)、模糊性 (Ambiguity) 的环境趋势中，追逐不确定性机会 (Uncertainty opportunity)，发掘'最适时'的项目 (Project)，进行投资 (Investment) 和管理 (Management) 的过程。因此，创业是在基于'VUCA'的环境中，敢为人先，追求'UPIM'的过程。狭义的创业，就是为了满足客户需求，通过创建一家新企业，致力于推出新产品、新工艺、新方法、新服务，开辟新市场，获得新资源，开展科技、商业和金融等一系列价值创造活动的过程。"

创业起步阶段的资金来源是一个决定成败的关键因素。因此好的创业者必须要有融资能力，即筹措资金的能力。评价创业者的融资能力，是为了确保好的创业商机项目能够顺利实施。

第一，评价新创企业需要多少启动资金。一般而言，创办一家小企业平均投资在 10 万元左右。对于零售或服务企业的启动资金较容易准确预测，但对于技术型创业企业来说，其产品研发费用较难预测。这个问题最好的解决办法是咨询专业人士，查阅产业专门网站，查询有关专业文章等。

第二，评价新创企业有多少收益来源。初创期的企业能否成长，往往依赖于自身的造血机能，也就是说，新创企业要有几个重要的收益来源。有些新创企业的创业者担心太多的收益来源会导致"艺多不养家"——让企业失去重心。但对刚刚起步的企业来讲，多几个收益来源，不仅可以显示其融资能力强，还可以为新创企业提供"东方不亮西方亮"的备选融资渠道。同时，新创企业有三个以上的收益来源，有助于企业尽快收回投资成本。例如，物业管理公司就有多个收益来源，包括物业管理费、停车费、服务与维修费、家政服务费等，这类公司一般比其他公司回本快、见效快、风险低。

第三，评价同类企业的财务业绩也很重要。通过窥斑见豹来预测新创企业未来的销售与收益情况，可以提前看到新创企业未来发展的"影子"。时常进入同类企业的网站了解相关信息，除了可掌握知己知彼的信息外，还可以了解所进入产业的目标市场及消费群体状况。网络文章一般也会对被调查企业的销售和盈利情况作出评论。

第四，评价创业者利用个人储蓄或自筹资金为新产品研发和初创费用融资的能力。创业者如果仅仅只有一个创意，其他一无所有，想融资是很困难的。一般投资者和贷款人在决定投资前，都要看首次购买者的反馈信息资料。创业者必须愿意为自己的项目投入足够的资金，以使创业投资者信服自己的诚意，这样才有可能获得融资。因此，新创企业在寻求外部融资之前的最好融资途径是创业者自己和亲朋好友的资本。

总的来看，评价一个创业商机项目是否具有较强的融资能力，应看其是否满足以下条件：

    (1) 项目初始投资低，且一年左右就可以收回投资成本；

    (2) 项目拥有三个以上的盈利渠道；

    (3) 同类企业财务业绩较好；

    (4) 初创费用融资能力强。

    因此，从融资因素方面看，蕴藏着吸引力的创业商机项目应是：投资小，见效快，利润高，融资易。

    综上所述，筛选创业商机的方法为我们提供了一些定性或定量的评价指标，使创业者可以对产业及市场问题、竞争优势问题、经济性与收获问题、创业团队问题作出判断，最后决定这些指标要素加起来是否构成一个有足够吸引力的商机。高潜力的商机是"恰当的人＋恰当的时机＋恰当的市场"的三维集合。正如杰弗里·蒂蒙斯所言："商机具有吸引力强、持久、适时的特性，它根植于可以为客户或最终用户创造或增加价值的产品中。"好的创业商机项目应有以下四个特征：一是很能吸引顾客；二是处于产业环境的导入期；三是能够在机会之窗开启时被实施；四是具备人、财、物、信息、时间以及技能等创业资源。

    创业不是引"无源之水"，栽"无本之木"。每一个人创业，都必然有其可依赖的各种有形资源和无形资源。建立和拓展资源的能力是一个创业者开展创业活动的必备素质。对创业者而言，自身所具备的知识技能、领导才能、沟通能力、人脉资源及社会资本，都是创业成功的重要资源，合理运用这些资源，有助于成功整合企业运行中的人、财、物三要素，为创业活动奠定基础。创业活动是勇于承担风险的创业者，通过捕捉商业机会，投入已有的技能知识，配置相关资源，为消费者提供新的产品和服务，并为个人和社会创造价值和财富的过程。

    由此可见，创业资源是指新创企业在创造价值的过程中需要的特定的资产，包括有形与无形的资产，它是新创企业创立和运营的必要条件，主要表现形式为创业人才、创业资本、创业机会、创业技术和创业管理等。

第二节　创业资源的获取

    在著名管理大师彼得·德鲁克看来，创业者是那些能寻找变化，并积极反应，把它当作机会充分利用起来的人。"创新对创业有着特殊的意义……通过创新，创业者们要么创造出新的财富来源，要么赋予现在的资源更大的创造财富的潜力。创新是创业者将机会转化成市场概念的过程。创新使创业者们成为市场变革的催化剂。"

    创业者应更多地关注自身的资源从哪儿积累，如何积累，需要哪些方法和技能，等等，因为资源对初创企业来说是很重要的一部分，所以有效地整合创业资源对初创者而言是头等大事。目前，新创企业由于规模较小，"船小好掉头"，能够快速适应变化的环境趋势，为客户提供更快捷、更个性化的服务。但是，快速成长中的新创企业易患上"创业资源缺乏症"，如缺乏融资资源，缺乏市场创新能力，缺乏人力资源管理技巧，缺乏专业管理知识，缺乏良好的商业网络，等等。雇员少，一人顶多岗，资源匮乏，市场拓展能力有限，生产成本较高，是新创企业成长中的劣势所在。获取资源的能力决定了创业者能创什么样的业。物质要素也是创业过程中不可或缺的条件。创业过程中对物质的需求主要源自资金、技术、原材料及产品、生产手段等方面。

一、创业资源获取

获取创业资源的关键往往取决于软实力。无形资源往往是撬动有形资源的重要杠杆。创业资源的获取来自两个方面，一是自有资源，二是外部资源。自有资源主要指创业者/团队自身拥有的、可用于创业的资金、技术、创业机会信息、自建的营销网络、控制的物质资源或管理才能、管理组织等。自有资源可以通过内部培育和开发来获取，企业通过在内部开发无形资产、培训员工以及促进内部学习等方式获取有益的资源。外部资源则包括朋辈群体、同事、商务伙伴或其他投资者的社会关系及其资源，或者能够借用的人、财、空间、设备或其他原材料等。获取外部资源的关键在于拥有资源使用权或能控制和影响资源配置。对于特定的创业资源，应当根据创业项目及创业者/团队的实际情况综合考虑获取方法，包括多管齐下。

二、寻找创业资源的渠道

大学生创业的难题就是难以寻找创业资源，对于很多有抱负的大学生来说，找到正确的途径可以获得丰富的创业启动资金，而且很多途径对于大学生来说都是比较适合的，且风险较低。创业资源获取有助于新创企业克服"小"和"新"的先天缺陷，减轻制度压力及合法性缺失的弱点，是新企业得以生存、成长并获得持续竞争优势的重要战略选择。资源本位论也认为，企业在创立过程中，率先占有的各种资源会对企业发展形成优势壁垒。现实中一些创业者和新企业，如百度、京东、饿了么等通过创业成功取得了骄人业绩，无不是首先通过各种方式获得所需的创业资源。创业资源可以分为不同类别，如资产型资源与知识型资源、运营性资源和战略性资源以及人力资源、物质资源、技术资源、财务资源、市场资源和组织资源等。

1. 通过市场途径获取创业资源

通过市场途径获取创业资源，可以细分为购买和联盟两种方式。购买是运用资金从市场购入所需的外部资源，购买物品包括厂房、生产设施、办公设备、专利技术、人力资源等。购买是创业资源集聚的主要方式，原因在于通过市场购买方便快捷，建立在交易双方达成意向的基础上，杜绝隐患。对于某些隐形资源难以进行购买的创业者，可采取联盟的方式进行资源集聚。联盟是创业公司通过与其他组织的有机联合，对自己尚不能独立开发的资源，实行共同开发联盟，条件是联盟双方各有所取，相互支撑，对利益分配达成共识，对于高科技创新公司而言，选择和科研机构、高校机构进行联盟，不仅能够获取前沿的技术信息，而且减少设备场所等开支，是获取技术资源的较好路径。

2. 通过非市场方式集聚资源

非市场方式是指通过资源内生或资源外引在资源类企业内部逐渐培育萌芽和发展所需的创业资源，这包括企业内部的技术研发，建设厂房和设备，企业内部培训，提高员工的工作技能。资源内生方式是人力资源激励的一种方式，能够提高员工的企业认同度，提升员工的工作积极性，提高工作效率；资源外引是发挥企业信誉资源，通过商业创意发展战略前景预测的方式，吸引物质资源、技术资源、人力资源，从而增强企业整体资源。

第三节　大学生创业资源整合

从诸多创业成功者的经历看，他们都喜欢制造顾客需要的产品或提供急需的服务。创业者的第一要务就是要解决以何种产品、何种方式最快、最有效地满足客户的需求，以吸引和留住客户。因此，新创企业的立足根基是：创造优于他人的产品。尽管企业创建时要考虑人、财、物等多种要素，但对绝大多数企业而言，成功的首要因素是企业能够提供有吸引力的优质产品。正如伊查克•爱迪思 (Ichak Adizes，1989) 所言："真正的企业家创办企业是因为存在尚未满足或者是根本还没有体现出来的需求，他必定是以产品为导向而不是以市场为导向的。"

对创业者来说，对创业项目进行可行性评估是判断商机是否恰逢其时的重要工作。产品可行性评估是针对新创企业拟推出产品的总体吸引力进行评估。开展产品可行性评估的好处在于：第一时间确定合适的产品；找到那些最迫切需要产品的人；避免产品设计中存在明显缺陷；提高时间和资本的效率；发现附加产品价值。究其本质而言，"新创企业是把理念变为产品的催化剂。顾客和产品互动时提供了反馈和数据，这些反馈既是定性的 (比如喜欢什么，不喜欢什么)，也是定量的 (比如有多少人使用了该产品，并认为它是有用的)。"对创业者来说，这些信息比金钱、激励或者登上媒体头条更有价值，因为它可以影响且重塑下一轮的想法或概念。

多数创业者都是在资源匮乏的情况下，白手起家创造出属于自己的一片天地。正是由于创业者具有在极其有限资源的条件下开拓事业的能力，因此评估创业团队是否具有整合资源的能力，是判断创业商机能否实施的关键。如果创业项目难以获得创业过程中的关键性资源，那么继续推进创业商机项目就不切合实际。

创建新企业，需要获得的核心资源主要包括：

(1) 办公场所；

(2) 实验场地、生产场地或服务企业用地；

(3) 委托生产商或外包服务提供商；

(4) 与供应商的接触；

(5) 与同类企业信息共享的机会；

(6) 企业运转所需的关键设备及软件服务；

(7) 关键管理人员；

(8) 关键得力员工；

(9) 关键技术或专利等知识产权保护；

(10) 与大学等机构的产学研合作机会；

(11) 与消费者的接触；

(12) 当地政府的支持扶助。

创业团队能否轻而易举地获得以上全部或部分资源，是对其资源整合能力的检验。之所以要评估创业团队的资源整合能力，很重要的原因是与有限资源这个现实有关。大多数创业者只有有限的资金、时间、人员或其他在追寻创业过程中所需要的资源。通过评估创业团队的这一能力，可以确保创业者在实施创意时能够充分利用好这些有限资源。

在一些地方，创业者可以通过选择创业孵化园的途径来创建企业。创业孵化园作为一种支持小企业成长的设施，为小企业提供适当的创业场所，并根据租赁户需要的规模和性质提供财务、管理、技术和行政支持。新创企业若能进入创业孵化园，在很大程度上可以获得别人不易求得的各种资源，同时节省一大笔日常运行费用。毫无疑问，创业者倘若充分整合了交通、消费群体、社区环境、商业环境和政府环境等多方面的资源，就很容易为创意实现找到一个平台——创建一家新企业。例如，在美国加利福尼亚的硅谷、波士顿128号公路和英国剑桥地区，拥有世界闻名的高科技企业集群。这些企业彼此相邻，员工之间互动交流，有利于企业得到专业供应商、获取专业技术信息。研究发现，通过在地理位置上靠近类似企业集群，小型制造企业能比大企业获得更多好处和资源。从这个角度看，区域竞争优势的独特性和企业集群效应产生的"共享资源"，为新创企业充当"廉价搭便车者"（既可以获得作为团体成员的利益，却又未承担为实现这些利益而花费相应份额成本的组织或个体）提供了机会。因此，创业团队在为新创企业选址时，若考虑了这一"廉价资源"，就为创业成功增加了胜算几率。俗话说"大树底下好乘凉"，这一道理从表面上看是新创企业选址的技巧问题，实际上折射的是创业团队是否拥有整合资源的能力。对于从事高科技、信息服务咨询等产业的新创企业而言，最佳选址以都市为宜，其次是工业园区或城乡结合部。因此，当创业团队具备了较强的管理能力和资源整合能力，那么新创企业组织的先天禀赋就充裕，发展道路就会更加平坦。

为了创建或扩大企业，创业者常会遇到去哪儿募集资金的难题，而且也不知道如何制定财务融资策略。因此，熟悉各种资金的来源和理解不同资金的要求及期望就显得非常重要。倘若不了解这些，创业者在寻找启动资金时就会很茫然。本节将帮助你了解债权融资与股权融资的优缺点，以及常见的融资渠道和方法。

一、确定最优化的融资方式

对大多数想创业的人而言，都存在或多或少融资的需要。有时，创业者可以使用家庭股权、信用卡，或者来自亲朋好友的资金以弥补资金缺口。但是在很多情况下，这些资源要么不易获得，要么就是不充分或杯水车薪。此时，选择债权融资还是股权融资，就成为摆在创业者眼前的难题。

融资方式并没有一个固定的模式。每家企业和每个创业者都有独特的要求和偏好，而且其所在行业的结构和面临的挑战也不尽相同。对于新创的小微企业，选择商业贷款也许可以解决资金瓶颈；而对于技术型企业，由于资金缺口较大，可能需要进行股权融资。因此，新创企业面临着债务融资 (debt financing) 与股权融资 (equity financing) 的选择。

（一）债务融资

债务融资是指利用涉及利息偿付的金融工具来筹措资金的融资方式，主要包括银行贷款、民间借贷等方式，其偿付依赖于企业未来的销售收入与利润。由于债权人并不直接参与企业的经营运作，出于保障资金安全的需要，往往要求以诸如厂房、设备、地产、汽车等资产作为抵押品。采用债务融资方式，创业者可以在所得税前支付债务利息，从而享受避税利益。然而，由于面临定期支付利息、到期偿还本金的压力，在资金使用上可能受到债务契约限制。一般而言，短期债务(期限少于一年)筹措的资金主要充当流动资本，用于购置货物、垫付应收账款、融通经营资金，资金的偿还主要依赖当年的销售收入和利润。长期债务(期限长于一年)筹集的资金则用于置办固定资产，如设备、房产等，并且需要以资产的部分价值(通常占总价值的50%～80%)作为贷款抵押。不过，债务融资使得创业者能够保有企业较多的股份，从而在权益上获得更大的回报，特别是利率较低时更是如此。

（二）股权融资

股权融资是指为了筹集资金，向其他投资者出售企业所有权的融资方式，即用所有者权益来交换资金。采用这种方式融通资金，可以避免债务融资中还本付息的硬性约束，有利于为创业项目筹措长期的固定资金。作为回报，出资者以股东身份分享企业利润，并按照预先约定的方式获得资产的分配权利。但是，追加权益融资会使创业者所占的企业股份比例下降，造成控制权的稀释。

相比债务融资，股权融资风险大，资金成本也较高，同时还需承担一定的发行费用。不过，企业融资成本包括会计成本和机会成本。相对于会计成本，机会成本是企业决策行为的主要依据。从目前国内情况看，企业通过银行贷款所花费的机会成本是较高的。比如企业根据对未来市场变化的预期，制定了相应的产品开发计划，但其所需资金往往受贷款规模的限制，等到银行逐级申报增加贷款规模批下来以后，市场情况已经发生了变化，使企业失去一次捕捉巨大商机的投资机会。可见，商业银行贷款的"时滞"增加了企业债务融资的机会成本。同样，债务融资的限制条件多，对创业者来说也有其不利的一面。

总的来看，使用债务融资还是股权融资，关键看获得资金的可能性、企业资产以及当时的利率水平。表10-1列出了债务融资与股权融资的一些优缺点，创业者可以通过比较将两类融资类型有机结合，以满足企业的资金需求。

表 10-1　债务融资与股权益融资的优劣比较

	债务融资	股权融资
优势	●只要贷款正常偿还、合同没有被破坏，贷款人就无权干预企业的管理与决策。 ●可以估算贷款偿付金额。 ●贷款人不参与企业利润分享。	●若企业没有赢利，投资者将不能获得回报。 ●股权投资者不能迫使企业破产以补偿其投资款。 ●投资者将会帮助企业管理以促进企业的成功。
劣势	●若不能偿还贷款，贷款人可以强迫企业破产。 ●贷款人在借款违约情况下可以将抵押物抵债。 ●偿付债务提高了企业的固定成本，并降低了企业利润和可使用资金。 ●贷款人要审阅财务报告并确保借款人遵守贷款合同。	●若放弃过多股权，创业者将会失去对企业的控制。 ●投资者会干预企业的经营与决策，甚至会迫使创业者离开企业。 ●创业者必须与其他股权投资者分享赢利。

总之，创业融资没有免费的午餐。在融资渠道和方式的选择上，创业者需要根据自身情况慎重选择，在考虑资金获得途径的可能性基础上，尤其要考虑融资的财务成本和融资

对企业控制权的影响。

二、明晰融资的渠道与方法

新创企业的融资存在多种途径和方式，因项目性质和风险收益特征的不同可以选择不同的方式。具体到个别项目，因项目运作阶段不同可采用的渠道也不同。除了前面介绍的融资方式以外，新创企业较常见的融资来源还有以下渠道：创业者自有资金、家庭和朋友、内部积累、商业银行、民间资本、融资租赁、政府扶持基金与优惠政策、中小企业互助基金等。

（一）创业者自有资金

几乎所有的创业项目都是从个人资金起步的。这是因为，一方面，个人资金的成本最为低廉，提供个人资金有助于创业者保持对企业的经营控制权；另一方面，在试图引入外部资金，尤其是银行、私人投资者或风险投资家的资金时，创业者个人资本的投入为外部资本提供了最为基础的保障。一位风险投资人曾毫不掩饰地说："我要创业者在企业有足够的注资。只有这样，当企业陷入困境时，他们才会设法去解决问题，而不是将公司的大门钥匙交到我的手里。"很多时候，创业者的自我融资是一种有效的承诺。创业者将自己全部的可用资产投入企业，往往传递着这样一种信号——他们拥有成功创业的雄心壮志并愿意为之竭尽全力。这种信号将给潜在投资者积极的暗示，减少他们对投资风险的担忧。

对许多创业者而言，他们抱着自行解决所有融资需求的想法，创建属于他们自己的企业。虽然自我融资是获取创业资金的一种途径，但它不是解决融资问题的根本方法。创业者一般会发现，有投资资本或借贷资本融入新创企业的生产运营，远比没有这些资本参与时的运营要轻松得多。因为创业者个人的资金总是有限的，特别是对那些面临漫长的产品开发周期，前期需要大量资金的新创企业来说，个人资金几乎是杯水车薪。

（二）家庭和朋友

家庭成员和亲朋好友不仅是创业的重要人脉资源，还是新创企业获取创业资金的重要渠道。特别是在我国，以家庭为中心、以信任为基础形成的社会网络关系（即社会资本），对包括创业融资在内的许多创业活动有着十分重要的促进作用。创业者与家庭成员和亲朋好友之间由于亲情的维系，其能力和品行被认可，较容易通过人脉资源获得创业融资。创业者在创业初期往往缺乏正规融资的抵押资产，缺乏社会筹资的信誉和业绩，因而非正规的金融借贷——依靠创业者的人脉关系来获得创业所需的资金成为常见的融资方式。如民营经济发达的温州地区，民间融资十分活跃，在创业初期，75% 以上的资金源于自有资金和民间借款，当创业企业有一定的规模和实力后，其资金多数来源于自有资金、留存收益和银行贷款。

虽然从人脉资源中获得资金相对要容易一些，但与所有融资渠道一样，向家庭成员和亲朋好友融资也有不利因素。首先，如果家庭成员和亲朋好友以入股形式注资成为股东，难免对企业经营有所干预，且容易给其他合作者造成家族企业的印象。其次，创业者对于家庭成员和亲朋好友出资容易表现得相对随意，有可能诱发不断的后续纷争。事实上，为减少潜在问题的出现，创业者在获得资金时须明确债权融资与权益融资的区别，要签订好书面协议，规范企业借贷行为，制定好"有福同享，有难同当"的游戏规则，做到"亲兄弟明算账"，明晰利率和本息偿付计划及红利发放规则，重点商议好融资细节中的资金数量、有关条件、投资者的权利和责任以及对业务失败的处理原则等。同时，企业成长中可能面临的各种风险及利弊信息，为其出资的家庭成员和亲朋好友有知情权，需使他们坚信对新创企业的投资是建立在自己正确的判断和对成功抱有信心的基础之上，而不是建立在所谓的义务上。这种"事前小人，事后君子"的做法，可以减少或避免事后的利益之争，构建和谐的人际关系，保障各方利益免受侵害。

（三）内部积累

在新企业创建的启动阶段及较早发展阶段，内部积累显得格外重要。因为采用内部积累方式融资是许多创业者的无奈选择。内部积累的资金来源，主要是企业留存的未分配利润。通过不分红或少分红，将企业经营利润尽可能多地投入到再生产当中，为持续经营或扩大经营提供必要的资金。

新创企业由于经营规模、资金实力、信誉保证、还款能力等方面存在很大局限，外部融资相对困难。即使对于成熟企业，内部积累也不啻为一种低成本的融资方式，可避免因外部融资所带来的如下弊端：

(1) 为了获得外部资金，花费了大量精力和时间(通常3～6个月)，而忽视了产、供、销等方面的工作。

(2) 外部募集的资金，有可能被管理者当成企业的"收入"而随意支配使用，甚至导致资金滥用。

(3) 外部融资可能降低企业经营的自主性和灵活性，创业者的取向、管理、创造力都会受到牵制，甚至偏离融资计划中的经营重点和方向。

(4) 外部权益资金的介入，还可能导致创业者承受短期业绩增长的压力，作出有损企业长期发展的决策。

(5) 外部融资成本明显高于内部融资成本，难免有"为他人作嫁衣"之嫌。

对于创业的大学毕业生来说，他们绝大多数自有资金少，项目初期收益少，自我积累受到较大局限。当内部积累资金不足以启动创业项目，或者后续资金仍然匮乏时，还需积极"化缘"，寻找其他外部融资渠道。

（四）商业银行

商业银行是金融市场的中心，作为资金的蓄水池，其主要业务是向符合条件的企业提供各种类型的贷款。然而，银行在贷款业务中常常比较保守，出于贷款成本与收益等方面的考虑，它们倾向于借钱给已经取得成功的小企业，而不是高风险的新创企业。不过随着政府对创业支持的引导和银行之间激烈的竞争，许多商业银行开始设立中小企业服务部门，提供相关金融服务。例如，2009年12月28日，民生银行专门设立了中小企业金融事业部，成为全国银行业首家总部选址上海、专门服务于中小企业的金融专营机构。对于具备一定担保条件的新创企业，银行贷款是一种较常用的融资方式。

根据中国人民银行《贷款通则》的规定，商业银行发放贷款的主要形式包括信用贷款、担保贷款和票据贴现，其中比较适合创业者的是担保贷款和票据贴现。近年来，各种创新贷款形式开始涌现。在此介绍担保贷款、创业担保贷款、票据贴现、综合授信、财政贴息贷款、项目开发贷款、自助贷款、消费贷款等业务，以便创业者结合自身条件选择融资渠道。

1. 担保贷款

根据担保方式的不同，担保贷款可以区分为抵押贷款、质押贷款和保证贷款。

(1) 抵押贷款是指抵押贷款人按《中华人民共和国担保法》规定的抵押方式，以其自有的或第三人的财产作为抵押物发放的贷款。在抵押期间，财产所有权人可以继续使用用于抵押的财产。当借款人不按合同约定按时还款时，贷款人有权依照有关法规将该财产折价或者拍卖、变卖后，用所得钱款优先得到偿还。可以用作抵押的财产包括：抵押人有权自主支配的房产和其他土地上定着物；抵押人依法取得的国有土地使用权；贷款人认可的其他财产。贷款人与抵押人签订抵押合同后，双方必须依照有关法律规定办理抵押物登记。抵押合同自抵押物登记之日起生效，到借款人还清全部贷款本息时终止。当然，创业者也可以其专利权、著作权等无形资产向银行作抵押或质押，获取银行贷款。

(2) 质押贷款是指借款人按《中华人民共和国担保法》所规定的质押方式，以其自有的或第三人的动产或权利为质押物发放的贷款。可作为质押的质物包括：国库券 (国家有特殊规定的除外)、国家重点建设债券、金融债券、AAA 级企业债券、储蓄存单等有价证券。出质人应将权利凭证交与贷款人。《质押合同》自权利凭证交付之日起生效。以个人储蓄存单出质的，应提供开户行的鉴定证明及停止支付证明。

(3) 保证贷款是指贷款人按《中华人民共和国担保法》规定的保证方式，以第三人承诺在借款人不能偿还贷款本息时按规定承担连带责任而发放的贷款。保证人为借款提供的贷款担保为不可撤销的全额连带责任保证，也就是贷款合同内规定的贷款本息和由贷款合同引起的相关费用。保证人还必须承担由贷款合同引发的所有连带民事责任。保证人可以是自然人，也可以是专业担保公司。目前，我国有许多由政府或民间组织的专业担保公司，可以为包括新创企业在内的中小企业提供融资担保。例如，北京中关村科技融资担保有限公司、北京首创融资担保有限公司等属于国有政策性担保公司，在全国 100 多个城市建立了此类性质的担保机构，为中小企业提供融资服务。这些担保机构大多实行会员制管理，属于公共服务性、行业自律性、自身非营利性的组织。创业者申请成为这些机构的会员后，可以在日后向银行借款时，申请由这些机构提供担保。当然，专业担保公司承担保证责任不是无偿的，往往要求被担保人提供反担保措施，有时还会派专员到企业监控资金流动情况。但是与银行相比，担保公司对抵押品的要求更为灵活。

2. 创业担保贷款

随着国家实施更加积极的就业政策，把创业和就业结合起来，以创业创新带动就业，积极拓宽创业投融资渠道，支持创业担保贷款发展，将小额担保贷款调整为创业担保贷款，"针对有创业要求、具备一定创业条件但缺乏创业资金的就业重点群体和困难人员，提高其金融服务可获得性，明确支持对象、标准和条件，贷款最高额度由针对不同群体的 5 万元、8 万元、10 万元不等统一调整为 10 万元。鼓励金融机构参照贷款基础利率，结合风险分担情况，合理确定贷款利率水平，对个人发放的创业担保贷款，在贷款基础利率基础上上浮3 个百分点以内的，由财政给予贴息。简化程序，细化措施，健全贷款发放考核办法和财政贴息资金规范管理约束机制，提高代偿效率，完善担保基金呆坏账核销办法。"

3. 票据贴现

对于那些缺乏担保条件的小企业，如果手中持有未到期的商业票据，可以考虑向银行申请票据贴现。

票据贴现是指借款人将未到期的商业票据（银行承兑汇票或商业承兑汇票）转让给银行，取得扣除贴现利息后的资金。由于买方市场和竞争压力的存在，企业通常会以赊销方式销售部分产品，从而持有一定数量的商业票据。从收到票据至票据到期兑现之日，往往少则几十天，多则几百天，资金在这段时间处于占用状态。如果期间急需资金，企业利用票据贴现进行融资，远比申请贷款手续简便，而且融资成本相对较低。票据贴现只需带上相应的票据到银行办理即可，一般 3 个营业日内就能办妥。对于企业来说，这等于是"用明天的钱赚后天的钱"。这种融资方式的特点是，银行不按照企业的资产规模放款，而是依据市场情况（销售合同）放款。

4. 综合授信

综合授信是指商业银行对一些经营状况好、信用可靠的企业，授予一定时期内一定金额的授信额度，企业在有效期与额度范围内可以循环使用。综合授信由企业一次性申报有关材料，银行一次性审批。企业可以根据自己的运营情况分期使用贷款，随借随还。企业借款十分简便，也节约了融资成本。银行采用这种方式贷款，一般是针对有工商登记、年检合格、管理有方、信誉可靠、长期合作的企业。新创企业由于刚刚起步，面临诸多经营的不确定性，商业银行一般要在企业成长期或成熟期视其业绩再给予综合授信。

5. 财政贴息贷款

国家鼓励发展高科技企业，实现科学技术向生产力转化，为此提供财政贴息贷款。高科技型中小企业可以向商业银行申请财政贴息贷款。贴息贷款主要用于支持产品具有较高技术水平，需要中试或扩大规模、形成批量生产及产业化、银行具有贷款意向的项目。贷款贴息一般按申请贷款额年利息的 50% ～ 100% 给予补贴，贴息总额一般不超过 100 万元，重大项目不超过 200 万元。这种财政资助方式推出的目的是带动银行资金投入科技型中小企业。

如果新创企业属于国家重点支持的高新技术领域（电子信息技术、生物与新医药技术、航空航天技术、新材料技术、高技术服务业、新能源及节能技术、资源与环境技术、高新技术改造传统产业），符合《高新技术企业认定管理办法》的有关规定，一旦被认定为高新技术企业，就可以通过这一渠道寻求创业资金。

6. 项目开发贷款

拥有重大价值的科技成果转化项目，往往初始投入数额庞大，企业自有资本难以承受，这样的高科技中小企业可以向银行申请项目开发贷款。商业银行对拥有成熟技术及良好市场前景的高新技术产品或专利项目的中小企业，以及利用高新技术成果进行技术改造的中小企业，通常会给予积极的信贷支持。对于高等院校、科研机构建立的有稳定项目开发关系或拥有自己研究部门的高科技中小企业，银行除提供流动资金贷款外，还可以办理项目开发贷款。

7. 自助贷款

自助贷款实际是传统质押或抵押贷款的简化手续，即中小企业可一次质押（抵押）、反复使用。它包括两种形式——存单质押和房地产抵押。通过评估企业在银行的质押或抵押物，银行给予企业一定的授信额度，在约定期限内企业根据授信额度可以反复进行贷还款操作。只要企业及时偿还，无不良记录，还款后银行自动恢复其原来的信用额度，下次贷款无须重新申请。

8. 消费贷款

对刚刚起步的创业者来说，也可以谨慎地将个人消费贷款用于创业的启动资金。这类融资方式的好处在于，只要抵押手续符合要求，借款人不违法，银行不会限制贷款用途（有特殊规定禁止进入的行业除外）。在办理消费贷款时，抵押贷款金额一般不超过抵押物评估价的70%，贷款最高限额为30万元。因创业需要购置轿车、卡车、客车、微型车以及进行出租车营运的借款人，还可以办理汽车消费贷款，此类贷款一般不超过购车款的80%，贷款期限最长不超过5年。

总而言之，创业者在选择融资方式时，切忌透支信用。请记住，信用是新创企业的生命线，人无信不立，企业无信则亡。

（五）民间资本

随着我国政府对民间投资的鼓励与引导，以及国民经济市场化程度的提高，民间资本获得了越来越大的发展空间。目前，我国民间投资不再局限于传统的制造业和服务业领域，而是向基础设施、科教文卫、金融保险等领域"全面开花"，对正在为找钱发愁的创业者来说，这无疑是"强心剂"。民间资本具有投资操作程序较为简单、融资速度快、门槛较低等特点。

利用民间资本，可以采用入股方式，也可以采用借贷形式。

对前一种情形，由于民间投资者具有控股意图，可能与创业者在经营方向、关键决策上发生矛盾。为避免矛盾，双方应把所有问题摆在桌面上谈，并清清楚楚地用书面形式表达出来。此外，对创业者来说，对民间投资者进行调研，也是融资前的"必修课"。

后一种情形即民间借贷，是指公民之间、公民与法人之间、公民与其他组织之间的借贷，是不同于银行贷款的一种直接融资渠道。民间借贷只要双方当事人意见表示真实即可认定有效，因借贷产生的抵押相应有效；但根据现行《中华人民共和国商业银行法》规定，借贷利率不得超过银行同期贷款利率的4倍。作为正规金融的一种补充，民间借贷在全国各地都存在，只是规模上有差异，广东、浙江、江苏、福建等沿海发达地区比较普遍，湖南、四川、东北等地区亦不鲜见。民间借贷活动的兴起，主要是由于当前金融机构无法满足民营及中小企业短期、灵活、便捷的资金需求造成的。正如某商人所言，周转资金找别人借，只要写个私人借据就行了；银行贷款利率虽低，但审批周期较长，等拿到钱的时候已不再需要钱了——商机已去。当然，民间借贷可能随着资金需求的增大和借贷范围的扩大变得不太安全，一旦失控，有可能引发金融风险。

（六）融资租赁

融资租赁是一种创新的融资形式，也称金融租赁或资本性租赁，是以融通资金为目的的租赁。其一般操作程序是，由出租方融通资金，为承租方提供所需设备。融资租赁是具有融资和融物双重职能的租赁交易，它主要涉及出租方、承租方和供货方三方当事人，并由两个或两个以上的合同所构成。出租方根据承租方的需求和选择，与供货方订立购买合同，与承租方订立租赁合同，将购买的设备租给承租方使用。在租赁期内（一般不低于两年），由承租方按合同规定，分期向出租方支付租金，租赁设备所有权属于出租方，承租方在租赁期间对设备享有使用权。租赁期满，承租方按合同规定可以选择留购、续租或退回设备给出租方。采用融资租赁方式，承租人可以通过融物达到融资的目的。

对于缺乏资金的新创企业来说，融资租赁的好处显而易见：融资租赁灵活的付款安排，例如延期支付、递增或递减支付，使承租用户能够根据自己的资金安排来订制付款计划；全部费用在租期内以租金方式逐期支付，减少一次性固定资产投资，大大简化了财务管理及支付手续；另外，承租方还可享受由租赁所带来的税务上的好处。

融资租赁这种筹资方式比较适合需要购买大件设备的新创企业，但在选择时要挑那些实力强、资信度高的租赁公司，且租赁形式越灵活越好。

（七）政府扶持基金与优惠政策

为贯彻落实党的十八大提出的"实施就业优先战略和更加积极的就业政策"，国务院2015年4月27日出台了《关于进一步做好新形势下就业创业工作的意见》，要求积极拓宽创业投融资渠道。"运用财税政策，支持风险投资、创业投资、天使投资等发展。运用市场机制，引导社会资金和金融资本支持创业活动，壮大创业投资规模。按照政府引导、市场化运作、专业化管理的原则，加快设立国家中小企业发展基金和国家新兴产业创业投资引导基金，带动社会资本共同加大对中小企业创业创新的投入，促进初创期科技型中小企业成长，支持新兴产业领域早中期、初创期企业发展。鼓励地方设立创业投资引导等基金。发挥多层次资本市场作用，加快创业板等资本市场改革，强化全国中小企业股份转让系统融资、交易等功能，规范发展服务小微企业的区域性股权市场。开展股权众筹融资试点，推动多渠道股权融资，积极探索和规范发展互联网金融，发展新型金融机构和融资服务机构，促进大众创业。"

各地近年来也纷纷出台了相关政策，建立了多项扶持基金，成为科技型中小企业获取融资的"营养餐"。

目前，由国家各部委设立的扶持基金主要包括：

(1) 科技部火炬计划、中小企业科技创新基金等。

(2) 外经贸部的外资发展基金、中小企业国际市场开拓资金项目计划。

(3) 财政部的利用高新技术更新改造项目贴息基金、国家重点新产品补助。

(4) 国家发展和改革委员会的产业技术进步资金资助计划、节能产品贴息项目计划。

(5) 工业和信息化部的电子信息产业发展基金等。

各级地方政府也从地方财政拨款中设立专项资金计划，支持中小企业发展。主要有小企业担保基金专项贷款、中小企业贷款信用担保、开业贷款担保、大学生科技创业基金、下岗再就业小额扶持贷款等。政策优惠主要涉及创业贷款、担保及贴息等。

除各类基金外，中央和地方政府还提供多项鼓励创业的优惠政策，如政策性担保融资、国家对各地高新技术产业开发区的相关优惠政策、归国留学生创业园区、由各地政府主办或由企业主办的创业孵化器等。

　　总之，创业者应结合自身特点，充分了解和利用好相关政策，以降低融资成本，获得更大资金支持。

　　（八）中小企业互助基金

　　我国中小企业发展较好的地区和城市（如江苏、浙江、安徽等地）近年来积极建立中小企业互助基金，以解决其抱团自助和危机互助问题。这类互助基金多采取"政府支持、企业互助、金融合作"的模式，遵循"共同受益、共担风险、相互制约"的原则，实行会员制管理。政府投入较少部分作为启动资金，组建基金，设立章程。中小企业认可章程、具备章程规定的入会条件就可自愿入会，缴纳一定的贷款保证金后，成为会员单位，享有相应额度的担保或贷款便利。发生坏账时，先用当事会员保证金抵扣，再有不足，则按比例抵扣其他会员的保证金。通过建立互助基金，中小企业在承担一定保证金的情况下，即可在需要融资时，随时得到放大数倍的基金担保或直接贷款，从而较好地解决融资问题。

　　除上述方式，近 30 年来兴起的连锁加盟方式，也不失为一种初始创业的有效手段。例如，20 世纪 90 年代，上海浦东发展银行与联华便利合作，推出面向创业者的特许免担保贷款业务，由联华便利为创业者提供集体担保，上海浦东发展银行向通过资格审查的申请者提供创业贷款，建立联华便利加盟店，许多缺乏资金的创业者一圆创业梦。如 2001－2004 年，中国连锁百强企业的平均年店铺增长率为 51%，年销售增长率达 38%，连锁企业销售额的增长速度远远高于社会商品零售总额的增长速度。现在很多公司为迅速扩大市场份额，常会采取连锁加盟或结盟代理等方式，推出一系列优惠政策给加盟者或代理商，如免收加盟费、赠送设备、在一段时间内免费赠送原材料，对代理商先货后款、延后结款、赊购赊销等。虽然不是直接的资金扶持，但对缺乏资金的创业者来说，相当于获得了一笔难得的资金。

　　如果创业者正在为寻求启动资金或为寻求扩张资本而苦恼，商业计划的撰写就是一个极为重要的商业融资工具。诚如金融投资家所言：寻找资金没有窍门，唯有好的想法、好的技术、好的管理、好的市场，外加一份好的商业计划。可见，撰写一份高质量的商业计划，是新创企业拥有良好融资能力、实现跨越式发展的重要条件之一。缺少商业计划，想从投资者那里筹集资金是极为困难的。一份高质量的商业计划不仅是创业融资的"敲门砖"和"通行证"，还是吸引潜在投资者、供应商、商业合作伙伴以及应聘者的"催化剂"和"兴奋剂"。

思　考　题

1. 什么是广义的企业？
2. 什么是创业资源？
3. 创建新企业，需要获得的核心资源主要包括哪些？
4. 融资的渠道和方法有哪些？

第一节 路演 PPT 的设计

　　路演 (Roadshow) 最早起源于美国华尔街的股票经纪人卖股票和债券，方式是在大街上叫卖进行推介活动。这其实就是路演的雏形，可以概括为：对外通过公开展示自己的项目，达到类似吸引投资的目的。

　　发展到今天，所有的路演活动都会精心设计路演 PPT。大家在学习中遇到过很多 PPT 的使用场景，对 PPT 的应用一定有一些自己的认知。首先，请大家调集自己所有的认知，用关键词表达你对路演 PPT 的认知。请用至少 10 个关键词完成这一任务，并将关键词填入下面的方框中。在每个人完成关键词的梳理后，可以在项目团队中进行分享、汇总、提炼，形成每个人对路演 PPT 的全面而深刻的认知。

我心中对于创业路演 PPT 理解的十个关键词

　　下面学习如何设计路演 PPT。

▌一、路演 PPT 的定位及逻辑

　　要设计好 PPT 并做好创业路演，首先需要明白为什么需要路演 PPT，以及什么样的 PPT 才是好的路演 PPT。首先需要明确的是，路演 PPT 是要向路演对象介绍你的创业项目，争取支持、业务、投资，或者政策扶持。因此，用 PPT 清晰地表达项目才是关键。

（一）路演 PPT 设计的"5W"法则

如何做好一个路演，在视觉上离不开 PPT 的制作与设计，在听觉上则要准备充分的演讲。所以路演 PPT 的核心不仅仅是设计能力，更是表达能力。要清晰表达项目，路演 PPT 的设计必须掌握 5W 法则。

5W 法则是指在进行 PPT 设计时，必须知道路演的目的是什么 (Why)、路演及路演 PPT 要表达什么 (What)、路演和路演 PPT 是给谁 (Who) 看的、路演在哪里 (Where) 进行、路演在什么时候发生以及需要多长时间 (When) 等。因其每一个英文单词的第一个字母都是 W，因而被称作 5W 法则。表 11-1 是 5W 法则的基本内容对照表，大家在设计路演 PPT 时可以逐一对照思考。

表 11-1　5W 法则

Why(路演目的)	传播信息、激发兴趣、说服决策
What(路演表达的内容)	传播什么信息、激发什么兴趣、说服什么决策
Who(路演对象)	投资人、客户、创新创业大赛评委、人才申报
Where(路演场合)	小范围的内部沟通、大范围的公开演讲
When(路演时长)	1 分钟、3 分钟、5 分钟、8 分钟、10 分钟

（二）路演 PPT 的核心内容

既然路演 PPT 这么重要，那么讲什么内容？做几页合适？以创新创业大赛为例，上台路演时长一般不超过 10 分钟，所以要在 10 分钟的时间内讲好你的项目的难度其实是很大的，因为这期间可能要翻页、播放视频、动画，甚至可能会忘词，需要时间平复干扰等等。以上这些主观和客观条件就限制了不能把 PPT 页数做得太多，一般 20 页左右是比较合适的。所以在有限的页面、有限的时间当中，尽可能把项目讲清楚，把优势讲具体，就成了一道重要的命题。

一般而言，在路演 PPT 中只要按照合适的逻辑呈现一些关键问题，辅以得体、真诚、有感染力的路演，这个 PPT 的效果就不会差。这些关键问题一般包括 7 个方面 (见图 11-1)：你是谁，为什么做这个，要做什么，要怎么做，为什么是你来做，做的怎么样了，未来准备怎么做。当然，在呈现完整的 PPT 之前，还必须让评委和投资人看到一个漂亮的封面。

图 11-1　关于路演逻辑的 7 个问题

不同的项目，其侧重点也会不同，表达内容的多少、先后顺序等自然也要根据项目进行调整。在后面的内容中将基于之前的一些经典案例来展示一份优秀的创业路演 PPT 是怎么诞生的。

二、路演 PPT 的封面——你是谁

路演 PPT 的第一印象是建立在哪一部分上的呢？毫无疑问，是封面。

路演 PPT 的封面也是在回答"你是谁"的问题 (后面的"团队介绍"当然也要回答这一问题)，再加上封面会影响评委和投资人的第一印象，所以 PPT 的封面非常重要。封面基本上决定了整个 PPT 的水平和高度。这就像一个人的穿着打扮是否得体、是否符合身份与环境，将决定特定场合下的观感和评价一样。

（一）项目名称

一个好的项目名，可以让人快速、清晰地了解项目的定位、行业、特色、优势。在确定项目名称前，最好尝试用一句话描述该项目，这句话要让人一看就懂并有眼前一亮的感觉，然后再浓缩、衍生、升维，尽可能形成一个可以让人快速、清晰地了解项目的定位、行业、特色、优势的名称，将这个名称设计为 PPT 的封面标题 (当然也应该是创业计划书的封面标题)。

1. 项目名称的提炼

最终的项目名称，可以尝试用"项目名字 + 项目定位"的方式来提炼和设计，如图 11-2 所示。

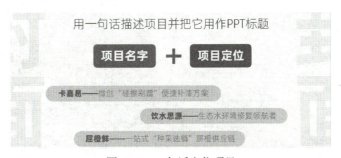

图 11-2 　 一句话定位项目

下面介绍几个参考案例，希望大家能够从中找到项目取名的技巧。

(1) 第七届中国国际"互联网 +"大学生创新创业大赛国赛金奖项目"卡嘉易补漆笔"。

项目名称：卡嘉易。

项目定位：微创"碰擦剐蹭"便捷补漆方案。

(2) 第八届中国国际"互联网 +"大学生创新创业大赛国赛银奖项目"饮水思源污水治理"。

项目名称：饮水思源。

项目定位：生态水环境修复领航者。

(3) 第八届中国国际"互联网 +"大学生创新创业大赛国赛银奖项目"屈橙鲜水果供应链"。

项目名称：屈橙鲜。

项目定位：一站式"种采选销"脐橙供应链。

大家可以多参考往届创新创业大赛获奖名单中的项目名称，相信可以得到很多启发。

图 11-3 所示是第八届中国国际“互联网 +”大学生创新创业大赛总决赛部分金奖名称展示。

第八届中国国际“互联网+”大学生创新创业大赛
全国总决赛金奖争夺赛评审结果公示
（排名顺序不分先后）

一、主赛道中国大陆项目金奖名单

序号	项目名称	省（区、市）	学校
1	深势科技-AI for Science新范式驱动药物和材料理性设计	北京市	北京大学
2	金羽新能——高能量密度固态电池研发和产业化	北京市	北京大学
3	昆迈医疗——自主化高端脑功能影像设备引领者	北京市	北京大学
4	数悦行者——AI赋能商业设计开拓者	北京市	中国人民大学
5	分布式智慧光电关键技术研发与产业化	北京市	清华大学
6	弘润清源：面向洁净用水短缺的新材料空气集水解决方案	北京市	清华大学
7	津潮科技——智能高铁废液循环技术领航者	北京市	北京交通大学
8	飞熊-医疗智能飞行器与空中急救车研发商	北京市	北京航空航天大学
9	微纳动力科技：磁场控制技术攻克靶向医疗	北京市	北京航空航天大学
10	纳伯科技微纳米机器人系统：肿瘤靶向治疗领域的革命者	北京市	北京航空航天大学
11	理工飞鹰-车载无人机技术革新引领者	北京市	北京理工大学
12	司莱美克——突破封锁，微震撼世界的“中国膜”	北京市	北京科技大学
13	免疫先锋——全国首创气雾免疫佐剂方案提供者	北京市	中国农业大学
14	钛虎-智能机器人产品与核心零部件	北京市	中国矿业大学(北京)
15	中石新材集团——大规模长时储能电池全球领航者	北京市	中国石油大学(北京)
16	无极电池——全球二次电池时代领军者	北京市	中国科学院大学
17	三生万”木“儿童榫卯拼装积木	天津市	天津大学
18	恒特能芯——特种电源变换器行业的领航者	河北省	燕山大学
19	缘子之声——新型智能绝缘子检测仪	河北省	华北电力大学(保定)
20	易电科技—开创高压带电作业无人化时代	河北省	华北电力大学(保定)
21	“悬”若日月——智能化主动空气悬架	山西省	中北大学
22	林下黄金-国际领先育苗技术 打造菌根共生体系	内蒙古自治区	内蒙古科技大学
23	工源三仟 – AI驱动的X-Ray在线自动检测	辽宁省	大连理工大学
24	豪宇精巧装备——自动化精巧制造技术引领者	辽宁省	大连理工大学
25	鲲鹏科技——水下船体检测机器人领军者	辽宁省	大连海事大学
26	恩沃电子——中国高端电声产品制造商	辽宁省	辽宁对外经贸学院
27	吉临时——玉米无麸质健康饮食推动者	吉林省	北华大学
28	光谱脉动—航空特种透明材料开拓者	黑龙江省	哈尔滨工业大学
29	回声科技——全海域全场景水声通信技术领跑者	黑龙江省	哈尔滨工程大学
30	振声测评-全球首创船舶振动噪声测试评估系统	黑龙江省	哈尔滨工程大学
31	柔性电池革命——高性能纤维电池产业化及智能织物开发	上海市	复旦大学

第 1 页

序号	项目名称	省（区、市）	学校
32	交通运输与电子产品功能界面材料	上海市	同济大学
33	慧眼逐明——眼眶病AI人脸识别筛查系统领航者	上海市	上海交通大学
34	黑智科技-先进显示技术用黑色聚酰亚胺光刻胶	上海市	上海交通大学
35	筑升科技—phalanx道路塌陷隐患无损检测技术	上海市	上海交通大学
36	徕泽丰-超高精度难熔金属3D打印批量化生产领军者	上海市	上海交通大学
37	元立方——打造新一代虚拟交互平台	上海市	上海交通大学
38	柔化科技-高精度柔性传感器引领者	上海市	华东理工大学
39	吉尼斯世界纪录保持者“小丘”—全球首款可产业化的乒乓球机器人	上海市	上海理工大学
40	呼吸之检	上海市	上海大学
41	明雀——让甲乙方合作更明确	江苏省	南京大学
42	触膜未来——智能设计新型柔性透明聚酰亚胺材料	江苏省	南京大学
43	南集智创-AI自动化模拟集成电路设计工具	江苏省	南京大学
44	生命“原”泉：生命科学领域上游原料专业供应商	江苏省	南京大学
45	光联华夏——光子太赫兹无缝融合通信开拓者	江苏省	东南大学
46	逸驰畅行——智能车速控制系统领航者	江苏省	东南大学
47	御腾科技——汽车分布式线控转向领军者	江苏省	南京航空航天大学
48	以简驭繁——高能效近似计算芯片	江苏省	南京航空航天大学
49	翰接未来-智能绿色“搅拌摩擦焊接”技术解决方案引领者	江苏省	南京航空航天大学
50	怪零科技：Z世代人文餐饮“新物种”的缔造者	江苏省	南京理工大学
51	抒微智能——军工级车载MEMS激光雷达引领者	江苏省	南京理工大学
52	光影流转-亿像素红外智能计算成像的开拓者	江苏省	南京理工大学
53	纯光净能——新型光纤光栅引领强激光时代	江苏省	南京理工大学
54	复合新材-真空轧制特种复材全球供应商	江苏省	江苏科技大学
55	“瓶聚一搞”——绿色包装材料领航者	江苏省	南京工业大学
56	“试”半“工”倍—工业软件全过程自动化测试工具	江苏省	常州大学
57	漂天科技——“e端精品制造”跨境电商领跑者	江苏省	常州大学
58	汇能新材—全球镀膜铝箔开创者	江苏省	南京邮电大学
59	探伤专家——水利工程智能缺陷检测设备领航者	江苏省	河海大学
60	以废治废——清风“解”泥领航生态循环经济	江苏省	江南大学
61	鲲华生物——高纯度、纯天然Omega-3鱼油产品引领者	江苏省	江南大学
62	智膳菌群-中国首款体外胃肠道消化系统平台	江苏省	江南大学
63	MaxWell-打造液态食品低温瞬时杀菌的“金钥匙”	江苏省	江南大学
64	线虫克星——国际首创松材线虫病早期精准监测救治体系	江苏省	南京林业大学
65	智肥巧施——国内首创植物响应型聚多巴胺肥料缓释剂	江苏省	南京林业大学
66	零醛温暖-全国首创地暖地板用无醛高性能胶黏剂	江苏省	南京林业大学
67	神机妙栽——中国全自动蔬菜 移栽机领跑者	江苏省	江苏大学
68	希日莱斯——全球第四代核电螺旋换热管领航者	江苏省	江苏大学

第 2 页

序号	项目名称	省（区、市）	学校
69	稻刈有道—— 全球首创再生稻收割机智能割台	江苏省	江苏大学
70	佩印鉴客—全链路式数字版权护航者	江苏省	南京信息工程大学
71	万物皆可光谱—微纳精光微型光谱仪	浙江省	浙江大学
72	谓尔：你的数字孪生守护者	浙江省	浙江大学
73	云传星控——智能慧感一站式解决方案奋行者	浙江省	杭州电子科技大学
74	海“纳”百川——计算机纳米液冷系统供应商	浙江省	杭州电子科技大学
75	步越层芯-国内首家全自主毫米波通信芯片供应商	浙江省	杭州电子科技大学
76	常心安——双靶点甲基化高精准肠癌检测领航者	浙江省	浙江工业大学
77	RDS科技——与细菌病毒正面交锋的利刃	浙江省	浙江理工大学
78	艾美特胰岛凝胶——60天高效保存胰岛细胞新载体	浙江省	温州医科大学
79	创式云科技——中国智能卫浴新旗舰	浙江省	浙江科技学院
80	寻音觅迹——新型光子拾音器	浙江省	浙江科技学院
81	绿能新材——国内领先的高韧性全降解材料供应商	浙江省	宁波工程学院
82	智扣未来——国内首家数字化纽扣设计研发服务商	浙江省	浙江财经大学
83	烯荧彩视——国内首家绿色低温光碳基量子点发光薄膜供应商	浙江省	宁波大学
84	陶行科技——车用逆变电容材料领航者	浙江省	宁波大学
85	蟹亿水产——高品质海蟹种业领军者	浙江省	宁波大学
86	动次打次——配音全流程服务供应商	浙江省	浙江传媒学院
87	微纳光芯——数字3D世界缔造者	浙江省	宁波大学科学技术学院
88	智敏科技—食品无损智检系统先行者	安徽省	合肥工业大学
89	闪火科技有限公司——争做全球卓越的半导体供应商	安徽省	安徽农业大学
90	瞬捷科技：开拓智能制造新“视”界	福建省	厦门大学
91	明芯科技—打造全球高端功能湿电子化学品领军者	福建省	福州大学
92	丙申皮雕—皮雕工艺赋能就业，做不将就的中国皮具	福建省	三明学院
93	GlareLaser——超高速便携式激光雕刻机	江西省	江西理工大学
94	瓶蛇除余-绿色环保循环经济新思路	江西省	景德镇陶瓷大学
95	YOOSE有色—中国设计驱动型个人护理第一潮牌	江西省	江西师范大学
96	木帷VR——全球VR大健康产业解决方案领跑者	江西省	江西科技师范大学
97	宫立康——世界首款“金属靶向药物”抗HPV抑菌产品	江西省	江西科技师范大学
98	微探安行—高速列车承力结构早期微损伤超声感知技术领军者	山东省	山东大学
99	“智”糖先锋 ——全球海洋寡糖精准制造商	山东省	中国海洋大学
100	百世渡“酯”——高端环保农用医用药物制备所需组聚剂的创新者	山东省	齐鲁工业大学
101	攻坚克“钢”——高端抗癌新药关键中间体生产催化剂的创新者	山东省	齐鲁工业大学
102	秸衣锁肥-秸秆基聚氨酯包膜肥料开拓者	山东省	山东农业大学
103	壹康牛宝——体外培育牛黄中药材产业化破局者	山东省	山东中医药大学
104	测测糖——医用级无创体外微汗血糖检测贴	山东省	山东协和学院
105	芯能卫——面向边缘数据中心的模块化新型两相型热控方案领航者	山东省	山东大学(威海)

第 3 页

序号	项目名称	省（区、市）	学校
106	“壳莞万污”—— 环保可再生贝壳吸附剂开拓者	山东省	山东大学(威海)
107	中兴智承-让中国速度更安全	河南省	河南科技大学
108	及时图——高精度实时无人机测绘系统开创者	湖北省	武汉大学
109	AntiE安急易-遥感智慧应急监测技术先行者	湖北省	武汉大学
110	巨安储能——全球首创自分层液流储能系统	湖北省	华中科技大学
111	博济慧眼——多光谱多模态融合术中精准导航智能内镜平台	湖北省	华中科技大学
112	高效地膜回收机——专注新疆棉田“白色污染”治理	湖北省	长江大学
113	激光焊锡——国产首创超精密微电子装联装备	湖北省	武汉工程大学
114	覆兴科技——高频覆铜板核心供应商	湖北省	武汉理工大学
115	华控科技—超微高精度热电控温器件国产化	湖北省	武汉理工大学
116	自由绘元宇宙——5G时代一站式数字化家居软装新零售先锋者	湖北省	湖北工业大学
117	滴血验虫——基于YoloV5的高通量寄生虫传染病筛查平台	湖北省	华中农业大学
118	薪火芳华	湖南省	湖南大学
119	高性能氧化铝弥散强化铜合金产业化	湖南省	中南大学
120	“电磁哨兵”—无线电频谱监测领航者	湖南省	国防科技大学
121	一鸣惊人——文化自信赋能跨文化品牌传播	广东省	华南理工大学
122	光影慧齿-增材制造陶瓷义齿领航者	广东省	华南理工大学
123	强芯科技-5G体声波滤波器国产化开拓者	广东省	华南理工大学
124	派康医疗-新型精准影像诊断技术的开拓者	广东省	华南师范大学
125	纹藏——中国纹样数据库	广东省	深圳大学
126	潜力无限—国内首创水下多场景检测机器人	广东省	广州大学
127	年轻人的第一台厨房小家电	广东省	五邑大学
128	同梦艺术—幼小初OMO智慧音乐课后服务领航者	广东省	东莞理工学院
129	锂工正极——首创低耗生产磷酸铁锂助力碳中和	广东省	东莞理工学院
130	星瀚医疗科技——全肝型生物人工肝拓荒者	广东省	南方医科大学
131	九天“揽”月——新一代冷缩电缆接头先行者	广西壮族自治区	广西大学
132	闪飞——无人机自动机库引领者	广西壮族自治区	广西师范大学
133	做你的“兰”朋友——全国优质血叶兰规模化种植体系开创者	海南省	海南大学
134	速高科技	重庆市	重庆大学
135	自然之眼——基于天然材料的健康智能隐形眼镜	重庆市	重庆大学
136	昕明科技——变电站智能化故障检测引领者	重庆市	重庆大学
137	元创世界——元宇宙3D数字内容“一键”创造者	重庆市	重庆大学
138	畅海科技	重庆市	重庆大学
139	无“微”不至-远距离微波式无线输能装备	重庆市	重庆大学
140	骨关节延寿专家——世界首个超润滑载药微球	重庆市	重庆医科大学
141	木苏新材，废液重生——减碳降塑新方案	重庆市	西南大学
142	咪狐动画——数字化动画营销品牌引领者	重庆市	重庆三峡学院

第 4 页

图 11-3 第八届中国国际“互联网 +”大学生创新创业大赛总决赛金奖名称展示

2. 项目名称选择时的注意事项

路演 PPT 的取名并没有一定之规，主要以有冲击力、有辨识度、容易记忆、能凸显亮点为原则，不同的项目创始人、不同的项目完全可以设计出不同的项目名称来。但选择项目名称时，还是有一些共性的"坑"需要跳过。

首先，不建议用公司全名作为项目名称。这样既显得不够用心，又难以呈现足够的信息，不利于评委第一时间抓住项目的亮点。

其次，项目名称不能过于复杂，尤其是不宜使用生僻字，否则不容易被记住。

再次，项目名称不建议有"互联网＋""创青春"等赛事信息的字样。这些文字属于无用信息——评委在比赛中看到你的计划书，当然就知道你是参加这个比赛的，再用文字强调就显得多余了。尤其需要注意的是，很多同学习惯于一个项目参加多个比赛，如果在封面上留有其他比赛的字样，就会给评委带来不好的观感，影响项目的得分。

最后，避免太过于技术化的题目。要用场景化的语言把技术表达出来，达到深入浅出的目的，避免评委因为看不懂你在说什么而影响评价。

（二）封面的设计

好的封面总会让人眼前一亮，有继续看下去的冲动，所以封面的设计尤为重要，是整套 PPT 设计风格的风向标。封面设计的常用方法有以下几种。

1. 全图型设计

只需要在白纸上写上一句话，就能传递出信息，这就是最简单的全图型 PPT。接下来用案例来详细说明。

如果是第一次做路演 PPT，那么"卡嘉易——微创'碰擦剐蹭'便捷补漆方案"的封面可能会按照白底黑字的方式进行设计，效果如图 11-4 所示。

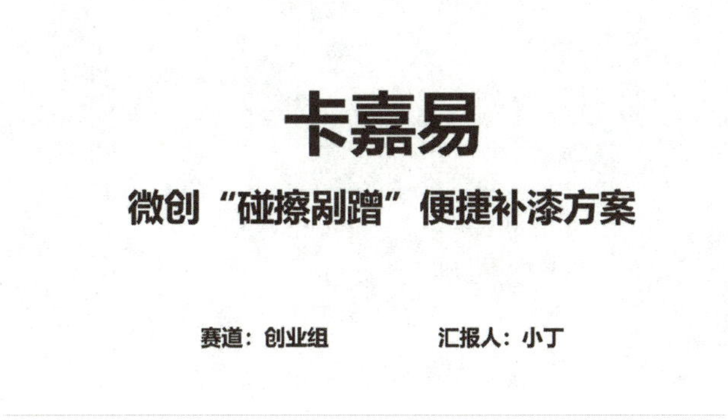

卡嘉易
微创"碰擦剐蹭"便捷补漆方案

赛道：创业组　　　　汇报人：小丁

图 11-4　白底黑字 PPT 展示

显然，这样的 PPT 虽然有了信息，但实在不够美观。对于创赛路演 PPT，得找到合适的素材进行精美的设计。

那么，什么是合适素材？合适素材去哪找？

最合适的素材当然是来自产品、技术、公司、团队等真实的场景。一般可以以产品为基础，运用场景进行背景设计，以此来形成合适、贴切的素材。不过需要注意的是，素材必须尽量体现"高颜值"，呈现"主打产品"，背景场景也需要找高质量、高融合度的图片。

第七届中国国际"互联网+"大学生创新创业大赛国赛金奖项目"卡嘉易"就是按照上述方式进行设计排版的。在设计的过程中，采用左文右图的方式进行排版，并加入了主打产品补漆笔的实物图。这样做既点名了项目、产品，又美化了页面，也为后面页面设计风格奠定了基础，最终呈现的效果如图 11-5 所示。

图 11-5　"卡嘉易"项目封面 PPT 展示

第八届中国国际"互联网+"大学生创新创业大赛国赛金奖项目"滴血验虫"也采用了这一技巧。这是一个比较抽象的项目，没有合适的产品图可以放在 PPT 里面展示，所以我们只能根据应用场景进行背景设计，最后找了一张血细胞的图片作为背景图，如图 11-6 所示。

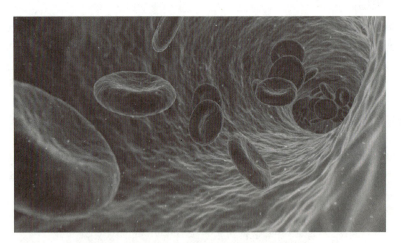

图 11-6　"滴血验虫"项目封面原始素材展示

背景素材有了，那么怎么根据这张图排版和放置内容呢？因为整张背景内容布局比较干净和协调，所以只需把内容进行整体居中排版，效果就很好了。

可以看到，标题名称下方还有四大项目亮点展示（见图 11-7）。这也是一个展示技巧，可以快速地让评委和投资人更进一步了解项目的核心亮点，提前在感兴趣的评委和投资人心中形成"这个项目不简单、要认真听听"的好印象。所以项目亮点提前在封面展现的设计在创赛路演 PPT 的设计中也是屡试不爽的。

图 11-7　"滴血验虫"项目封面定稿展示

第八届中国国际"互联网＋"大学生创新创业大赛国赛银奖项目"饮水思源"，也是因为没有特别合适的产品实物来形象展示，所以就根据项目名称及项目方向找了一张绿水青山的图片素材作为背景，以大气的书法字作为标题字体，这样就显得"高端大气"了。最后，用气泡作为核心亮点展示的容器，让素材与项目立意相得益彰，如图 11-8 所示。

图 11-8　"饮水思源"项目封面定稿展示

2. 创意型设计

如果项目是软件类、医药类、化学类，或者创意项目还没有可视化的产品，这个时候怎么办呢？这种情况下，一般根据产品的调性，寻找相应的抽象素材，自行搭建创意风格，也可以有不错的效果。

下面以第八届中国国际"互联网＋"大学生创新创业大赛省赛金奖项目"溶瘤利刃"为例进行介绍。这是一个医药类的创意项目，产品还没有上市，没有实际产品。在设计时，根据项目想象到这是一种基因治疗方案，可以在抽象的基因图谱素材上进行设计。确定这样的素材后，PPT 的主题颜色也确定为围绕素材主色。设计完成后，整体效果显得非常合适与协调，如图 11-9 所示。

图 11-9 "溶瘤利刃"项目封面定稿展示

（三）素材的获取

前面介绍了两种 PPT 封面设计的技巧，其中都要用到合适的素材。寻找这些素材的最好的方法是制作和使用项目在运营过程中产生或形成的真实、应景、典型的代表性图片素材。但是有些素材比较抽象，更多的参赛项目还没有产生合适的素材，该怎么办呢？

一些比较抽象的描述可以通过在互联网中检索图片。比较热门的图库网站会提供海量的图片素材。此处为大家介绍几类经常用到的素材网站。

1. 食物类图库网站 (https://www.foodiesfeed.com)

这个网站绝大部分资源是一些高质量的美食摄影图片，虽然是小众图库，但数量还是挺丰富的，如图 11-10 所示。

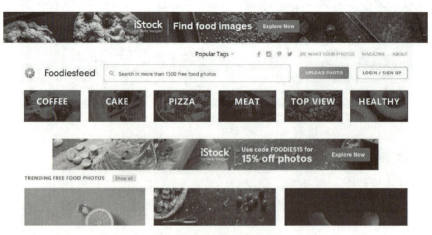

图 11-10 网站页面展示

2. 星球宇宙类图库网站 (https://images.nasa.gov)

这一类网站首推 NASA 美国宇航局的图库网站，这里的星空、宇宙类的素材十分丰富，而且还提供视频素材，如图 11-11 所示。

图 11-11   网站页面展示

3. 专门提供免抠素材的网站 (https://imgbin.com)

这个网站号称是全球最大的免抠 PNG 素材网站，基本上收录了常见的所有免抠图片。打开网站首页后，会看到非常丰富的素材分类，如图 11-12、图 11-13 所示。

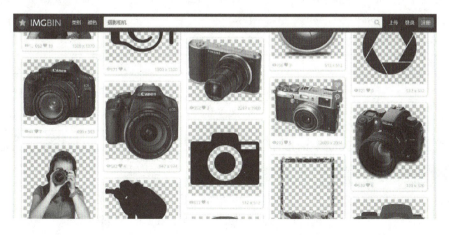

图 11-12   网站页面展示

这些都是比较大的分类，点击任何一个标签，还可以看到更具体的分类。

图 11-13   网站页面展示

其实，在很多创意的 PPT 页面中，使用 PNG 素材基本上成为了一种常态。如果不会抠图，那么这个网站一定要收藏。

三、为什么做这个——痛点分析

通过封面信息及路演开头的引导性语言，评委和投资人会很迫切地希望知道你为什么要做这个项目、看到了什么样的机会，或者说你看到了一个什么样的市场、这里面有什么问题必须由你来解决。这是整个项目的奠基部分。

这个奠基部分就是痛点。所谓痛点，就是一种用户常常面对的（高频刚需）、难以忍受但却可以被明显改善的问题。创业者之所以想创业，一定是亲身经历或观察到市场中存在的问题和痛点，然后对痛点背后产生的原因进行根本分析，并且提出相应的解决方式，最终以产品或者服务的形式作为落脚点。这是所有创业者都需要做的一件事，也是构筑商业逻辑的基础。

如果你的起点——无论是思考的起点、实践的起点，还是路演表达的起点是因为别人在这个行业能赚钱，或者是你认为这个项目能赚钱，这个项目无论是比赛还是实践，都很难取得成功。

为什么做这个？这个看似非常直接简单的问题，却是很多人创办公司的初心，也是一份好的路演 PPT 的开始。

（一）痛点的类型

痛点的类型可以分为如下两种。

1. 供给的缺乏（之前没有）

行业内没有较好的产品以及服务的提供者，大部分的产品无法满足用户的需求。比如，18 世纪初人们的出行主要依靠双脚，大一点的商品和货物根本无法进行运输，而火车的诞生就很好地解决了这个问题。再比如，洗衣机的出现满足了手洗客户的需求，电灯的出现解决了照明问题，空调的出现解决了酷热难耐的问题。但在这些产品出现之前，相应的痛点一直没有得到很好的解决。

第七届中国国际"互联网 +"大学生创新创业大赛国赛金奖项目"卡嘉易"的痛点表达方式就是"供给的缺乏"，如表 11-2 所示。

表 11-2　补漆行业痛点

痛点一	痛点二	痛点三
在车漆损伤的情况下，不管是去路边美容店，还是专业 4S 店，差不多都要花费几百上千元	补漆的车漆含有大量有毒物质，危害人体健康	走保险流程复杂、周期长，还会导致来年车险费用大幅增加
目前这些解决方案都存在耗时长、成本高、危害大等问题。为解决这些问题，我们的补漆笔应运而生		

2. 效率低下或成本较高（之前有但不够好）

创业者发现自己的解决方案能够提供更高的效率以及更低的成本。比如用 SAAS 系统降低公司的信息化成本，用新材料降低传统材料的生产成本，用新模式提高传统模式的运行效率等。

第八届中国国际"互联网+"大学生创新创业大赛国赛银奖项目"饮水思源"，其主营业务是藻类生物水污染治理，就是在原有的解决方案上更新迭代技术和扩展应用场景，如图 11-14 所示。

当前市场上的污水处理普遍存在着以下两个痛点：

● 第一，藻类治理成本高，有效元素利用率低；

● 第二，具有生态副作用，极大可能造成二次污染。

因此，巨大的市场需求使低成本、环保的污水处理方案成了全社会的共同诉求。

图 11-14　"饮水思源"项目痛点初稿

（二）展示痛点的两种方法

有了精准的内容，也需要好的表达方式，我们结合自身经验总结出来两大表现形式。

1. 图表列举型

图表可以清晰、简洁、集中、系统、对比性较强地表述内容，广泛运用于痛点信息的呈现、竞品分析、产品介绍等页面，如图 11-15、图 11-16 所示。

在车漆损伤的情况下，不管是去路边美容店，还是专业4S店，差不多都要花费几百上千元，而且补漆的车漆含有大量有毒物质，危害人体健康；走保险流程复杂、周期长，还会导致来年车险大幅增加。目前这些解决方案都存在耗时长、成本高、危害大等问题。为解决这些问题，我们的补漆笔应运而生。

图 11-15　"卡嘉易"项目痛点分析初稿

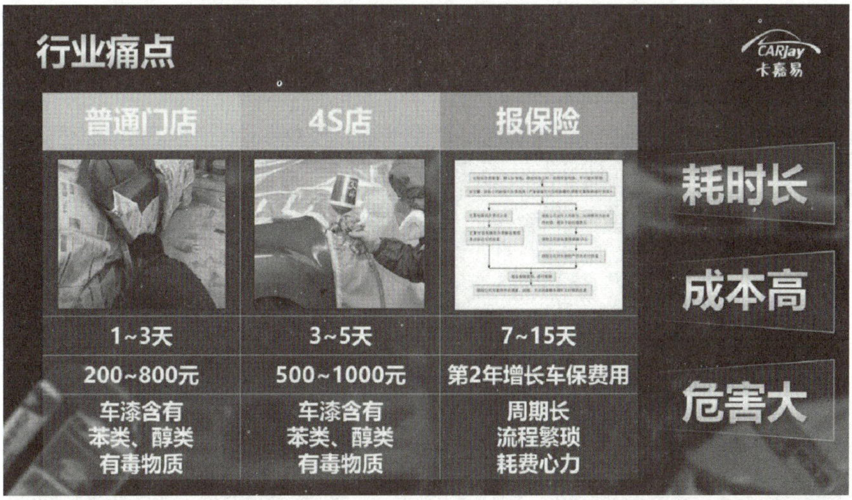

图 11-16　"卡嘉易"项目痛点分析定稿

2. 论点论据型

论点论据型还有另一个名称"金字塔结构"，可以理解为总分结构，如图 11-17 所示。

它来源于世界著名咨询公司麦肯锡的芭芭拉·明托所著的《金字塔原理》。这种类型是PPT 内容设计中最常用的一种结构模型，并且同样适用于页面的表达中。

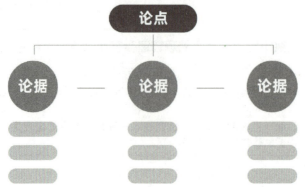

图 11-17　论点论据型逻辑图

比如 2022 年"创客中国"创新创业大赛湖北省创客组二等奖项目"玄云网络"设计的路演 PPT 就是这个结构。在论述玄云网络的网络安全产品时，说到了当前网页外链检测中三个方面的痛点，分别是监管单位监管难、数据引擎冗余慢、结果还需审核繁。在每一个痛点下面，都会有相关的素材进行论证。这样层层嵌套的结构，构成了一套演示 PPT 的逻辑。

不过，需要注意的是，使用金字塔结构时，所表达的点不能过多，观众只能记住123，而记不住 456……所以一般来讲尽量不要超过 4 点。论点与论点之间的维度最好不要重合，以便于观众记忆、加深印象，如图 11-18、图 11-19 所示。

暗链看似简单，检测起来实为不易，目前公网监管IP基本已经透明，长期对单个站点进行检测，易触发系统自动保护机制，IP易被拉黑；传统监测技术存在最大技术痛点就是数据引擎冗余慢，发现可疑关键词后直接调用全部资源词库进行分析，资源消耗大；且分析结果也还需专人复查审核，耗时耗财，传统模式已经无法满足市场需求。

图 11-18　"玄云网络"痛点分析初稿

图 11-19　"玄云网络"痛点分析的呈现

四、为什么做这个——市场分析

一般来说，市场分析的相关页面会在 PPT 中比较靠前的位置，毕竟这是一个创业项目之所以成立的前提条件。市场分析就是用数据和比较向大家展示一个巨大的市场机会，告诉大家"为什么做这个"。

（一）市场分析常见的误区

事实上，能把市场分析这一部分内容写好、写清晰的 PPT 少之又少。创业者所做的参赛或者融资创业计划书中关于市场分析的部分，经常出现以下几个误区。

1. 市场分析写得过于冗长

有的创业者为了证明自己真的做了功课，就在前面把市场分析部分写得冗长无比，旁征博引，调用了各种权威报道、数据报告，使用各种分析方法，罗列各种调研案例，最后才得出结论，如图 11-20、图 11-21 所示。这样做貌似严谨，可作为创业路演 PPT，而不是市场需求调研报告，未免喧宾夺主了。再有，成熟的评委和投资人一般对市场都有自己的了解和基本判断，很多内容不需要重复讲述，只需要点出与本项目相关的最重要的几个点就可以了。

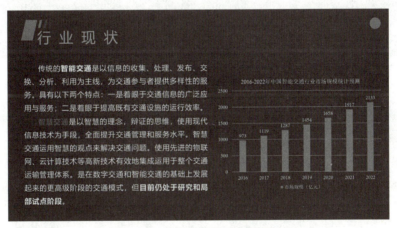

图 11-20　错误市场分析案例展示 1

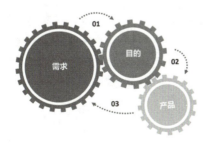

图 11-21　错误市场分析案例展示 2

2. 罗列现成数据，敷衍了事

另外一种极端就是对市场分析部分完全不重视，简单地从网上搜一些行业报告数据罗列出来，或者直接截图粘贴、连网站的水印都没有去掉、文中尚存错别字或病句，就作为分析了，甚至没有提及项目与市场的关系。比如，"根据 XX 网 XX 年发布的最新研究报告，XX 市场规模可达到 XX 万亿"，如图 11-23、图 11-24 所示。看起来好像是个"蓝海市场"，可是跟你的项目有什么关系呢？你做的事只是整个行业里面的一部分，不能覆盖整个市场业态。

图 11-23　错误市场分析案例展示 3

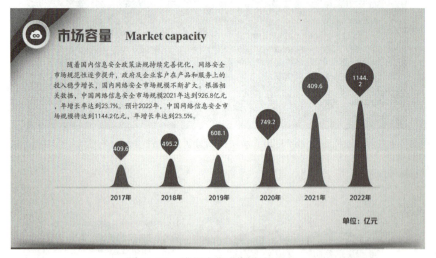

图 11-24　错误市场分析案例展示 4

写这种市场分析的创业者，要么是懒得自己分析，要么根本搞不清自己的业务和市场的关系。

（二）"市场分析"应该怎么写

要想知道"市场分析"怎么写，只需要知道做"市场分析"的根本目的是什么。事实上,"市场分析"是为了向评委或投资人说明白这几件事情:我们的市场空间足够大,市场的需求真实存在,我们的项目有机会占据一定的市场份额。基于这些目的,建议在撰写市场分析时注意以下几点。

1. 尽量引用权威公开的数据

无论是什么行业,现在网络上都有很多公开数据——当然,不见得都是正确权威的数据。在引用数据作支撑时,尽量选择权威的调查机构公开的数据,比如国家部委发布的数据、知名市场调研机构的数据等;同时,要尽量选择近期公布的数据。在运用多个维度的数据进行综合分析和计算时,应特别注意这些数据要尽量在同一个时期,不然算出来结果误差会很大,也不具有说服力。为了打消评委和投资人的疑虑,还要给每个数据加上出处,如图 11-25 所示。

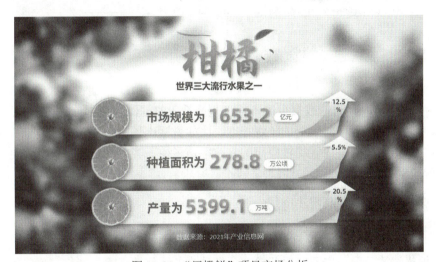

图 11-25　"屈橙鲜"项目市场分析

2. 计算细分的潜在市场规模

在用数据分析市场时,一定不能搜到报告数据就直接往 PPT 上粘贴。首先要分析和梳理数据,提炼其中的观点,要多考虑一下具体项目与这个市场数据的关系,尽量计算出产品所面向的细分人群的市场需求的规模数据。

比如,要做的是面向 20 ~ 30 岁都市白领男性服装电商,那给出的市场数据就不能是一个笼统的国内服装市场规模的数据,要细分到男装市场、青年男性白领、线上渠道销售的规模。如果很难找到直接的数据,那么就需要根据男装市场规模、白领男性占比、服装销售线上渠道占比等数据估算出大致的市场规模,可能还要参考目前已有的男装电商的一些销售数字。

图 11-26 所示是第八届中国国际"互联网 +"大学生创新创业大赛省赛银奖项目——"云热像"的市场分析。这是一家定位于钢铁冷轧生产线高精度温度检测设备研发与创新的公司。在这个细分领域,创始人基本上无法通过网上检索直接得出市场规模。所以,要从需求量出发来计算出市场规模。据了解,该行业每个公司的产品需求公式为"生产线条数 × 轧辊数 × 红外热成像检测系统数"。通过公式可以计算出标杆客户"武钢集团有限公司"的需求量,然后根据可以查到的公开信息"我国目前钢铁冷轧生产线总量约为武钢

的 XXX 倍"，最后得出预计的全国市场规模。这种方式貌似笨拙，却能很快算出产品市场规模，而且数据极具说服力和真实性。

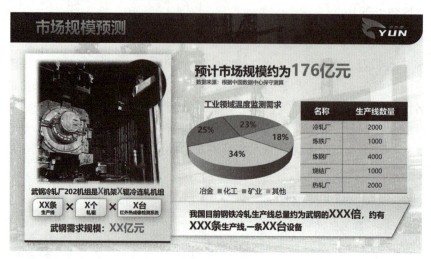

图 11-26　"云热像"项目市场分析

需要注意的是，有一些数据可能不需要展示到 PPT 里，但评委或投资人可能会在提问的时候问到，以探查你对市场的了解程度。比如目标市场上的龙头企业是谁、销售额是多少、市场份额占比是多少、目标用户的复购率是多少、客单价是多少等等，这些数据需要提前准备好，做到烂熟于心。

五、要做什么——产品与服务

产品与服务是投资人对项目的重点打分项。路演 PPT 在描述项目的产品服务时，一定要完整地描述清楚产品内容和服务模式，产品或者服务都有哪些特点、哪些优势。现在有很多创业者不知道如何完整和清晰地描述项目产品和服务内容，说不清楚这个产品到底是什么、具有哪些功能、使用了哪些关键技术、是为哪些群体服务的。如果说不清楚产品与服务，评委就不容易弄清楚你在做什么项目，这对路演十分不利。

（一）产品与服务要写哪些内容

在进行产品描述时，一定要清楚地告诉评委或投资人你的产品是什么、用户或者客户是谁、服务的质量如何、效率如何、价格如何等等。

在产品与服务描述中，产品与服务的亮点是关键，也是创业项目能够在市场上立足的根本。如何体现产品与服务的亮点呢？下面为大家总结了 10 个方向，供大家在设计创业计划书、路演 PPT 以及路演表达时参考。

设计亮点	质量亮点	功能亮点	价格亮点	重量亮点
理念亮点	服务亮点	营销亮点	外观亮点	大小亮点

大家可以从以上 10 个角度分别思考产品与服务是否有相应的亮点，并将亮点以关键词或形象且简洁的语言表达出来。相关方面如果没有亮点，就在空格中写"无"，并以此为参考，修改自己的创业计划书和路演 PPT。

设计亮点	质量亮点	功能亮点	价格亮点	重量亮点
理念亮点	服务亮点	营销亮点	外观亮点	大小亮点

（二）产品与服务部分如何设计

在路演 PPT 中，产品与服务的设计要求很高，在展示信息的多与少、实物的展示效果等方面都有非常多的制约因素，相对比较复杂。下面，根据创业项目有无可视化产品分别进行介绍。

1. 有可视化产品

如果创业项目已设计和生产出了实体产品，就应该在产品展示页把产品图片展示出来，然后配以相关特色或规格介绍，以可视化、数据化的方式展现出来。

如第八届中国国际"互联网＋"大学生创新创业大赛国赛金奖项目"滴血验虫"（见图 11-27），采用了左图右文的方式进行设计。左边为产品图片，右边提炼出了产品设计亮点——2 大官方数据来源，实现 33 种寄生虫体识别，内嵌 4000 万学习数据样本，已进行 5000 小时算法训练；产品技术亮点——可以达到 98% 的特异性，100% 的敏感性，可在 1 分钟完成 5000 个血红细胞识别。整体设计语言采用了与封面一样的素材及色系，显得统一、清爽、整洁。

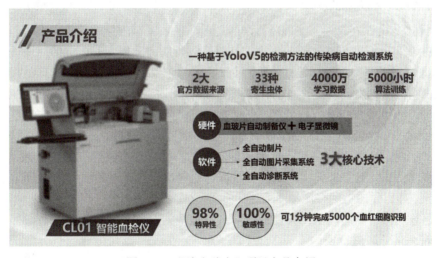

图 11-27　"滴血验虫"项目产品介绍

2. 无可视化产品

如果创业项目没有实质性的产品，或者是软件、解决方案类的服务性产品不能可视化地展示出来，那该怎么办呢？

可以用比较抽象的元素进行搭配，如软件类就搭配互联网科技元素、解决方案类就搭配流程图。第八届中国国际"互联网＋"大学生创新创业大赛国赛铜奖项目"星网智绘"，就是一个研发空间规划三维软件的项目，没有实质性的能够看得见、摸得着的产品，所以就搭配了非常强烈的科技元素，并将两大核心算法和三大使用优势总结提炼在了 PPT 上，让人一下就明白了产品特性及亮点，如图 11-28 所示。

图 11-28 "星网智绘"项目产品及解决方案

六、要怎么做——商业模式

如果把公司比作一台电脑，那商业模式就好比 Windows 或者 MacOS 系统。换句话说，商业模式就是企业运作的操作系统，对创业项目的重要性不言而喻。

（一）什么是商业模式？

商业模式是投资人最为关注的项目内容之一，也是评审项目的关键要点。创业者一定要介绍清楚项目的商业模式，要告诉评委和投资人你的商业模式是怎样的——通过优化配置哪些资源、采用哪些手段挣钱；要讲清楚你是靠卖技术挣钱的还是靠卖产品挣钱的，是靠卖服务挣钱的还是靠挂广告挣钱的，是靠提供咨询服务挣钱的还是靠设计方案挣钱的，抑或是靠转让专利等知识产权挣钱的，等等。

在介绍商业模式时，一定要描述清晰，让人容易理解。路演 PPT 中并不需要复杂的商业模式，只需要讲清楚三件事，或者用创业者的思维来说解决好三个问题就可以了：你是做什么的 (业务定位)？你生产的商品或服务是什么、产品或服务是怎么到达客户手中的 (运营模式)？你的盈利来源哪里 (盈利模式)？

(1) 业务定位的作用是帮助评委或投资人以最快的速度了解项目到底是做什么的，这需要用最精练的语言进行表达。

(2) 运营模式的作用在于串联起产品、创业企业、用户、上下游企业、友商等要素，需要通过一些方向性语言把以上要素通过点、线、面的形式进行可视化展示。

(3) 盈利模式的作用在于更加具体地分析客户，具体到是哪类政府单位、哪类企业主体、哪类 C 端群体等。盈利模式也是为整体设计中提供"点"的要素。

（二）商业模式的设计

下面以案例的形式来讲解如何进行商业模式页面的设计。案例所采用的原则就是刚才提到的三大原则。

1. "一拍即合"

"一拍即合"是第五届"中国创翼"创新创业大赛国赛项目。其核心产品"粉液双室制剂"可以大大减少输液流程、降低药品流通和使用环节中的污染风险。下面从上面提到的三个维度进行分析。

业务定位：自产自销粉液双室制剂。

运营模式：依托自有研发团队和工厂进行核心产品"粉液双室制剂"的研发和量产，以集采或自销的模式进行销售。

盈利模式：主要集采对象包括但不限于医保定点单位、国家集采、各省级招投标网发布的其他采购信息等，主要自销渠道对象包括但不限于医院、诊所、药店、电商等。

根据上面的分析内容可以画出草图，如图 11-29 所示。

图 11-29 "一拍即合"项目商业模式草图

继续补充素材及美化，就可以得到如图 11-30 所示的 PPT。

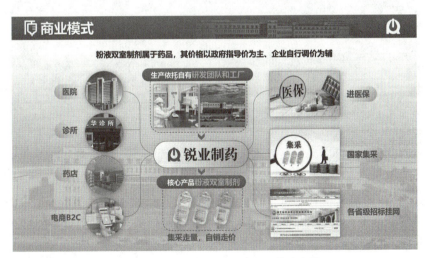

图 11-30 "一拍即合"项目商业模式定稿

2. "压延铜箔"

"压延铜箔"是第七届中国国际"互联网＋"大学生创新创业大赛国赛铜奖项目。项目生产一种超薄铜箔，能够大大提高通信效率。同样从上面三个维度出发进行分析和设计。

业务定位：自研压延铜箔技术及其产业化运营。

运营模式：依托上游机械代工企业，对下游客户进行直销、代运营和生产服务运营，并与其他贸易企业进行代理销售合作。

盈利模式：主要服务对象包括但不限于 RFID 生产厂商、材料加工企业等。

根据上面分析内容可以画出草图，如图 11-31 所示。

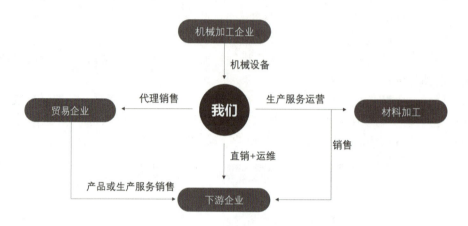

图 11-31 "压延铜箔"项目商业模式草图

继续补充素材，不断美化，就可以得到如图 11-32 所示的 PPT。

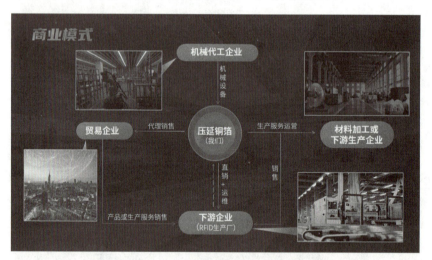

图 11-32 "压延铜箔"项目商业模式定稿

总结起来，在商业模式的设计中，PPT 的制作流程主要分为三个步骤：根据三个问题理清逻辑，根据要素画出草图，根据草图补充素材进行美化。希望读者能够运用以上原则，不断设计、调整、美化商业模式的表达。

七、为什么是你来做——团队成员

团队成员除了具有"我们是谁"的表达功能之外，最重要的是要表达"为什么是你来做"的问题。初创企业的团队或者说合伙人就是一个创业项目的核心，只要团队好，商业模式、市场与利润都是可以创造的。投资人或者评委最关注的其实是核心团队。

（一）团队成员

评委和投资人时间紧张，"内容精简"才符合他们的阅读习惯。如果直接把团队所有人的简历都放上去，内容过多，会让评委和投资人心生不悦，这会让他们觉得创业者没有主次之分。

很多创始人把成员人数、团队特点、团队学历甚至性格等概括性内容大量地摆在 PPT 上，这样做最多只能告诉投资人我们很优秀，但是优秀到什么程度、是否能够做好这件事，评委和投资人无法判断，自然没有想听下去的耐心。

在表达团队成员的信息时，很多创业者缺乏经验，降低了表达效果。常见的问题有：需要展示的团队成员太多而一页展示不够，团队成员经历丰富而介绍文字太多，团队经历太少而无话可写，团队成员只管罗列名字而介绍文字太少，团队成员照片形式多样而显得不专业，工作经历华丽而看不到亮点，团队优势与项目核心不匹配等。图 11-33、图 11-34 所示的团队介绍毫无疑问无法体现项目的亮点。

图 11-33　错误团队页面展示

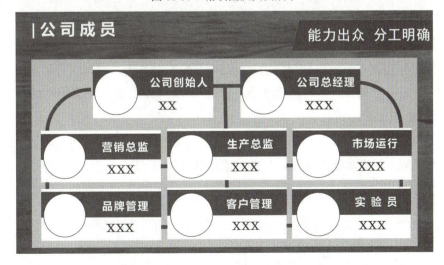

图 11-34　"饮水思源"项目团队介绍初稿

（二）团队成员的表达技巧

在进行团队成员相关的 PPT 页面设计时，会碰到许多复杂的、个性化的问题，最常碰到的问题是"我的团队不够强怎么办？"下面根据团队实力的不同来展示一下不同的设计方法。

1. 团队实力强

团队实力很强，每一个成员都有丰富的经历和行业经验，这会造成取舍上的难题——如果都放上去，页面会十分臃肿，路演时间也不允许。建议这种情况下，团队介绍只要介绍团队中创始人及最主要的几个核心成员就好。可以从团队的学历背景、名企历练、行业资源、荣誉成就四个方面来进行阐述。

(1) 学历背景一般强调名校出身、学科吻合、学历层次高等，如"985""211"名校、"双一流"学科专业（要和项目契合）等等。

(2) 名企历练主要介绍具体成员在行业内头部知名企业的就业经历。这既能够凸显个人能力又能和项目有一定相关性，使得评委和投资人更加信任团队。

(3) 行业资源指的是成员在与项目相关的行业里工作的年限、与供应链上下游的良好关系等。

(4) 荣誉成就很容易理解，可以是个人拥有或者作为核心成员参与的各类专利、软件著作权、论文等知识产权，也可以是个人或是作为核心成员参与的国家级课题、基金项目等，还可以是具有很强公信力的社会身份或职位等。

2. 团队实力不强

如果团队成员经历太少、实力相对较弱，就要着重挖掘他们和整个创业项目的契合性、参与度及贡献，主要可以从以下三个方面来表达。

1) 阐述成员经历

既然团队成员的背景比较弱，那就着重阐述成员经历，具体可以说一说团队成员在相关行业的经历和已经有的一些经验，以此来发掘团队成员的优点，作为主要介绍内容。

2) 阐述与项目相关的能力

除了相关经历，还可以阐述团队成员与该项目匹配的能力；项目成员的能力要和创业项目相匹配，这样才能提高项目的成功率，才能赢得评委和投资人更多的信任。

3) 阐述成员的成就

可以介绍成员在这个行业已经有的一些成就，陈述他们的相关履历。此外，可以介绍成员基于这个项目目前取得的成果，以此证明团队的实力。

（三）团队成员页面的设计

团队成员页面的排版设计，建议按照"一点一行"的结构来进行，如图 11-35 所示。当然，也可以用你认为更合适的方式来排版，但必须注意的是，成员图片务必清晰、整齐，大小、色调统一，给人专业的感觉。

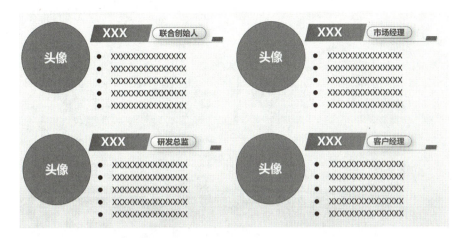

图 11-35　"饮水思源"项目团队介绍"一点一行"

1. 人物头像

有很多创业者随意就把生活照、大头照直接贴在头像上面，这种行为不可取，会拉低项目档次和团队整体形象。

还有一种用卡通人物来代替头像的做法也不可取，会被误解为在套 PPT 模板，也是不用心的表现。

一般来说，每个团队成员应该配一张正装照或者工作照，然后进行统一格式的裁剪，整体呈现出正式、用心，给投资人一种正式感和专业感。图片一般可裁剪成圆形和矩形两种形式，如图 11-36、图 11-37 所示。

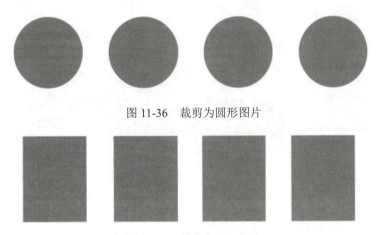

图 11-36　裁剪为圆形图片

图 11-37　裁剪为矩形图片

2. 整体版式

下面用两类最常见的团队排版版式来介绍团队成员页面的设计。

1) 成员无差别式

成员无差别式是指所有的成员平行排列，不刻意凸显某个具体成员的排版方式，如图 11-38 所示。

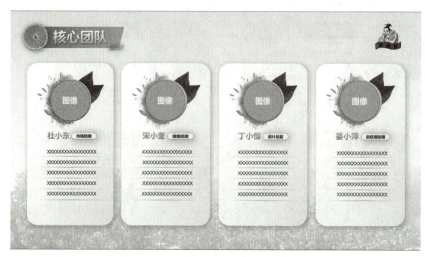

图 11-38　"屈橙鲜"项目团队成员定稿

2）创始人专列式

创始人专列式是指将创始人的头像和信息单独排列，以凸显创始人的能力、资历和资源。因为创业项目中，创始人始终是龙头，决定着项目的发展方向和路径。其他成员一般可以平行排列，不再刻意凸显某个具体成员，如图 11-39 所示。

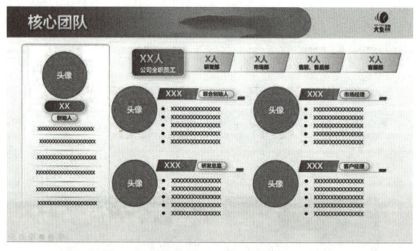

图 11-39　"饮水思源"项目团队成员定稿

八、为什么是你来做——核心竞争力

项目路演时或者在跟评委、投资人沟通的时候，一定会谈到项目的核心竞争力，因为核心竞争力是项目最具辨识度的要素，直接决定着项目是否具备一定的发展前景。那么，项目核心竞争力如何表述、描写，才能更全面、更有优势呢？

（一）内在优势

如果是技术产品，则描述产品的技术创新，颠覆传统的做法，同时展示知识产权、发明专利、高水平论文、软件著作权等，也就是通过技术创新＋知识产权保护，使别人无法模仿、抄袭，做到独一无二，建立高强度壁垒。如使用"唯一""首创""领先"等结论性关键词，就是要表达自己的核心竞争力。

第八届中国国际"互联网＋"大学生创新创业大赛国赛金奖项目"滴血验虫"，是从发明专利、软件著作权、高水平论文三个方面来展示项目的核心竞争力，如图 11-40 所示。

图 11-40　"滴血验虫"项目成果展示定稿

首届武汉市"英雄杯"大学生创新创业大赛二等奖项目"猫皮"，更是从已获融资、典型合作商、全网粉丝量等三个方面展示了项目的核心竞争力，如图 11-41 所示。

图 11-41　"猫皮"项目成果展示定稿

如果想要通过商业模式创新来形成核心竞争力，则要体现独特的优势资源或者背景，因为模式创新是最容易被模仿的，你能做，别人也能做，唯一能拼的就是谁的渠道广、资源多、背景强。可以列举一些上下游合作企业、头部供应商名单等，这些才是构建商业模式的壁垒。

（二）外在优势

外在优势也就是常说的竞争分析。外在优势的表现，无一例外都是通过比较产品或者服务的性价比来体现的。消费者或者市场对产品功能、产品价格、产品服务、产品质量、口碑传播等的认可都体现了企业的外在优势。消费者不会追溯产品如何创新、如何独一无二，他要的是功能全、质量稳定、价格低、服务好，比的是谁的性价比高。当然，外在优势也可能是通过品牌效应来体现的。所以，通过竞争分析可以体现产品的外在优势。要想赢得外在优势，最主要的是从产品或服务的性价比入手，彰显战胜竞争对手、赢得市场的独特之处。

第八届中国国际"互联网+"大学生创新创业大赛省赛金奖项目"云热像"，对标了高德红外、大立科技、海康威视等行业内知名企业，并提炼了自己的优势，做了服务优势、质量优势、技术优势三个方面的优势分析，如图 11-42 所示。

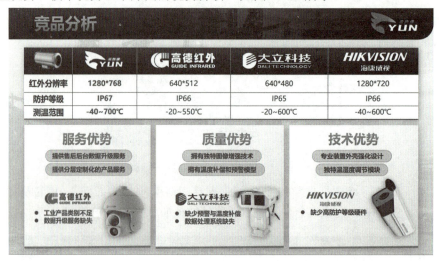

图 11-42　"云热像"项目竞品分析展示

第七届中国国际"互联网+"大学生创新创业大赛国赛金奖项目"刀锋科技"，对标了国外知名刀具企业，并提炼了产品的成本、寿命、性能三个方面的具体优势，如图 11-43 所示。

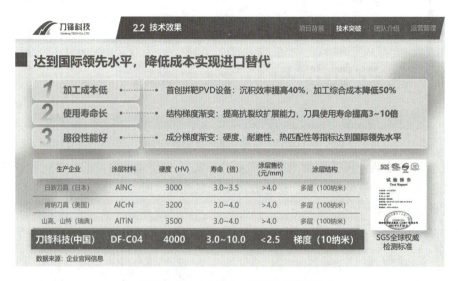

图 11-43　"刀锋科技"项目竞品分析展示

九、做的怎么样了——项目进展

这个板块可以说是整个 PPT 最重要的部分，既体现了团队的实干精神，也是前面所有铺垫的展示，直观展现了项目到底怎么样、市场认不认可、客户买不买单、产品赚不赚钱等。项目进展也可以验证商业模式的可行性。

（一）项目进展要放哪些内容？

项目进展一般是通过最直接的经营现状来告诉大家你现在做到哪一步了。通常通过两个方向指标进行描述。

1. 客户相关

通过展现已有用户、潜在用户、客户黏性、复购率、日活或月活用户、日活或月活率等运营指标来体现项目的进展。

2. 销售相关

通过成交量、日订单数、客单价、毛利率、往年及本年销售收入、增长情况、市场份额等销售数据，或者是目前的资源整合情况、公司内部发展情况等运营情况，来表达项目已经获得了市场的认可。当然，项目进展的表达要切记用数据配合图表来进行表达，这样可以让读者更加直观地接受你要表达的观点。

（二）项目进展要如何设计？

项目现状的展示一般是数据和文字同时出现，所以适合用色块布局法进行"一点一块式"排版，如图 11-44、图 11-45 所示。

图 11-44　"饮水思源"项目现状展示

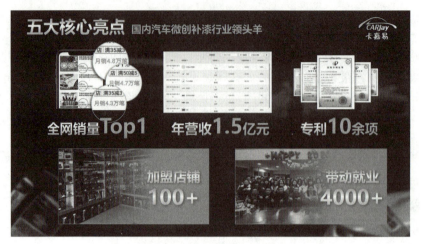

图 11-45 "卡嘉易"项目现状展示

十、未来准备怎么做——未来规划

（一）为什么要写未来规划？

有的创业者会觉得未来规划太"假大空"，似乎全部是浮夸、遥不可及的目标，其实不然。孔子说："取乎其上，得乎其中；取乎其中，得乎其下；取乎其下，则无所得矣。"因此，企业为自己定一个长远宏大的目标是非常有必要的。一是为自己未来的发展指明方向，二是让评委、投资人看到项目未来的前景。当然，未来规划要切合实际、实事求是，不可没有任何理由地表达要做"行业第一"、动辄"营收破亿"。

（二）未来规划要写哪些方面的内容

未来规划要从项目现状出发，继续围绕已有指标进行量变，正确的方式是以"时间节点＋预期目标"的方式进行阐述。比如，2023 年底营业突破 1000 万、一年内覆盖湖北全省、两年后把产品卖出国门、三个月成为抖音热销榜前 10 等等，如图 11-46、图 11-47 所示。

图 11-46 "林间守护者"项目未来规划展示

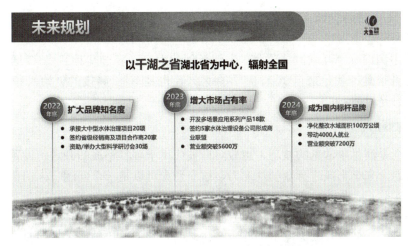

图 11-47 "饮水思源"项目未来规划展示

第二节 创 业 路 演

　　路演是公开演讲的意思。与计划书、PPT 一样，路演也是一个重要的表达方式。创业项目路演，是创业融资、创业大赛中常见的环节。创业者通过公开演讲，说服听众(专家、评委、投资人)，让他们相信路演的是一个有前景的项目，值得给高分或值得投资。

　　因为创业项目体系十分庞大，要想让路演人在 5～10 分钟内条理清晰、详略得当、重点鲜明地表达清楚，是一个十分不容易的事情。因此，我们经常在创业大赛中看到路演人要么不能在规定的时间内把项目讲完，要么讲得没有条理、没有逻辑，要么听不到重点、看不到亮点。

　　要把控好路演节奏，实现好的路演效果，我们建议大家学习和掌握以下环节。

一、写好路演稿

　　路演稿不仅能帮助路演人从容完成路演，避免现场出现紧张说错话或者无话可讲的状况，还能通过对内容的精心设计，让路演更精彩、更打动人心。若想项目顺利晋级省赛、国赛，一定不要吝惜对路演稿的精力投入。

二、闪亮开场

　　路演的开场非常关键，它决定了听众对项目的第一印象。好的开场一定是能立马吸引人注意的，能让人乐意继续往下听的。设计项目路演的开场可以有以下几种方法。

1. 开门见山式

　　开门见山式是最常见的开场方式。这种方式的开场一般是先问好，再介绍自己或项目情况，主要采用公司＋路演人＋学校＋项目介绍形式展开项目介绍。

　　第六届中国国际"互联网＋"大学生创新创业大赛国赛金奖项目"eDNA 精准生物监测与生态健康诊断"的开场是这样写的：

我是××科技的创始人××，我来自××学校，今天给大家带来一项革命性的生物监测技术……

第六届中国国际"互联网+"大学生创新创业大赛国赛金奖项目"5G通信氮化镓功放芯片"的开场是：我是来自××大学的××，也是××科技的创始人和CEO，今天我带来的项目是……

2. 设置悬念式

设置悬念是演讲中常见的技巧，也较多地被应用于项目路演的开场。设置悬念式的开场通过设置悬念来牢牢抓住听众的注意力，这个悬念可以是一个问题、一句话，也可以是现场做一个实验(结果需要等路演结束时揭晓)，还可以是其他创新方式。

第六届中国国际"互联网+"大学生创新创业大赛国赛金奖项目"星网测通"的路演人是这样开场的：各位专家大家下午好，在随后的时间里，我想请大家和我一起，把眼光投向太空……

第五届中国国际"互联网+"大学生创新创业大赛国赛金奖项目"声控大师-离线智能声控开关"的开场是：大家看到这个题目会非常奇怪…为什么要搞一个离线智能声控开关呢……

3. 情景代入式

把人带入某个情景，是让听众产生共鸣的有效方式。讲个故事，让听众产生情感的共鸣，仿佛置身某个场景之中。有了这层共鸣后，后面的路演也更能打动听众。

第六届中国国际"互联网+"大学生创新创业大赛国赛金奖项目"NASH美育"这样开场：各位评委好，我是NASH美育的项目负责人，首先我想先跟大家分享一个冷知识……

4. 视频导入式

简单问好后，通过视频介绍，先引起评委兴趣且让评委对项目有直观的了解，后续介绍时会更得心应手。

第六届中国国际"互联网+"大学生创新创业大赛国赛金奖项目"磁晶科技-国内首创光电通讯器件的核心材料供应商"的开场是：大家好，我是磁晶科技的联合创始人××(职位+姓名)，接下来请大家通过一段视频来了解我们的项目……

三、项目介绍

项目介绍是路演稿最重要的内容，是评委了解项目并打分的主要依据。好的项目介绍，能让人听完对项目有清晰明了的了解。

要写好项目介绍部分的路演稿，内容要做到与路演PPT呼应，逻辑要做到清晰明了。有关各部分内容撰写，接下来结合往届金奖项目的路演稿，进行实例讲解。

1. 市场痛点

市场痛点部分的路演稿，是项目介绍不可或缺的部分，要做到让评委认可，肯定项目存在的价值及意义，并对后续路演有一定的期待。

可通过报告、数据等统计信息(背景说明)，整理出行业存在的问题，并阐述解决问题的必要性和急切性(痛点介绍)，最后引出本项目提出的解决方案以及具备的独特优势

等信息 (解决方案及优势)。

第六届中国国际"互联网 +"大学生创新创业大赛国赛金奖项目"eDNA 精准生物监测与生态健康诊断"这样导入的行业背景及其痛点：

××报告显示……作为一个负责任的大国……(大背景下的行业痛点说明) 急需有效的生物监测技术……面对困难，我们建立起……(顺势提出解决方案)。首先，我们在全球首创了……接着，我们构建了……让效率提升超过 300 倍……(详述项目优势)。

2. 商业模式

商业模式是赛道评审要点明确的考核内容，好的商业模式是决定项目能否长远的因素之一。

商业模式并不容易讲得很清楚，因而往往需要展示出直观的模型。项目运营模式、盈利模式等元素可放在商业模式板块介绍。注意，有些项目的商业模式以模型展示，需在路演稿中进行逻辑清晰的阐述，避免路演时因"即兴发挥"而出现"看图忘字"的情况。

第五届中国国际"互联网 +"大学生创新创业大赛国赛金奖项目"超菌克星 – 细菌性疾病诊断全球领跑者"谈起自己的商业模式时是这样表达的：我们的目标客户是医疗卫生机构，销售模式参考打印机模式，以试剂盒为主，仪器为辅，前期我们通过学术推广对我们的产品进行宣传，后续将实现直销和代销……如图 11-48 所示。

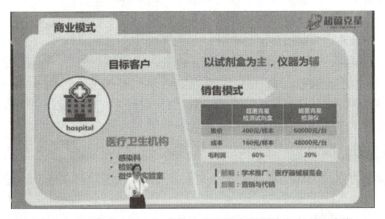

图 11-48 "超菌克星 – 细菌性疾病诊断全球领跑者"项目路演

3. 项目亮点

创业项目路演中必须凸显项目的亮点，这是项目能脱颖而出的条件之一。根据往届金奖项目情况，亮点的来源大家可参考以下几方面。

1) 国家背书成就项目亮点

第六届中国国际"互联网 +"大学生创新创业大赛国赛金奖项目"eDNA 精准生物监测与生态健康诊断"的显著亮点是：我们首先获得了国家的独家授权，是国内唯一……也是国家环境监测总站唯一指定开展……国家还对我们投资 3000 万……

2) 竞品分析凸显项目亮点

第六届中国国际"互联网 +"大学生创新创业大赛国赛金奖项目"新'净'界——用'芯'打造空气净化安全网"这样阐述项目亮点：我们的产品除了在性能上……领先我们

的竞争对手，同时我们的价格也仅为竞争对手的 50%……

3) 核心技术阐明项目亮点

"新'净'界——用'芯'打造空气净化安全网"介绍说：×× 技术发展至今，有三大核心技术常伴我身，一是率先突破了……(技术)；二是通过……(技术)实现了……；三是……(技术)大大拓展了……

4) 专利证书侧面凸显亮点

第六届中国国际"互联网 +"大学生创新创业大赛国赛金奖项目"5G 通信氮化镓功放芯片"是这样表达的：目前公司已有跟产品相关的核心专利发明项目 × 项，在申请核心专利 × 项……

5) 获奖情况放大项目亮点

"5G 通信氮化镓功放芯片"还这样说道：在 2020 年，我们获评了中关村高新技术企业，同时获得了多项创新创业大赛的奖项……

4. 现状及规划

现状及规划也是路演稿必备的内容，它能让评委清晰地看到项目已获得的价值，也能看到团队已做的努力，侧面反映团队成员的商业思维和商业能力。

这部分内容主要包括：融资需求、股权分配、营收现状、未来规划等。需注意的是融资情况大多以图示表达，路演稿中要有针对图示的讲解。

第六届中国国际"互联网 +"大学生创新创业大赛国赛金奖项目"新'净'界——用'芯'打造空气净化安全网"介绍道：公司成立至今，从……成长为……未来我们会……预计 2022 年营业收入可以突破 ×× 亿元。我们计划释放 ×× 的股份，融资 ×××× 万元，目前已获得 ×× 集团的 ×× 万元天使轮融资。

5. 团队介绍

优秀、凝聚力强的团队是项目的核心竞争力来源，也是项目中唯一不能复制的存在，其重要性不言而喻。

如果团队由首席科学家、创业顾问等人员组成，且有较契合项目的身份背景、工作经历，建议详细介绍以凸显项目的专业性。

第六届中国国际"互联网 +"大学生创新创业大赛国赛金奖项目"eDNA 精准生物监测与生态健康诊断"的路演稿：我是公司的主要创始人……我的联合创始人是……他也是国际上最知名……我们还拥有一支……推广团队，他们是……

6. 社会效益、引领教育

社会效益，尤其是带动就业是各赛道评审规则中明确会考核的要素，有带动就业的项目，更让人相信项目的影响力以及成就。带动就业部分路演稿，可包括怎样做到的、具体的成效如何等要素。

引领教育的表达，是为了说明教育改革的成效——在教育的视角下，我们的同学们能够看到社会的需求，能够用专业手段去解决社会问题，促进社会发展。反过来，我们的项目又为专业建设、教育改革提供了持续的支持和动力源。

第七届中国国际"互联网 +"大学生创新创业大赛国赛金奖项目"卡嘉易——微创碰擦剐蹭便捷补漆方案"是这样表达这一部分内容的：

卡嘉易累计带动就业超过 4000 余人，其中公司全职员工 316 人，加盟店全职员工 353 人，带动加工厂、产业链上下游就业 3750 人。

公司创始人从汽车专业的学习中看到了汽车后市场的广阔空间，用 5 年的时间打造了一个便捷补漆的行业龙头。公司设置岗位供大学生实训，与多所高校和省实训基地进行实习实训教育合作，累计培养人才超过 1000 人。

四、结尾

与开头类似，结尾词的作用也不容忽视，一场高分路演一定是有头有尾、头尾分明的。

通过观看往届金奖项目路演后可以发现，很多优秀项目都会选择在介绍结束时，喊出自己的项目口号与愿景，大家在撰写自己路演稿时也可参考。

第六届中国国际"互联网 +"大学生创新创业大赛国赛金奖项目"eDNA 精准生物监测与生态健康诊断"的结尾是：×× 科技，开创生态环境基因检测新时代，助力我国生态大保护！

第六届中国国际"互联网 +"大学生创新创业大赛国赛金奖项目"星网测通"的结尾是：星网测通，让全人类尽快用上太空 Wi-Fi，让世界见证卫星互联网测量的中国力量！谢谢大家！

五、路演稿撰写技巧

前面通过往届金奖项目，介绍了路演稿的内容部分，接下来给大家介绍路演稿的形式以及撰写技巧。

合理的路演稿形式，能助力高效的路演练习，进而产生高分路演。其主要有两种形式，分别是文字版路演稿和表格版路演稿，如图 11-49 所示。

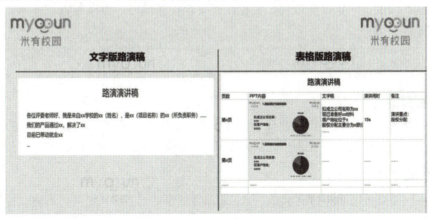

图 11-49　路演稿的两种形式

文字版路演稿逻辑流畅且内容完整，但不太利于路演人练习。

表格版路演稿框架清晰明了，但是需花费较多时间准备。

二者各有利弊，各备赛团队可结合具体情况，进行路演稿的准备。但不管形式如何，为了呈现更好的路演效果，实现路演目标，以下几个技巧值得重视。

1. 加入时间限制

路演有严格的时间要求，但很多团队由于时间把控失误，会出现讲太慢内容没讲完，只能草草结尾的情况，这其实是非常影响评委对项目的印象的。再次提醒大家，路演时一定要把控好时间，不要超时！

建议各备赛团队在准备路演稿前，先明确所在地区的路演限制时间，一般为 5～8 分钟，再对每页 PPT 的演讲时间按照重要性进行初步规划，在每页路演 PPT 的路演稿部分加入演讲用时，让路演人开展时间及内容的辅助练习，规避正式路演时出现突发状况。

例如：核心技术、商业模式等项目重点、亮点可多花时间讲解。

2. 加入动作语气标注

路演并不是路演人的独白，而是一场有情绪的演讲，富有激情的路演会很加分。可通过语气、语调、肢体动作来调动现场情绪。备赛时可根据路演稿对应内容，对情绪要求、肢体动作进行标注。

例如：讲到项目唯一性、卓越数据等亮点信息时，音量可以适当提高，自信地讲解；讲到商业模式时可适当放慢语速，给评委一定时间思考；讲到项目愿景时，情绪可适当激昂，辅以手部动作，展示出项目的宏达愿景。

3. PPT 内容不用全说

PPT 内容较多，但路演时间有限，不用将全部内容都叙述一遍，将每页重点阐述出来即可。路演本就考验大家在有限时间内传达重点信息的能力，如果全都念一遍，那路演稿、路演就没有意义了。

例如：讲到竞品分析时，可直接将自己的产品优势用百分比、提高倍数等数据表示出来，不用逐项进行对比再得出结论，那样很浪费时间。

4. 从事实出发

诚实是必须的，一定不能造假，要相信评委比你懂得多，如果造假，肯定会在答辩环节露出马脚。

例如：在竞品分析部分，实事求是地展示出自己的优势即可，不要出现过分比较、提高数据、试图猜测等情况。

5. 反复修改

在真正路演前，路演稿肯定会反复修改。项目、PPT 的不断优化、路演人的练习反馈都会使路演稿反复修改。大赛未至，修改不止，好的路演稿都是经反复修改而来的。

6. 熟记于心

路演人一定要对路演稿熟记于心，正式路演前要多背、多练，时间、内容、衔接语句等都要很熟练，以达到看见路演 PPT 页面，就能想起当前页面所要传达的重点、时长要求等。

六、全面分析金奖项目路演技巧

除了路演者的语言，路演中有许多环节值得注意。即便是语言表达，也会根据项目、现场、临时状况的不同而不同。请同学们归纳总结路演中各具体模块的技巧并填入下表。

领　域	技　巧

第十二章　企业创立与管理

第一节　创 立 企 业

一、创办企业的条件

创业者在决定创业之前，首先应该清楚自己该不该设立企业，以及何时设立。大量的调查表明，企业的设立时机得当与否对新创企业能否成功有着重要的影响。一般来说，具备以下一个或几个条件时，企业的设立才有可能成功。

（一）外部环境鼓励创业

创业需要有适当的制度环境、政策环境、金融环境、市场环境、科技环境和人文环境等。传统计划经济时期个人无法创业，关键原因在于那时缺少个人创业的经济制度与政策环境。良好的外部环境也为很多创业者提供了创立企业的良好时机。来自政府的支持和帮助是最重要的外部环境。这些帮助和支持表现在对新创企业提供包括场地、水电、通信方面的基础设施，鼓励创业的财政支持和税收等方面的政策支持，以及对特定行业的发展支持等。没有政府政策的支持，新创企业很难在艰苦的投入大于收益的阶段获得持续的发展动力和回报。比如，政府对于高科技企业的创办给予的良好支持，包括制定具有引导性的政策、制定新的法律法规；建立高新技术创业园区、减免部分新创企业税收；提高新创企业的审批效率；鼓励留学人员创业等。同时，创业者在作出创业决策时，需要考虑新创企业的产品和服务是否符合当地政府的要求，企业的经营业务将受到政府鼓励还是抑制；能够享受哪些优惠政策，需要履行怎样的企业义务。良好的外部环境将有助于创业者降低创业风险，获得必要的创业资源，提高创业成功率。

（二）内在有强烈的创业意愿

很多创业者都是在强烈创业意识的激发下创立自己的企业。创业者在自己的学习、研究和社会实践当中，发现了市场需求和痛点，拥有了解决需求和痛点的新技术、新手段、新模式，在强烈的责任感和使命感的驱动下去创办企业。选择自己喜爱的事业去开创，按照自己喜欢的方式去做自己喜欢的事情。在自己创办的企业里为自己工作，做自己喜欢的事情，实现自己的人生理想和抱负，是大多数创业者的创业动因。创业具有高度不确定性，失败概率高。一个没有强烈创业意识的人，是不可能有效应对创业可能面临的各种风险、挑战的。假如人云亦云，受其他人影响或盲目上阵创办企业，则必然会败下阵来。也正是在这种强烈的使命意识驱动下，很多企业应时而生。

（三）出现了有利的商机

很多很好的商业机会并不是突然出现的，而是对于"一个有准备的头脑"的一种"回报"，或是当一个识别市场机会的机制建立起来之后才会出现。

寻找市场空白，这可能是最直接有效的发掘有利市场机会的方法了。有空白就存在着巨大的消费需求。但问题是创业者本人看到的市场空白别人往往也能看到，即使自己先看到，以后也容易被后来者模仿甚至超越。在温州有一个拥有千万资产的人叫叶建林，他创业成功的秘密就是"生意一火就转行"。从开酒楼始，到大排档、火锅店，每一次他都创当地行业之先河，而且盈利颇丰。道理就在于他能敏锐地发现和抓住市场空白，捷足先登。

（四）创造了独有的产品

这是创业者起步创业的最为直接的可能性。刘奇，华中科技大学 2022 届光电信息工程专业博士，至今拥有超 10 年创业经历。硕士研究生时期便自主研发了精密电导盐密测试仪、灰密度测试仪、无线高压核相器、无线绝缘子测试仪等，产品成功进入东南亚市场，在菲律宾电网工程项目中标近百台设备。2022 年公司完成种子轮、天使轮和 AA 轮融资，累计融资数千万元，完成能源、智慧环境、智慧城市等业务场景落地，累计销售额近亿元，企业入选国家高新技术企业与"光谷瞪羚企业"。

（五）形成了独特的商业模式

21 世纪是信息世纪，互联网的飞速发展极大地推动了信息的数字化和网络化，信息的获取和传递变得非常容易。截至 2022 年底，我国网上用户已超过 12 亿人，一些著名的大公司和中小公司纷纷上网，通过互联网获取和发布信息，直接进行网上交易。借助互联网，顾客可以随时在网上购物，公司也可以利用互联网为消费者提供适时、特定服务，企业之间也可以通过互联网进行产品销售，因此互联网上蕴藏着大量的商机。

由于 B2C 模式在中国已经有了一定的发展。同时，从美国、欧洲等发达国家电子商务已经取得的成绩来看，B2B 电子商务在未来具有很好的发展前景，一大批 B2B 电子商务公司在世界各地不断地涌现出来。由此可以看到，一个有着巨大市场潜力的商业模式也能带动大批企业的创立。

（六）拥有与众不同的独特资源

这里说的独特资源有很多种，例如获得了某种有利于自己独立创业的特许权也是一种独特资源。创业者一旦拥有了这类权利，就不会遇到过多的竞争者，就不会进入一个拥挤的市场，创业成功的概率自然会大大提高。

二、创办企业的三种方式

创业者决心投入创业行列时，需要考虑采取何种创业方式，是独创、合伙还是收购。

为此，要将自己的经营能力、可动用经营资源与可能的创业方式作一番慎重评估，才能最后作出决定。

（一）独创

独创是指创业者独立创办自己的企业。在现代社会，个人独立创业已成为一种很普遍的现象，创业者往往通过工艺创新、市场营销创新等非技术创新手段而成功地创建企业。

独创企业的特点在于产权是创业者个人独有的，相对独立，而且产权清晰，不会与其他个人或团体产生产权问题。企业由创业者自由掌控，创业者可按自己的思路来经营和发展企业，无须担心他人分利；同时无须迎合其他持股者的利益要求和其对企业经营的干扰，这是十分有利的。

但是，独创企业也存在着不利的一面，主要表现在：

(1) 创业者需要独自承担风险。虽然创业者个人的利益是独立的，但其风险也是独立的，创业者需要独立承担创业中的所有风险。这在激烈竞争的市场环境中，往往是极为危险的。

(2) 创业资金筹备比较困难。由于独创企业在法律上不得不采取业主制的组织形式，在企业组织的存续上存在先天性缺陷，因此这类企业往往很难得到金融机构的信贷支持。

(3) 财务压力大。设立和经营企业的一切费用必须由创业者个人独立承担，创业者将面对较大的财务压力。

(4) 个人才能的限制。创业者的智慧和才能终究是有限的，独创企业设立、运营和发展过程必然会受到个人智慧、才能和理性的限制。

(5) 难有优秀的管理团队。独创企业很难有优秀的管理团队。一个好汉三个帮，任何具有较强创新与创业精神的员工都不会心甘情愿地长期服务于这样的企业，且由于高层员工不是企业的股东，他们极易与创业者离心离德。

（二）合伙

合伙是指加入他人现有企业或与他人共同创办企业。创业者需仔细考虑采用这种方式发展企业的可行性。合伙企业还可以被看作是弥补企业扩张时的资源不足，对市场竞争和市场机会更快地作出反应的众多方法之一。作为一种扩张策略，有效地利用合伙战略需要创业者认真地评估形势和合作者。

与独创企业相比，合伙企业有以下几个优势：

(1) 共担风险。由于合伙企业存在至少两个或两个以上创业者，因此在风险承担方面可以共同分担，在遇到各种困难时可以一起克服。

(2) 融资较易。在合伙企业中吸纳具有融资优势的个人加入，可以减弱甚至回避个人独创企业融资难的问题．

(3) 优势互补。由于合伙企业的创业者为两人或更多，创业者的智慧、才能、理性以及资源可以互补，只要团队结构协调、合理，即可以形成一定的团队优势。

但是，合伙企业也存在一些问题，主要表现在：

(1) 产权关系不明晰，关系难处。在我国有关创业的法律体系不完善的情况下，合伙企业往往会遇到产权关系难以处理的问题。特别是合伙创业起步之初，往往需要某些无形资产持有者的加入，但无形资产的股份难以合理确认，且当企业发展到一定程度，无形资产提供者在企业中的地位和利益往往会遇到挑战。

(2) 易产生利益冲突。合伙意味着多个人的利益交织在一起，团队成员之间的利益关系需要反复磨合，在企业设立、运营、发展中不免会产生这样或那样的利益矛盾。一旦利益关系出现了大的不协调，就可能导致企业存续和运营的危机。

(3) 易出现中途退场者。当团队内部出现了较大的利益矛盾，或是某些团队成员遇到了更好的盈利机会，抑或是某些团队成员已有能力独立创业，以及某些团队成员畏惧创业中出现的困难时，这些成员就可能退出现有的创业团队。一旦有人退出，就有可能影响合伙创业的进程，以至影响到新创企业的发展。

(4) 企业内部管理交易成本较高。常言道人多嘴杂，企业设立、运营和发展都需要有集体决策，如果团队内部沟通不好，关系不协调，往往会形成大事小事皆议而不决的局面。

(5) 企业发展目标不统一。由于各合伙人的商业目的不一致，可能导致企业发展方向不统一。

（三）收购

投资收购现成的企业，包括既有企业并购（经营成功企业并购、待起死回生企业收购）和购买他人智能（知识产权的收购、特许加盟）等方式。客观地看，创业不外乎是培育某种财富生产能力，为自己创造利润，为社会提供福利。因此，投入资金，通过产权交易，直接变他人的财富制造能力为自己所有，也不失为创业的可行途径。

1. 收购方式的优点

(1) 迅速进入。新创企业进入市场时总会遇到这样或那样的障碍，诸如技术壁垒、规模壁垒、市场分割壁垒、政府许可壁垒等。收购方式最基本的特性就是可以省掉很长的时间，迅速获得现成的管理人员、技术人员和设备。可以迅速建立一个产销据点，有利于企业迅速作出反应，抓住市场机会。如果被收购企业是一个盈利企业，收购者可以迅速获得收益，从而大大缩短投资回收年限。

(2) 迅速扩大产品种类。收购方式可以迅速增加母公司的产品种类。尤其是原有企业要跨越原有产品范围而实现多样化经营时，如果缺乏有关新的产品种类的生产和营销方面的技术和经验的话，显然采取收购方式更为稳当。

(3) 选择性大。目前，个别行业的生产能力是过剩的，如在轻工行业，某些产品的生产能力超过市场需求的25%，有些甚至超过100%。其他一些行业也有相似的情况，这就给购买他人的生产能力提供了较大的选择空间。创业者关键要在可能的购买对象中作出恰当的选择。

(4) 利用原有的管理制度、管理人员和技术。采取收购作为直接投资的方式，可以不必重新设计一套适合当地情况的经营管理制度，这样可以避免对该领域或该地区的情况缺乏了解而引起的各种问题。收购技术先进的企业可以获得该企业的先进技术和专利权，提高公司的技术水平。

(5) 采用被收购企业的分销渠道。这样可以利用被购企业已经成形的市场分销渠道以及企业同经销商多年往来所建立的信用。

(6) 获得被购企业的市场份额，减少竞争。市场份额的增加会导致更大规模的生产，从而实现规模经济。企业可以收购作为竞争对手的企业，然后将它关闭来占据新的市场份额。

(7) 获得被购企业的商标。收购一些知名的企业往往可利用其商标的知名度，迅速打开市场。

(8) 廉价购买资产。一种情况是，从事收购的企业比目标企业更清楚目标企业所拥有的某项资产的实际价值。例如目标企业可能拥有宝贵的土地或按历史折旧成本已摊提了，可是在账簿上还保有的不动产，这就导致有时低估了这项资产的限期重置价值使得收购者得以廉价地买下这家企业。另一种情况是，收购不盈利或亏损的企业，可以利用对方的困境压低价格。

(9) 迅速形成自己的财富生产能力，加快进入市场的速度。在新经济时代，要求企业对市场变化、市场竞争有更快的响应速度。新建一种财富生产能力，往往要花数月甚至数年的时间。等到生产能力建成了，市场机会早被他人抢走了。而购买他人现有的生产能力，只需进行必要的技术改造，即可迅速提供市场需要的商品，实实在在地抓住某些盈利良机。

2. 收购方式存在的缺点

(1) 价值评估困难。其一，个别目标企业为逃税漏税而伪造财务报表，存在着各种错误和遗漏，有的目标企业不愿意透露某些关键性的商业机密，加大了评估难度；其二是对收购后企业的销售潜力和远期利润的估计困难较大；其三，企业的资产还包括商誉等无形资产，这些无形资产的价值却不像物质资产的价值那样可以轻易用数字表示。

(2) 失败率高。失败有很多原因，一个重要的原因是被收购企业的原有管理制度不适合收购者的要求。如果原有的管理制度好，收购企业可以坐享其成，无需很大的改变；若原来的管理制度不符合要求，收购后对其进行改造时习惯原有经营管理方式的管理人员和职工往往对外来的管理方式加以抵制。收购企业在被收购企业内推行新的信息和控制体系常常是一个困难而又缓慢的过程。另外企业虽然可以通过收购方式获取市场份额和产品技术，但如对被收购企业的产品种类缺乏经验，可能无法进行有效的管理，这也会导致收购的失败。

(3) 现有企业往往同它的客户、供给者和员工有某些契约关系或传统关系，例如现有企业可能同某些老客户具有长期的特殊关系。该企业被收购后，如果结束这些关系可能在公共关系上代价很大，然而继续维持这些关系可能被其他客户认为是差别待遇。与供给者之间的关系也可能会碰到类似的情况。

(4) 转换成本高。一般而言，收购对方的生产能力后，总要对被收购企业的生产能力进行某些技术改造，这就涉及所谓转换成本问题，包括技术改造成本、原有某些设备提前报废的损失、原有人员进入新岗位的培训费用增加等。这是购买现有企业生产能力时不得不考虑的问题。

(5) 选择收购对象是个难点。要恰当地选择目标企业，进而购买它，不是一件容易的事情。通常在选择购买对象时，创业者应该考虑如下问题：目标企业目前的市场地位、未来的市场地位，目标企业目前的技术能力、技术能力的成长性，目标企业的负债状况，目标企业目前的经营业绩，目标企业要求的出资方式及其方便性，并购后技术改造需要的增量投资，可能随之增加的企业社会负担等。

(6) 原有企业的包袱会随之而来。创业者如果收购某个企业，常常也不得不随之收购现有企业原本承担的某些社会义务。收购也可能导致人力资源管理上的麻烦。现有企业被收购以后，由于企业的整顿往往会产生大量的剩余人员，对这些人员的安置和报酬的支付，在企业的经济效益上或在道义和法律上都会碰到麻烦。收购过程没有正规的程序，目前尚无确定正确的步骤以及各种情况下的最好选择。

因此，在收购过程中，个人理念、良好的商业感觉以及对每个机会谨慎乐观的探索都是无可替代的。有人提出成功收购一个企业的框架，必须经过这样几步：确认目标、价值评估以及交易谈判。

三、企业注册流程及注意的问题

（一）企业开办的注意事项

1. 法人资格

法人是具有民事权利能力和民事行为能力，依法独立享有民事权利和承担民事义务的组织。法人企业或机构都必须由董事会任命法人代表，内资企业法人代表可以是有选举权的守法中国公民，不一定占有股权。法人代表不应有税务不良记录，否则会带来不必要的税务麻烦。

2. 注册资金

个体户和分公司是不需要注明注册资金的，注册资本实行认缴制后，取消了最低注册资本的要求，而且首次不需要实际出资，也无须再提供验资报告，这大大降低了注册公司的成本，换句话说，现在是近乎零成本注册公司。

3. 公司住所

根据《公司法》和《物权法》的规定，公司注册的商业产权证上的办公地址最好是写字楼，对大学生创业者来说，目前学校及各县市的许多经济园区或孵化机构都可以免费或优惠提供公司住所。

4. 银行开户

领取营业执照后，需去银行开立基本账户，各个银行开户的要求略有不同。开立基本账户需要提前准备好各种材料，一般包括营业执照正本原件、身份证、组织机构代码证、公财章、法人章等。基本账户是存款人因办理日常转账结算和现金收付需要开立的银行结算账户。基本账户是存款人的主办账户，存款人日常经营活动的资金收付及工资、奖金和现金的支取，应通过该账户办理。

5. 税务登记

税务是公司注册后涉及到的比较重要的事务，一般要求在申领营业执照后的30天内到税务局办理税务报到程序，核定税种税率。另外，每个月要按时向税务机关申报税，即使没有开展业务不需要缴税，也应进行零申报。

（二）企业注册流程

企业注册的基本流程：查名（工商局）→开户注资（银行）→验资（会计事务所）→申请营业执照（工商局）→申请组织机构代码证（质量技术监督部门）→申请税务登记证（税

务机关)。

第一步：查名，即"企业名称预先核准"。

1. 规则

查名 (核名) 是企业登记注册的第一步，创业者需要通过市场监督管理机关的企业名称申报系统，提交拟注册的企业名称；企业名称申报系统对申请人提交的企业名称进行自动查询比对和筛选，并作出风险提示。

公司名称要符合规范。一般来说，企业名称是由"行政区划 + 公司字号 + 行业表述 + 组织形式"构成的，例如：武汉 (行政区划) + 昕驰 (公司字号) + 科技 (行业表述) + 有限公司 (组织形式)。

2. 准备资料

(1) 全体投资人的身份证复印件；

(2) 注册资金的额度及全体投资人的投资额度；

(3) 公司名称 (最好提供五个以上)、公司经营范围；

(4)《企业名称预先核准申请书》一份。

3. 查询

资料备齐后报送工商局，根据各地不同情况一般在 1 ～ 5 个工作日内告知结果，如果公司名称被作出驳回的决定，则需提供其他名称重新查名。

4. 核准

若企业名称获得核准，授予《企业名称预先核准通知书》一份，该通知书一旦下发不得修改，有效期为六个月，企业需要在此时间段内完成注册。

第二步：开户注资。

查名后，必须前往银行为公司开立临时账户，又称验资账户。

1. 准备资料

(1) 相关合法机构刻制的公司公章、所有股东章、公司财务章；

(2) 所有股东的身份证或其他有效证件原件和复印件 2 ～ 3 份；

(3) 如股东不能前往而授权他人办理，则需出具由股东签名的授权书；

(4)《企业名称预先核准通知书》原件和复印件 2 ～ 3 份；

(5)《银行询证函》2 份。

2. 开户手续

(1) 填写《开立单位银行结算账户申请书》，并加盖所有股东印章；

(2) 与银行签订"人民币单位银行结算账户管理协议"，开户行与存款人各执一份；

(3) 银行查验相关证件；

(4) 审核通过后当场开户并拿到临时账户账号。

3. 注资

(1) 按照《企业名称预先核准通知书》上的股东数量及投资比例进行注资；

(2) 现金注资按股东数量每位填写一份缴款单，随后通过银行柜台把资金注入账户；

(3) 非现金注资注意资金的来源必须和股东相同，同样也是每位填写一份进账单，随后通过银行柜台把资金注入账户。

(4) 注资成功后将得到银行验证后的进账单或缴款单、对账单、银行询证函。

注意：

(1) 进账单或缴款单上的款项来源必须要填写"投资款"；

(2) 对账单上必须加盖银行业务章或公章，银行询证函也要盖银行业务章或公章。上述两单一般由银行直接邮寄到会计事务所。

(3) 开设验资账户时不可加盖公司公章和财务章，只能加盖所有股东章。

(4) 对账单上必须要有公司全称、账号、账户进账明细、账户余额。如果银行打印的对账单是英文版的必须要转换成中文版。对账单、询证函上的银行盖章一定要清楚。

(5)《企业名称预先核准申请书》原件需归还工商行政管理机关。

第三步：验资。

1. 业务简介

验资是指注册会计师依法接受委托，按照要求对被审单位注册资本的实收或变更情况进行审验，并出具验资报告。

2. 准备

(1)《企业名称预先核准通知书》；

(2) 公司章程；

(3) 个人股东提供身份证，法人（公司）股东提供营业执照；

(4) 股东投资款缴存银行的银行进账单或缴款单、对账单、银行询证函；

(5) 如个人股东是以个人存折转账缴存投资款的，则需提供个人存折；

(6) 与会计师事务所签订验资业务委托书，委托会计师事务所验资；

(7) 协助会计师事务所到公司开户银行询证股东投资款实际到账情况；

注意：

提供以上资料时，会计师事务所需验原件后留存复印件。

3. 受理

(1) 与会计师事务所签署委托书，商定验资双方责任、收费标准、支付方式、日期等；

(2) 会计师事务所审阅经审批机关批准的企业合同、章程、协议和董事会决议，以及有关会计报表和其他财务资料，并填制企业基本情况表；

(3) 会计师事务所查验企业注册资本各方认缴份额、出资方式、缴付期限等；

(4) 查验投资者认缴的出资是否为自己所有并且未设立任何担保物权的实物、工业产权、专有技术等。凡是以实物、工业产权、专有技术作价出资的，出资者应当出具拥有所有权和处置权的有效证明；

(5) 对投资者提供的各项凭证文件，要分别采用核对、审阅、查询、盘点、分析等方法，确定证件是否有效，计量是否合理，数据是否正确，手续是否完备；

(6) 在验资中如发现投入资本或与投资相关的资产负债会计处理存在差错等问题要认

真填入验资记录，并要求企业于约定时间内对有关账册凭证进行补充、修改和调整，再由注册会计师进一步验证核实；

(7) 检查验证工作结束后，注册会计师根据取得的资料证据和验资记录，最后编写验资报告；

(8) 约定时间后到会计师事务所领取验资报告，以此到工商行政管理机关登记备案。

第四步：申请营业执照。

为节约时间，我们可在办理查名或银行业务 (开户注资) 时同步进行申请营业执照的准备工作。

1. 准备资料

(1) 由公司法人代表签字或盖章的《公司设立登记申请书》；

(2) 由全体股东签字或盖章的《指定代表或者共同委托代理人的证明》，同时提供指定代表或委托代理人的身份证复印件 (正反两面都要复印)，注意标明指定代表或委托代理人的办理事项、权限及授权期限；

(3) 公司章程，由全体股东签字或盖章；

(4) 全体股东身份证复印件或其他资格证明文件 (股东为企业的，提交营业执照正副本复印件；股东为事业法人的，提交事业法人登记证书复印件；股东为社团法人的，提交社团法人登记证复印件；股东为民办非企业单位的，提交民办非企业单位证书复印件；其他股东提交有关法律法规规定的资格证明)；

(5) 由依法设立的验资机构出具的验资证明；

(6) 股东首次出资是非货币财产的，提交已办理财产权转移手续的证明文件；

(7) 董事、监事和经理的任职文件及身份证复印件；

(8) 法定代表人任职文件及身份证复印件；

(9) 住所使用证明 (即注册地址)；

(10)《企业名称预先核准通知书》；

(11) 法律、行政法规或者国务院决定规定设立有限责任公司必须报经批准的，提交有关的批准文件；

(12) 公司申请登记的经营范围中有法律、行政法规或者国务院决定规定必须在登记前报经批准的项目，提交有关的批准文件。

2. 签字验证

工商行政管理机关通常要求全体股东及公司任职人携带身份证原件或其他证件原件亲自前往当地工商行政管理机关进行当场签字验证。

第五步：申请组织机构代码证。

领取了营业执照，并非代表公司注册流程已经完成，还需要办理组织机构代码证。办理组织机构代码证一般需要以下资料：

(1) 组织机构代码申请表；

(2) 有效营业执照副本及复印件；

(3) 法定代表人身份证复印件和经办人身份证复印件各一份；

(4) 单位公章。

第六步：申请税务登记证。

注册公司的最后一步是到税务机关申请税务登记证。要在领取工商营业执照之日起30日内申报办理税务登记，还要办理财会制度及核算软件备案、开设银行基本户、申请税控设备及发票等。申请税务登记证需要提供以下资料：

(1) 税务登记表；

(2) 营业执照；

(3) 组织机构代码证；

(4) 法人代表和负责人身份证；

(5) 投资者身份证明的证件复印件 (个人需提供身份证复印件，企业需提供税务证复印件)；

(6) 有限责任公司提供公司章程；

(7) 验资报告；

(8) 租房协议或产权证书。

第二节　初创企业的经营活动

经营是用有限的资源创造更大的附加值，以满足人们需求的商业活动。发挥资源效能，创造更多附加值是经营的本质。

企业经营是指企业通过售卖产品或提供服务，以满足客户需要，从而获得客户给予价值回报的一系列社会活动。直白地说，企业经营就是投入较少的资源，获得更多产出和回报的过程。但初创企业又有不同于其他阶段企业的经营特点。

一、以生存为首要目标

初创企业的首要任务是从无到有，把自己的产品或服务卖出去，掘到第一桶金，从而在市场上找到立足点，使自己生存下来。在创业阶段，生存是第一位的，一切围绕生存运作，一切危及生存的做法都应避免。最忌讳的是在创业阶段提出不切实际的扩张目标，盲目铺摊子、上规模，结果只能是"企者不立，跨者不行"。

在创业阶段，亏损，盈利，又亏损，又盈利，可能要经历多次反复，直到最终持续稳定地盈利，才算是度过了创业的生存阶段。创业企业要超越已有的竞争对手，一定要探索到新的成功的生存模式，这才是新创企业经营活动的本质所在。

1. 顾客满意法则

"顾客满意"，就是客户接受有形产品或无形产品后感到需求得到满足，实现了产品的价值。

商品销售的现实目标是实现销售利润。企业在提供产品、服务的时候，要提高顾客的接受程度。顾客对商品价值的接受程度既来源于产品质量、服务水平、企业形象及员工素质等方面的价值观，也取决于顾客为获得这种产品所支出的成本的总和，包括货币数量、时间长短、精力大小、心理感觉等方面的成本观。顾客在建立自己期望值的过程中总是趋向于用最小的成本获取最大的价值。经营者要运用经营技巧控制好节奏，使顾客在降低期望值的同时增加感受值的比重，提高接受程度，加大成本投入，做成生意。

"顾客满意"就是努力为顾客提供产品和服务，使企业经营获得利润，使产品实现价值。在企业内部，下一道工序是上一道工序产品的顾客；在企业外部，买受人是产品的顾客。企业的内外顾客都能够满意地、忠诚地、长期地与"产品"有固定的联系，则企业经营就能够获得效益。产品满意是前提，服务满意是保证。企业对员工的管理工作要卓有成效，生产的产品成本较低，价廉物美且具有特色差异，适销对路，才能实现盈利。

2. 成本领先法则

企业经营管理的核心目标是获得利润，所以规划价值取向和价格定位必须坚持成本领先的策略。经营项目投资前要认真做好调查研究，分析成本、费用结构及价值规律。在测算成本和利润的时候留有一定的空间。企业生存发展的基本法则是理财有术、生财有道、聚财有法。只有在关键阶段、环节，把价值链条中的成本控制好，利润空间最大化，才能实现较高的经济效益。

商品价格是决定企业经营销售成功与否的重要因素，定价技巧更显得尤为重要。设定价格要瞄准两把标尺，一是顾客购买力及同类产品市场价位的标尺，二是企业产品市场地位、成本及盈利比率的标尺。价格超值、吸引顾客，是经营者逐鹿市场获得成功的不二法宝。企业只有严格控制成本，努力做到商品价廉物美，又要有创新精神，提高服务质量，实现超时空的价值，才能牢牢把握市场，取得经营成果。

3. 人本管理法则

企业生存的秘密武器是"以人为本"的管理机制形成的员工向心力，是建章立制和按规章制度办事形成的"组织执行力"。人本管理重视人的作用，重视对员工的教育、培训。企业依靠员工建设企业文明，在紧抓物质建设的同时，抓好精神建设，使企业员工能力得到超常发挥，员工的智力、知识、技术与资金相结合，为企业创造价值而努力工作。企业经营的成功意味着员工个人能力的充分发挥和职业生涯的价值体现。人本管理形成员工队伍的向心力，必然会带来企业内部团结奋斗的好氛围，为企业生存发展增加活力。"以人为本"还要根据员工的个人特征进行准确的职业定位，人尽其才。

4. 社会责任法则

创业成名者中相当多的一部分，仅仅名噪一时，随即销声匿迹。原因错综复杂，其中有一条就是没有自觉地去建设责任文化，不懂得如何对社会负责任，不能创新守成。

责任文化要求企业崇尚经营伦理："赚钱是利润美德的结果，财富是经营能力的表现。"遵守经营道德："精打细算谋求最好利益，积极交易创造社会福祉。"建章立制管理："无条件执行法规制度，有目的组织创新竞争。"倡导员工奉行："努力实现岗位价值，争取服务对象满意"。

5. 营销创新法则

营销是企业生产的产品变成商品，通过交易流动实现销售价值，获取现金的过程。这一过程是决定企业经营成功或者失败的关键环节。营销创新是企业永恒的追求，随着时代发展和社会进步，以及信息技术的发展，为新的营销方式创新提供了广阔空间。营销创新包括策略、方法、渠道和广告促销策划等方面的创新，当前企业营销最突出的创新是方法的创新，企业营销已经从传统的线下渠道拓展为线下营销和网络营销相结合的方式，并且网络营销尤其是新媒体营销占比越来越大，其明显优势使之逐步成为企业销售的重要选择。

6. 博弈双赢法则

从事经营活动，需要面对市场环境各类实际的竞争问题，实质是企业生命活动中的诸多方面的博弈中。面对现实中各种各样的竞争，方方面面的博弈，企业必须站在双赢的高度采用竞争策略，按合乎规范的市场行为从事商业化活动，适应环境变化，遵守商业道德，努力争取双赢。

现代市场竞争涵盖的意义是社会生态系统，商业活动是由市场生态链的相互依存关系构成的，其中的生产制造商、渠道营销商、客户等形成系列冲突、竞争，并不是"你死我活"的关系，而是"你活我活，你死我死"的相互依赖的关系。随着全球经济一体化日趋明显，国家、企业、企业内各部门以及客户之间，这种互为依存的关系更是表现无遗。任何企业都是市场经济生态系统中的一个环节或者是一个小节点，相互影响，相对独立，相互作用，互利互惠，共同生存。企业经营只有遵守经商道德，才能立于不败之地，企业只有适应社会进化的潮流，才能生存和发展。

7. 资源整合法则

企业竞争最大的优势在于难以替代的资源优势。难以替代的资源有两种，一是生产要素中的硬件资源，如土地、资金、社区环境；另一种是软件资源，如技术、人才、人脉、企业文化等。企业硬件资源是确定的、有限的；而软件资源却是不确定的，有巨大的潜力可以挖掘。以企业内部的人力资源为例，调查研究的结果表明，一般来说，企业中的人力资源还有 70% 没有得到挖掘使用；优秀企业的人力资源效能使用率也只有 50%。企业必须努力探索有效措施让有限的资源发挥最大的效用。

在市场竞争中经营取胜的策略就是把优势的硬件资源和软件资源进行选择、整合，充分发挥资源优胜功能。必须认识到，在市场经济条件下，任何稀缺的可动性资源都可以买到，而软件资源（比如企业文化、品牌形象之类）却是难以用钱买来的，要靠经营者不断地挖掘、建设。所以，优秀的经营人才是企业最宝贵的资源，是他们决定企业的前途命运。把优秀的经营人才选择整合好，形成坚强的凝聚力，使用好硬件设备，实现"资源富集"效应，企业经营就可以获得成功。

企业必须根据自己的实际情况，把握好"资源比较优势"的原则，选择有潜力、有资源优势的经营项目，进行创新设计，创新经营。

8. 资本回报法则

对于任何一个企业，资本总是有限的，要扩大生产必须进行有效的"集资"，用经营效益给予投资者回报。企业要制订出具体的集资方法，确定回报比率，规定投资回报期限。必须讲诚信，准时给予回报，集资渠道畅通，才能拉动集资链条，才能获得大量资本。

资本与成本是相关联的。在所有资本中，人才是最重要的"资本"；在所有成本中，人力是最难以把握的"成本"。对企业来说，人力、人才是双刃剑。人力资源充分发挥效能，就是企业最有价值的"资本"，不能发挥效能则会成为企业最昂贵的"成本"。优秀员工的薪酬是"低廉"的，因为他对企业的贡献远大于他的所得；而劣质员工的薪酬是最"昂贵"的人力资源，用不好会造成大量资金成本的浪费甚至有可能给企业带来灭顶之灾。作为员工，要争做企业的人才资本，才能不断进步；作为企业，要挖掘人才资本，创造条件让人才充分发挥效能，为企业盈利多做贡献。

资本是企业的血液，投资只是手段，效益回报才是追求的目标。手段为实现目标服务，在正常的情况下，投入和产出总是成正比的。投资回报成正比，对资本才会有吸引力。但也必须认识到，当今世界产品极其丰富，买方市场已经形成，产品销售往往不能按照预期目标实现价值，一旦造成亏损，投入和产出将成反比。企业经营要懂得市场的生存法则在于"百分之一百的风险意识与最积极的求生行动"，并且能够运用智慧防范经营陷阱，实现投资获得较高回报。

9. 技术领先法则

在市场经济体制的条件下，企业真正强大的力量是先进技术与资本的有效结合。纵观世界各国的文明进步历史，也充分证明了这个共同的特点。有人认为，有了资本就可以买来技术，吸引技术人才，这是片面的、错误的。技术永远不会是资本的奴隶而是资本的主人。在企业生存竞争的发展过程中，"先进技术"居于支配地位，这已经是普遍存在的道理。

"先进技术"是企业生存、发展最重要的支持力量。企业为了生存，必须学习经营能力，学习管理技术。中小企业通过学习应用先进的经营管理技术，可以收到立竿见影的效果。这是一种投资少见效快的办法，应该引起企业经营者的重视。企业拥有先进的经营管理技术和先进的生产能力，又拥有一定的资本，二者结合，就可以形成生存、发展的巨大力量，创新进取，不断地稳定地发展壮大。

10. 和谐生财法则

市场是企业经营的载体，其间的活动必然是紧紧围绕竞争展开。社会是人们生存的载体，其最佳的活动状态就是和谐相处的氛围。所以市场文化的核心是竞争，社会文化的核心是和谐。市场和社会，一个鼓励竞争，一个强调和谐，形成一个动态平衡的系统。还要认识到，企业运转，强调员工的向心力和凝聚力；而员工向心力和凝聚力的形成则是通过内部管理架构合作与外部环境和谐来实现的。

市场、社会、企业三者之间环环相扣，相互制衡。首先，市场经济体制竞争的本质决定了企业自诞生之日起就必须按照市场经济规律、规则参与竞争，是市场那只"看不见的手"把握着企业的前途命运。其次，市场是社会稳定的一个组成部分，有维护社会稳定的权利和义务，也有使之和谐相处、协调发展的责任。处在市场和社会之间的企业，是参与竞争和维护稳定的一个分子，其内部结构包含着市场和社会的二重性，既要鼓励内部竞争，又要营造安定和谐的企业环境、氛围。初创企业在市场环境中以生存为第一要务，需要走和谐生财、协调发展的道路。

二、创造并保障现金流

现金流对企业来说就像是人的血液，企业可以承受暂时的亏损，但不能承受现金流的中断，这也是为什么强调"赚钱"而不是"盈利"的原因。企业的现金流是指不包括融资，不包括资本支出，以及不包括纳税和利息支出的经营活动净现金流。现金流一旦出现赤字，企业将发生偿债危机，甚至可能导致破产。现金流的大小直接反映企业的赚钱能力，它不仅是创业阶段也是成长阶段管理的重点，区别在于对初创企业来说，由于融资条件苛刻，只能主要依靠自有资金运作来创造现金流，因而管理难度更大。初创企业管理要求创业者必须锱铢必较，像花自己的钱那样花企业的钱，千方百计增收节支、加速周转、控制发展节奏。

三、创业者参与经营活动

创业过来人大都有过这样的体验：曾经直接向顾客推销过产品，亲自与供应商谈折扣，亲自到车间里追踪过顾客急要的订单，在库房里卸过货、装过车，跑过银行，催过账，策划过新产品方案，制订过工资计划，被经销商骗过，被顾客当面训斥过，等等。只有对企业经营全过程的细节了如指掌，才有可能创业成功。

四、创建充满活力的优良团队

新企业在初创时，尽管建立了正式的部门结构，但很少有按正式组织方式运作的。典型的情况是，虽然有名义上的分工，但运作起来是哪急、哪紧、哪需要，就都往哪里去。这种看似的"混乱"，实际是一种高度"有序"的状态。每个人都清楚组织的目标和自己应当如何为组织目标做贡献，没有人计较得失，没有人计较越权或越级，相互之间只有角色的划分，没有职位的区别，这才叫作团队精神。即使将来事业发展了，组织规范化了，这种精神仍在，成为企业的文化。在创业阶段，创业者必须尽力使团队时刻充满活力，否则是很难成功的。

创业初期的优势与问题

第三节　初创企业基本管理

一、初创企业管理模式

企业在组建初期其组织形式是多种多样的，但大都可以归纳为技术加资本，再加上一定人员组合而成。一般说来，在企业组建初期，因血缘、地缘、学缘以及其他各种社会关系而形成的创业团队确实具有一定的凝聚力，并能够发挥普通的契约关系难以拥有的效能。但是随着组织运营过程的持续以及组织规模的不断扩大，创业阶段形成的组织形式必然会出现方方面面的问题。比如：团队人员结构不合理、利润分配不公、欠缺有效的约束与激励机制等。这些问题在创业组织经过创业期后充分暴露出来，严重影响了企业组织的进一步发展，甚至直接导致初期创业团队的分崩离析。大量的研究证明，初创企业的管理模式不健全是产生这一系列问题的重要根源。因此在企业创业初期，对企业管理模式的选择显得尤为重要。

初创企业无论采取何种创办形式，都需要合理的企业管理模式，只有企业内部组织结构管理正常、有序，才能保证企业按照目标开展业务，达到企业盈利的目的。在企业初创时，由于人数少、业务单一，一般不存在组织结构问题，有什么事情大伙一起解决，但是随着业务规模的扩展、人员的增加，企业管理模式会变得越来越重要，因为它是企业管理的基础和框架。

1. 功能部门管理

功能部门管理是通过建立一定的功能部门，形成特定的企业组织结构，对各功能部门规定职务或职位，明确责权关系，以使企业各部门成员互相协作配合、共同劳动，有效实现企业既定目标。

创业者在建构企业内部结构时，可根据企业经营方向、自身发展阶段来选择最适合企业发展的部门结构。一般而言，有四种设置企业部门的方式可供选择。

第一种方式：按经济功能来划分部门，如图 12-2 所示。这种结构比较适用于规模较小、业务简单的企业。企业管理结构分为三层，最低一层是各功能经理层，由各行业的专家担任；第二层为公司掌管人、财、物的副总经理，掌握整个公司人流、资金流和资源流；最高一层为总经理，负责统一指挥、协调。这种部门结构的好处在于各部门能够在单个专业领域做事。

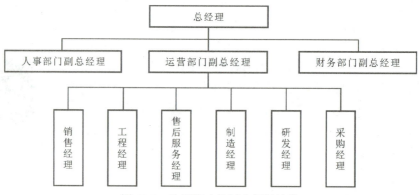

图 12-2　按经济功能划分部门结构

第二种方式：以生产管理为中心的组织结构，如图 12-3 所示。这种组织结构适合以生产为主的企业，企业以研发、生产、销售某种产品为主要业务，由总经理统一指挥，由主抓研究开发、生产管理和销售的三个副总经理各司其职；基层部门是以如何搞好研发、生产、销售为目标进行设置。这种组织结构的优点在于重点突出，围绕产品的开发、生产、销售形成一整套合理的运作模式。

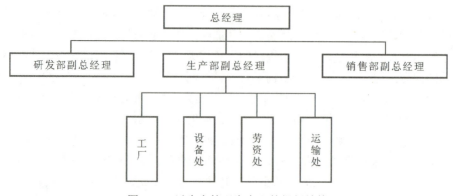

图 12-3　以生产管理为中心的组织结构

第三种方式：按地域划分部门结构，如图 12-4 所示。如果企业在各地都设有分公司或子公司，由于地域辽阔，总公司可以采取按地区划分部门。这种组织结构的好处在于各地区总经理可以根据该地区的特殊情况调整经营管理措施。

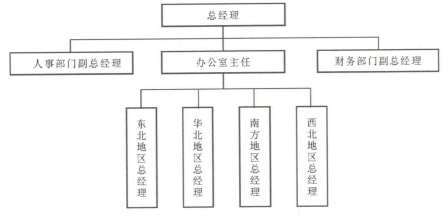

图 12-4　按地域划分部门结构

第四种方式：按照战略决策单元划分部门。这种组织结构比较适合规模庞大的、进行多元化经营的企业，企业可以按照不同业务设立独立的单元公司。例如迪士尼公司把全球的业务整合成 6 个战略业务单元：游乐园、电影集团、消费品集团、房地产开发集团、闭路电视集团和影像技术工程开发集团。初创企业一般较少用到此管理模式。

2. 项目制管理

项目制管理就是像管理项目那样去管理企业或部门，它是以项目为对象的系统管理方法，通过一个临时性的专门的组织对项目进行计划、组织、实施。

实施项目制管理，就是将不同职能部门的成员因为某一个项目而组成团队，项目经理是项目团队的领导者，他的职责就是领导他的团队准时、优质地完成全部工作，在不超出预算的情况下实现项目目标。项目经理不仅是项目的执行者，他还参与项目的需求确定、项目选择、计划直至收尾的全过程，并在时间、成本、质量、风险、合同、采购、人力资源等各个方面对项目进行全方位的管理。同时团队的项目成员也能从项目中得到提升，实现公司效益最大化，成本最小化。采用项目制管理可以帮助企业处理需要跨领域解决的复杂问题，并实现更高的运营效率。

项目制管理的主要任务一般包括项目计划、项目组织、质量管理、费用控制、进度控制等五项。项目制管理一般运用于一些特定行业或企业，例如软件开发、技术服务、资讯类、设计工作室等，这些企业一般业务灵活度高、专业性强。初创企业通常主要以项目管理为主要管理模式，但随着企业的不断发展，项目管理由于其临时性、不可重复性等特质就不再适用了。从管理者的角度来说，还是要考虑建立一定的功能化管理结构，配合项目管理一起使用。

集权控制还是分权管理

二、塑造创业企业文化

万科企业股份有限公司前董事长王石说过："企业文化应该是包括企业的核心理念、

经营哲学、管理方式、用人机制、行为准则、企业氛围的总和，是一个综合体。从根本上讲，企业文化是一个企业生生不息的源泉。"良好的企业文化在企业成长过程中绝不仅仅是一个名词，它是企业发展的动力、源泉，需要企业所有的人共同建设与维护。

（一）创业阶段企业文化的内涵与特性

文化是社会发展的内在源泉，企业文化是企业发展的内生动力，给企业带来核心竞争力的持续提高。

企业是构成社会经济实体的基本单位，企业在经营管理的过程中必然产生一系列的文化现象。当然，不同的企业有不同的特点，其文化也展现出一定的风貌。

20世纪初，美国哈佛大学教育研究院的教授泰伦斯·迪尔和麦肯锡咨询公司顾问爱伦·肯尼迪在长期的企业管理研究中积累了丰富的资料。他们在6个月的时间里，集中对80家企业进行了详尽的调查，写成了《企业文化——企业生存的习俗和礼仪》一书。该书用丰富的例证指出：杰出而成功的企业都有强而有力的企业文化，即为全体员工共同遵守，但往往是自然约定俗成的而非书面的行为规范；并有各种各样用来宣传、强化这些价值观念的仪式和习俗。正是企业文化——这一非技术、非经济的因素，对企业的影响大到决策的产生、企业中的人事任免，小到员工们的行为举止、衣着爱好、生活习惯。

关于企业文化，不同的学者有不同的理解。一般认为：企业文化是一种在实际从事经济活动的组织之中形成的组织文化。它所包含的价值观念、行为准则等意识形态和物质形态均为组织中的成员共同认可。企业文化是企业的灵魂，是推动企业发展的不竭动力。企业文化包含三个层次：一是精神层，即渗透到员工思想观念里的文化内涵，它从根源上影响和指导员工的行为；二是制度层，是通过制度规章等规范员工行为，是通过强压方式形成的外层文化；三是物质层，它具有短暂性和易于粉饰性的特点，如通过改变厂容厂貌、更换员工制服等方法来提升整个企业形象。

虽然处于创业阶段的企业力量比较薄弱，但一样具有自己的企业文化。广义上讲，初创企业的企业文化是指与创业有关的社会意识形态、文化氛围，其中包括人们在追求财富、创造价值、促进生产力发展的过程中所形成的思想观念、价值体系和心理意识，主导着人们的思维方式和行为方式。狭义来看，初创企业的企业文化是对于创业期的企业文化建设而言的，一般来说，它首先来自于企业家的某些观念、直觉和行为习惯，并作为成文或不成文的条例或规范用以指导和约束员工。通过提炼、规范和长时间的灌输，逐渐融入员工的行为甚至观念中，久而久之就形成企业独特的价值观和道德观，即企业的文化。

初创企业的企业文化，其特点也比较明显，具体体现在：

(1) 个人光环性。初创企业往往是创业者亲手打拼出来的，在企业的方方面面都深深地留下了创业者的思想印记。这种印记也是创业者个人性格的体现。于是，在具体的企业文化形成之时，创业者的思想自然也就融合进去了，个人光环也就由此形成。

(2) 自发性。创业者对企业的控制在初期一般是比较强势的，创业者总是在自觉与不自觉间用自己的某些人生观、价值观以及一些行为习惯来指导和约束员工，久而久之就自发地形成了企业的文化。

(3) 非理论性、非系统性、简洁性。处于创业阶段的企业由于其尚处初创期，规模小、历史短，其文化往往是模糊的、零碎的，因而具有非系统性。而这些零碎理念的表达只是创立者用朴素、简洁的语言概况出来的，并没有明确的理念体系。另外，中小企业在创业阶段也没有能力和条件建立系统的企业文化体系，但这并不等于说初创期的企业可以不要企业文化。恰恰相反，创业企业由于创业物质条件相对缺乏，更需要有自己的核心理念，以此来鼓舞和激励员工，作出企业正确的战略发展规划。

（二）创业阶段企业文化塑造的途径

索尼的创业故事也许值得我们深思。井深大于 1945 年在第二次世界大战后的日本创立索尼时，除了考虑公司的产品和营销，还做了一件非常罕见的事情，为这个新创的公司确定了一种以创新为核心的理念，包括明确的价值观、企业目标和管理方针，这些都是索尼公司文化的核心。40 年后，索尼 CEO 盛田昭夫用简洁优美的声明重新阐述公司的理念，称之为"索尼的先驱精神"。这种精神起源于公司创立之初，近半个世纪基本不变，是公司重要的指导力量。

塑造企业文化是一个系统工程，只有通过这些活动的互相作用，企业文化的建设才可能完整、有效。

1. 确定企业文化的模式

企业的性质决定企业文化的性质，而企业文化模式则是社会和企业生产关系的具体形式。社会经济文化生活和企业经营活动的一切方面、一切环节都会直接、间接地通过企业文化反映出来。通常情况下，企业选择文化模式的一般依据是生产力发展水平、生产关系的性质、国情和企业个性。有人把中国企业文化模式归纳为风险型、竞争型、稳妥型和保护型四种。

风险型文化模式所关注的不只是企业眼前的利益，更关心企业的未来。这类企业的领导对未来发展的拼搏精神和投资意识都是不同凡响的，他们通常决策果断，态度坚决。由于风险型企业文化存在着成功和失败两种可能，如果能够减少风险，战胜风险，往往会取得比其他企业更大的回报。

竞争型文化模式既重视同其他企业的竞争，也重视企业内部部门之间和个人之间的竞争，善于通过各种竞争去解决问题，提高企业效率。

稳妥型文化模式较多地关注已经取得的企业业绩，多有戒备的心理和守业的心态，一切求稳渐进。由于他们行动迟缓往往会失去经营的良机。

保护型文化模式重视已有的管理规范的程序化，习惯一切照章办事，不思创新，对如何随环境变化开创企业新路缺乏动力。

四种文化模式各有利弊，为了企业更好地迎接未来的竞争和挑战，需要企业在创立之初就确定企业的发展模式。

2. 形成企业理念

企业文化的功能与企业理念的功能多有重复性或相似性，而企业理念作为企业文化的核心，其主导与提携作用是十分明确的。企业理念之所以成为企业活力的源泉，成为调动员工积极性的动力，就在于一方面理念能把广大员工的潜力发掘出来，使之服务于该企业共同的事业；另一方面是使个人目标和企业目标得到统一，减少企业的"内耗"。企业理念的确定需要从企业理念定位、企业个性化以及事业领域界定这几个方面来综合考虑。当然，企业理念识别作为企业识别系统的一个组成部分，还需要企业的视觉识别和行为识别来共同帮助建立和形成企业文化。

3. 创业者要成为企业文化的缔造者和推动者

《哈佛商业评论》前主编、华裔经济学家忻榕指出，企业文化取决于老板，尤其是创业老板，不仅在中国，西方也是如此。企业领导者是企业文化的龙头，要塑造和维护企业的共同价值观，领导者本身就得成为这种价值观的化身，并通过自己的行动向全体成员灌输这种价值观。领导者要充分发挥倡导作用、典范作用、推动作用、创新作用，既要注重对企业文化的总结塑造、宣传引导，也要表率示范，在每一项具体工作中都体现企业的价值观，并不断创新。

4. 企业文化要强化其执行力

经过企业发展战略的规划，核心能力以及核心价值观的形成，企业文化初步成形，而这仅仅是开始，企业成员对于企业文化还只是停留在了解阶段，让企业成员高度认同企业价值观并将其转化为自觉行为才意味着长期的胜利。企业文化的建立需要企业坚定切实地执行其所倡导的一切，具体体现在以下几个方面：

(1) 领导团队身体力行，带头实施推行文化。企业文化说起来是一些理念和口号，但实质是"行为"。价值观不应该只是每天不断地说教，而应该每时每刻体现在每个细节上。从根本上说，企业文化要靠每天的决策、做事、待人的方法来形成，而且企业文化是多数人形成的，不是一个领导者提倡就能形成的。领导者需通过其非常敏锐的洞察力，关注组织所有成员的心理以及客观的环境，通过口号和行为引导，达成共识，让大家行为一致，形成优势文化、强势文化，并且以身作则，真正成为文化执行的先行者和推动者，并且具有组织变革的勇气和决心。

(2) 企业文化的精神层面需要物质层面和制度层面的保障。精神层面的东西需要物质层面和制度层面的不断刺激才能够影响深刻和长久。员工的思想很简单也很直接：遵守这样的价值观、认知观能够给他带来直接的收益，不管这个收益体现在金钱上还是在职业发展上。所以，要有意识且明确地表明，企业文化的建设和员工的利益是联系在一起的，这样对企业文化的建设和管理就较为容易。另外，企业文化虽表现为一种行为，但最终还要落实在制度上，公司如不建立自己的行为规范，员工将很难建立统一的价值观，公司管理就会呈现出无序状态，无法进行日常的生产经营，这里，企业文化表现出一种软硬结合的"管理技巧"。

(3) 团队精神。现在的企业，都会强调团队精神。有了团队精神，整个团队才会体现出强大的集体竞争力。同样一件事情，有团队精神的团队会比涣散的团队效率高很多。因为现在的社会分工越来越细，每个人的工作都是一个组成部分，如果没有团队精神，那么团队内耗就会消耗掉大量的资源。一个良好的企业文化，能在员工中自觉地产生团队精神，使员工自觉地凝聚在一起，以更高的效率来完成企业目标。对于初创企业，建立团队精神尤为重要，这是由于企业在初创期，部门之间和岗位之间的职责并不太清晰，导致部门之间和岗位之间可能产生相互推脱责任、相互扯皮、相互抱怨、丧失团队合作精神。针对这种状况，企业在进行员工考核时，要注重团队激励，加大团队精神的考核，并作为企业奖励和晋升发展的重要依据，使管理制度的"硬"管理与企业文化的"软"管理有机结合起来。

（4）培养员工的创新精神。创新是适应信息化和经济全球化的客观要求。企业从创立的第一天开始就要把创新学习提升到重要地位，企业文化不是短期可以收到成效的，需要积累和沉淀。创新学习型文化可以打破固步自封、停滞不前的局面。市场竞争日趋激烈的今天，应该让每个员工感受到市场压力，由市场来评判员工的劳动是否有效。员工如果要在激烈的竞争环境中工作自如，就必须在自己的工作岗位上有所创新。

科学技术的飞速发展，对企业的管理提出了更高的要求。过去那种机械的、僵硬的、命令式的管理已经不适应现代管理的要求。企业管理只有建立在企业文化这个根基上，运用文化的力量和非经济的手段对员工进行管理，才能实现管理的现代化。只有把尊重人、激励人、培养人作为管理的出发点和落脚点，才能使企业形成遵章守纪、明礼诚信、团结友爱、敬业奉献、健康向上、生机勃勃的内部氛围，企业管理才可以迈向更高的层次。

三、管理你最重要的员工——你自己

1. 评估你的长处和短处

没有人擅长做一切事情。因此，正如你对新员工做的那样，应该首先评估自己最有可能成功的地方（你的优势）以及你最有可能需要别人帮助的地方（你的短处）在哪里。

客观地评价你的优点和缺点最简单的方法就是请一个你信任的人，这个人有机会观察你的行动，更重要的是，这个人愿意对你坦诚相待。

一旦你获得了对自己的客观评价，可以退一步问自己："如果我来管理这个人，我将如何利用这些优点，又该怎么面对这些弱点？"

2. 设置合理的和更高一级的目标

每一个经理都知道，必须要让每一个员工都有目标，但如何设定目标却是很棘手的事，因为如果太容易实现，员工的付出就会最小化；但是如果太难实现，员工又会变得很沮丧。

解决这个困境的最好方法就是设定两套目标：最低目标代表着你对自己的合理期望，更高一级的目标代表着有困难但是仍然有可能实现的目标。

3. 停止对自己的微观管理

自我微观管理者总是让他们的待办事项列表不断延长，一直延长到任何人都不可能完成列表上所有的事情为止。解决的方法是思考你想要的结果而不是你应该完成的任务。

与其列一个待办事项列表，还不如列一个有待达成目标的列表。然后当你计划达成某个目标时，找出最快最简单的方法。同时，继续前进，让事情自然过滤。

当你关注真正重要的事情（而不是一个任务列表）时，几乎所有真正重要的事情都会首先被完成。

4. 定期评估成绩

绝大部分公司都有绩效考核，绩效考核能够帮助管理者和员工更好地理解成功与失败，以及如果想要在未来创造成功需要做些什么。

如果你希望很好地管理自己，你必须创建一个正式的流程，根据你之前设定的目标，检查你的成绩，然后对目标进行调整。

5. 管理你的情绪

控制情绪的关键在于停止将你的情绪看成"我感觉到的东西"，并以此作为对事情的反应。相反，将你的情绪当成"你的行为"，再以此作为对事情的反应。

两者之间的不同在于：你感觉到的总是在你的控制范围之外的。例如，如果空气很冷，你的皮肤感觉到寒冷。而你做的事情总是在你的控制范围之内，你能够决定是否去做这样的行为。

例如，你丢了一家大客户。当你将情绪看成行为的时候，你就会意识到这是你自己的选择：是表现得充满恐惧和愤怒（"该死的！"），还是表现出你的好奇和深思熟虑（"我想知道我们为什么丢掉了这家客户"）。

6. 为自己的决定负责

做决策是好的管理者该做的事情，同时管理者也要为结果负责。虽然你无法控制事情，可是你可以控制你自己做出的、对这些事情负有责任的决定。伟大的企业家和伟大的领导者们都明白这一点。他们永远不会责怪其他人，而是会伸出指头指向未来。只有当他们像管理其他人一样管理自己的时候，才能够做到这一点。

四、管理好服务对象——顾客

经历过创业艰难的企业家，一生都会把顾客放在第一位，甚至可以说是铭心刻骨。一个企业的核心价值观不是后人杜撰的，是创业阶段自然形成的。在市场经济条件下，企业经营发展主要靠"顾客"，特别是"回头客"。得客户者得天下，而赢得回头客最终靠的是企业的诚信。因此，一个企业要经营长久、发展壮大，不论是初创企业还是成长期的企业，其管理要始终奉行"顾客为先，诚信为本"的核心价值观。多数创业成功的企业家，都会始终坚守"顾客就是上帝"的创业初心。

初创企业老板应抓好
三方面的管理

1. 创办企业的要素有哪些？
2. 如何做好初创企业的销售？

课堂活动一　　**创办企业的要素**

随着时代的不断进步，人们的环保意识也在不断地提高。一次性餐盒、水杯的大量使用，虽然很方便卫生，但是这不可降解的"白色污染"也着实令人头疼。现在环保部门正逐步要求用纸质餐具替代不可降解的塑料泡沫餐具，意欲消除"白色污染"。

据统计，现在我国每年仅一次性水杯和餐具的消费量就有 270 亿只。纸质餐具的利润率，最低也在 100% 以上。还有两个重要的信息：第一，纸质餐具的成本与塑料餐具相当，在价格上有竞争力；第二，在不久的将来，纸质餐具将完全取代塑料餐具，既能赚钱，又支持了环保事业，确实是一个好项目。

实施方案：

(1) 选址：在离市区较近的近郊租一间 50～60 平方米的厂房。一是可以节约租金，二是方便运输，节约成本。

(2) 装修：厂房进行一般的装修即可。

(3) 采购：购置纸质餐具成型机两台，其他用具若干。

(4) 办证：办理营业执照等。

(5) 雇工：雇请员工两名即可。

(6) 投资预算：厂房租金 (两押一租)6000 元、装修 3000 元、设备购置 (纸质餐具成型机等) 40 000 元、证照办理 1000 元、流动资金 10000 元、雇工 (2 人)3600 元、原料进货 2000 元、杂费 500 元，首期投入总预算 66 100 元。

营销要点：

(1) 办小型纸质餐具加工厂，首先要办理生产经营的手续，所以证照一定要齐全。

(2) 一定要保证产品质量，因为商家都喜欢质量好又便宜的产品。

(3) 可以与一些快餐店取得联系，因为快餐店是使用这种餐具的大客户。

问题：

在该创业案例中，涉及创业要素的具体内容有哪些？

(1) 资源：

(2) 创业者能力：

(3) 市场：

(4) 产品和服务：

(5) 技术需要：

(6) 组织团队要求：

(7) 商业机会：

课堂活动二　如何做销售？

现在，有一支签字笔，给你 10 分钟的时间，先来进行产品再设计、制订营销策略和销售策略、意向客户筛选和制订销售流程与计划等准备工作，然后面向学习小组或班级其他成员，开展你的销售工作。

比一比，看谁的销售业绩最棒！

问题：

在此项活动中，你有哪些心得感悟？获得了哪些销售经验和技能？

第十三章　创新创业训练计划与大赛

第一节　大学生创新创业训练计划

大学生创新创业训练计划是教育部组织实施的"质量工程"和高校推进创新教育的重要内容。大学生创新创业训练计划是教育部第一次在国家层面实施的、直接面向本科生立项的创新训练项目，旨在带动广大学生在本科阶段进行科学研究与发明创造的训练。这一计划 2006 年在部分高校试点，2007 年正式启动实施。十余年来，大学生创新创业训练对推动高校深化教育教学改革，形成校内外结合、创新创业教育与专业教育有机融合、理论与实践紧密结合的创新创业教育模式等起到了有力的推动作用。

一、计划内容

大学生创新创业训练计划实行项目式管理，分为创新训练项目、创业训练项目和创业实践项目三类。

创新训练项目是本科生个人或团队，在导师指导下，自主完成创新性研究项目设计、研究条件准备和项目实施、研究报告撰写、成果 (学术) 交流等工作。

创业训练项目是本科生团队，在导师指导下，团队中每个学生在项目实施过程中扮演一个或多个具体角色，完成商业计划书编制、可行性研究、企业模拟运行、撰写创业报告等工作。

创业实践项目是学生团队，在学校导师和企业导师共同指导下，采用创新训练项目或创新性实验等成果，提出具有市场前景的创新性产品或服务，以此为基础开展创业实践活动。

二、计划特点

大学生创新创业训练计划在组织管理和推动实践上具有兴趣驱动、自主实践、重在过程等特点。

(1) 兴趣驱动。不限学科专业，在导师指导下根据学生兴趣选题，促进学生个性化发展。

(2) 自主实践。鼓励学生结合学科专业，从自身所长与兴趣出发，积极参与实践创新活动，在探索、研究、创新的实践训练过程中，提出自己的观点与见解；鼓励项目团队积极参加中国"互联网+"大学生创新创业大赛等创新创业赛事。

(3) 重在过程。学生在导师的指导下进行自主选题、自主设计实验实训、组建实验实训设备、实施实验实训、进行数据分析处理和撰写总结报告等工作，不断提高学生的自我学习能力、团结协作能力和组织实施能力。

三、学校管理

武汉科技大学大学生创新创业训练计划项目坚持以学生为中心的理念，遵循"兴趣驱动、自主实践、重在过程"的原则，通过资助大学生参加项目式训练，培养大学生独立思考、善于质疑、勇于创新的探索精神和敢闯会创的意志品格，提升大学生的创新创业能力，培养适应创新型国家建设需要的高素质创新创业人才。

学校实行校级、省级和国家级"三级联动"的大学生创新创业训练计划，包括创新训练项目、创业训练项目和创业实践项目三类。

1. 申报条件

大学生创新创业训练计划项目实行项目负责人负责制，项目负责人须是全日制在校本科学生，品学兼优、学有余力，有较强的独立思考能力和创新意识，对科学研究、科技活动或社会实践有浓厚的兴趣。

每个项目负责人为 1 人，总人数不超过 5 人，每人只能参与 1 个项目；承担有大学生创新创业训练计划项目尚未结题的学生，不得继续申报；承担的大学生创新创业训练计划项目被终止的学生和导师，2 年内不可再申报。

鼓励跨学科、跨院系、跨专业联合申报。

2. 申报流程及程序

学校每年定期组织校级和省级大学生创新创业训练计划项目的立项申报和推荐工作，下达年度立项计划。学生在规定的时间内提出立项申请，学院组织专家对申报项目进行初评，结果汇总排序，报创新创业学院。创新创业学院组织专家对申报项目进行评审并公示，公示无异议后，优秀项目由学校推荐为省级大学生创新创业训练计划项目，发文公布校级大学生创新创业训练计划项目。湖北省教育厅在学校推荐的省级大学生创新创业训练计划项目中，遴选优秀项目推荐为国家级大学生创新创业训练计划项目，报教育部审批。

3. 项目管理

1) 时间管理

大学生创新创业训练计划项目实施期限一般为 1～2 年，创业实践项目最长不超过 3 年，要求在项目负责人毕业前完成，创业实践项目可延长至学生毕业后 1 年。

2) 经费管理

获批立项的大学生创新创业训练计划项目，学校给予经费资助。项目经费专款专用，主要用于项目实施中的图书费、资料费、调研费、培训费、差旅费、实验材料费、仪器设备使用费、文献检索费、邮寄费、论文版面费和专利申请 (论文和专利原则上项目负责人为第一作者) 等。

3) 项目验收

大学生创新创业训练计划项目应在规定时间内完成并结题，结题要求以学校创新创业学院当年度发布的结题要求为准。结题成果必须要与立项项目相关，且项目负责人原则上为第一作者（第一参与人）。项目所有成果发表时，须标注"国家级（省级、校级）大学生创新创业训练计划项目"及项目编号，武汉科技大学应为第一作者单位。学校组织专家评审，评审通过后予以结题。

武汉科技大学大学生创新创业训练计划项目结题要求

第二节　中国国际"互联网+"大学生创新创业大赛

一、赛事简介

中国国际"互联网+"大学生创新创业大赛（简称"互联网+"大赛）创立于2015年，是由教育部等部委主办、地方政府与高校承办的一项全国技能大赛，在全国普通高校大学生竞赛排行榜中位列第一，含金量非常高。经过几年的发展和完善，"互联网+"大赛现已成为世界青年创新创业交流与展示的顶级平台，被称为高等教育界的"奥斯卡"。

中国国际"互联网+"由来

二、总体目标

更中国、更国际、更教育、更全面、更创新，传承和弘扬红色基因，聚焦"五育"融合创新创业教育实践，激发青年学生创新创造热情，线上线下相融合，打造共建共享、融通中外的国际创新创业盛会，开启创新创业教育改革新征程。

——更中国。更深层次、更广范围体现红色基因传承，充分展现新发展阶段高水平创新创业教育的丰硕成果，集中展示新发展理念引领下创新创业人才培养的中国方案，提升高等教育新时代感召力。

——更国际。深化创新创业教育国际交流合作，汇聚全球知名高校、企业和创业者，服务以国内大循环为主体、国内国际双循环相互促进的新发展格局，搭建全球性创新创业竞赛平台，提升中国高等教育的影响力。

——更教育。落实立德树人根本任务，推动思想政治教育、专业教育与创新创业教育深度融合，弘扬劳动精神，加强学生创新实践能力培养，造就理想信念坚定、勇于创新创造的新时代青年奋斗者，提升高等教育新时代塑造力。

——更全面。鼓励各学段学生积极参赛，形成创新创业教育在高等教育、职业教育、基础教育、留学生教育等各类各学段的全覆盖，打通创新创业人才培养各环节，提升高等教育新时代引领力。

——更创新。丰富竞赛形式和内容，优化赛制选拔，改革赛事组织，激发全社会创新创业创造动能，促进高校创新成果转化应用，服务国家创新发展，提升高等教育新时代创造力。

三、主要任务

以赛促"教"，探索人才培养新途径。全面推进高校课程思政建设，深入推进新工科、新医科、新农科、新文科建设，不断深化创新创业教育改革，引领各类学校人才培养范式深刻变革，形成新的人才培养质量观和质量标准，切实提高学生的创新精神、创业意识和创新创业能力。

以赛促"学"，培养创新创业生力军。服务构建新发展格局和高水平自立自强，激发学生的创造力，激励广大青年扎根中国大地了解国情民情，在创新创业中增长智慧才干，坚定执着追理想，实事求是闯新路，把激昂的青春梦融入伟大的中国梦，努力成长为德才兼备的有为人才。

以赛促"创"，搭建产教融合新平台。把教育融入经济社会发展，推动成果转化和产学研用融合，促进教育链、人才链与产业链、创新链有机衔接，以创新引领创业、以创业带动就业，推动形成高校毕业生更高质量创业就业的新局面。

四、大赛历程与赛程

"互联网+"大赛发展至今，已有八年历史（详见表13-1），从首届大赛3.6万余件参赛项目到第八届大赛超340万件参赛项目激烈角逐，大赛孵化出许多高质量、高技术、高标准的创新创业项目。

表 13-1　大赛历程与赛程

时间	届数	大赛主题	举办高校
2015 年 6 月—10 月	第一届	"互联网+"成就梦想，创新创业开辟未来	吉林大学
2016 年 3 月—10 月	第二届	拥抱"互联网+"时代，共筑创新创业梦想	华中科技大学
2017 年 3 月—10 月	第三届	搏击"互联网+"新时代，壮大创新创业生力军	西安电子科技大学
2018 年 3 月—10 月	第四届	勇立时代潮头敢闯会创，扎根中国大地书写人生华章	厦门大学
2019 年 3 月—10 月	第五届	敢为人先放飞青春梦，勇立潮头建功新时代	浙江大学
2020 年 6 月—11 月	第六届	我敢闯，我会创	华南理工大学
2021 年 4 月—10 月	第七届	我敢闯，我会创	南昌大学
2022 年 4 月—10 月	第八届	我敢闯，我会创	重庆大学

"互联网 +"大赛如何报名？

五、赛事内容

大赛包括主体赛事、"青年红色筑梦之旅"活动和同期活动 (以第八届 "互联网 +"大赛为例)。

主体赛事包括高教主赛道、"青年红色筑梦之旅"赛道、职教赛道、萌芽赛道和产业命题赛道等五个赛道；"青年红色筑梦之旅"活动由大赛组委会确定主题，各省级教育行政部门围绕主题要求，结合地方实际需求确定本地活动方案；同期活动一般包括国际大学生创新创业成果展、优秀项目资源对接会及世界高等教育发展校长论坛等活动。书中仅以高教主赛道、"青年红色筑梦之旅"赛道和产业命题赛道三个赛道为例进行详述。

（一）主体赛事

1. 高教主赛道

1) 参赛项目类型

新工科类项目：大数据、云计算、人工智能、区块链、虚拟现实、智能制造、网络空间安全、机器人工程、工业自动化、新材料等领域，符合新工科建设理念和要求的项目；

新医科类项目：现代医疗技术、智能医疗设备、新药研发、健康康养、食药保健、智能医学、生物技术、生物材料等领域，符合新医科建设理念和要求的项目；

新农科类项目：现代种业、智慧农业、智能农机装备、农业大数据、食品营养、休闲农业、森林康养、生态修复、农业碳汇等领域，符合新农科建设理念和要求的项目；

新文科类项目：文化教育、数字经济、金融科技、财经、法务、融媒体、翻译、旅游休闲、动漫、文创设计与开发、电子商务、物流、体育、非物质文化遗产保护、社会工作、家政服务、养老服务等领域，符合新文科建设理念和要求的项目。

2) 参赛方式和要求

以团队为单位报名参赛，每个团队的成员不少于 3 人，不多于 15 人 (含团队负责人)，须为项目的实际核心成员；

参赛团队所报参赛创业项目，须为本团队策划或经营的项目；

按照参赛学校所在的国家和地区，分为中国大陆参赛项目、中国港澳台地区参赛项目、国际参赛项目三个类别。

3) 参赛组别和对象

根据参赛申报人所处学习阶段，项目分为本科生组、研究生组；根据所处创业阶段，本科生组和研究生组均内设创意组、初创组和成长组 (详见表 13-2)。

表 13-2　高教主赛道 – 参赛组别和要求

参　赛　组　别		具　体　要　求
本科生组	本科生创意组	参赛项目具有较好的创意和较为成形的产品原型或服务模式，在大赛通知下发之日前尚未完成工商等各类登记注册；参赛申报人须为项目负责人，项目负责人及成员均须为普通高等学校全日制在校本专科生 (不含在职教育)
	本科生初创组	参赛项目工商等各类登记注册未满 3 年；参赛申报人须为项目负责人且为参赛企业法定代表人，须为普通高等学校全日制在校本专科生 (不含在职教育)，或毕业 5 年以内的全日制本专科学生 (不含在职教育)；企业法定代表人在大赛通知发布之日后进行变更的不予认可；项目的股权结构中，企业法定代表人的股权不得少于 1/3，参赛团队成员股权合计不得少于 51%
	本科生成长组	参赛项目工商等各类登记注册 3 年以上；参赛申报人须为项目负责人且为参赛企业法定代表人，须为普通高等学校全日制在校本专科生 (不含在职教育)，或毕业 5 年以内的全日制本专科学生 (不含在职教育)；企业法定代表人在大赛通知发布之日后进行变更的不予认可；项目的股权结构中，企业法定代表人的股权不得少于 10%，参赛团队成员股权合计不得少于 1/3
研究生组	研究生创意组	参赛项目具有较好的创意和较为成形的产品原型或服务模式，在大赛通知下发之日前尚未完成工商等各类登记注册；参赛申报人须为项目负责人，须为普通高等学校全日制在校研究生；项目成员须为普通高等学校全日制在校研究生或本专科生 (不含在职教育)；学校科技成果转化项目不能参加本组比赛 (科技成果的完成人、所有人中参赛申报人排名第一的除外)
	研究生初创组	参赛项目工商等各类登记注册未满 3 年；参赛申报人须为项目负责人且为参赛企业法定代表人，须为普通高等学校全日制在校研究生，或毕业 5 年以内的全日制研究生学历学生；企业法定代表人在大赛通知发布之日后进行变更的不予认可；项目的股权结构中，企业法定代表人的股权不得少于 1/3，参赛团队成员股权合计不得少于 51%
	研究生成长组	参赛项目工商等各类登记注册 3 年以上；参赛申报人须为项目负责人且为参赛企业法定代表人，须为普通高等学校全日制在校研究生，或毕业 5 年以内的全日制研究生学历学生；企业法定代表人在大赛通知发布之日后进行变更的不予认可；项目的股权结构中，企业法定代表人的股权不得少于 10%，参赛团队成员股权合计不得少于 1/3

4) 奖项设置

高教主赛道设置金奖、银奖和铜奖，具体数量详见当年度的大赛章程规定；设置最佳创意奖、最佳带动就业奖、最具商业价值奖等若干单项奖。

2. "青年红色筑梦之旅" 赛道

1) 参赛方式和要求

以团队为单位报名参赛，允许跨校组建团队，每个团队的参赛成员不少于 3 人，不多于 15 人 (含团队负责人)，须为项目的实际核心成员；

参加 "青年红色筑梦之旅" 赛道的项目应在推进农业农村、城乡社区经济社会发展等方面有创新性、实效性和可持续性；

参赛团队所报参赛创业项目，须为本团队策划或经营的项目，不得借用他人项目参赛；

参赛申报人须为项目负责人，须为普通高等学校全日制在校生 (包括本专科生、研究生，不含在职教育)，或毕业 5 年以内的全日制学生；企业法定代表人在大赛通知发布之日后进行变更的不予认可。

2) 参赛组别

参加 "青年红色筑梦之旅" 赛道的项目须为 "青年红色筑梦之旅" 活动的项目，根据项目性质和特点，"青年红色筑梦之旅" 赛道参赛组别分为公益组、创意组、创业组 (详见表 13-3)。

表 13-3　"青年红色筑梦之旅" 赛道 – 参赛组别和要求

参 赛 组 别	具 体 要 求
公益组	参赛项目不以营利为目标，积极弘扬公益精神，在公益服务领域具有较好的创意、产品或服务模式的创业计划和实践； 参赛申报主体为独立的公益项目或社会组织，注册或未注册成立公益机构 (或社会组织) 的项目均可参赛
创意组	参赛项目基于专业和学科背景或相关资源，解决农业农村和城乡社区发展面临的主要问题，助力乡村振兴和社区治理，推动经济价值和社会价值的共同发展； 参赛项目在大赛通知下发之日前尚未完成工商等各类登记注册
创业组	参赛项目以商业手段解决农业农村和城乡社区发展面临的主要问题，助力乡村振兴和社区治理，实现经济价值和社会价值的共同发展，推动共同富裕； 参赛项目在大赛通知下发之日前已完成工商等各类登记注册，学生须为法定代表人；项目的股权结构中，企业法定代表人的股权不得少于 10%，参赛成员股权合计不得少于 1/3

3) 奖项设置

"青年红色筑梦之旅" 赛道设置金奖、银奖和铜奖，具体数量详见当年度的大赛章程规定；设置乡村振兴奖、最佳公益奖等单项奖。

3. 产业命题赛道

产业命题赛道是在第七届中国国际 "互联网 +" 大学生创新创业大赛中新增的一个赛道。

什么是 "产业命题" 呢？就是企业在生产运营过程中遇到了问题，需要借用高校的科研优势、技术优势进行解决，所以 "互联网 +" 大赛设置赛道、搭建平台，企业发布命题，由学生在老师的指导下进行研究，最终用可行的对策解决企业的实际需求。

1) 命题征集

本赛道针对企业开放创新需求，面向产业代表性企业、行业龙头企业、专精特新企业以及入选国家"大众创业万众创新示范基地"的大型企业征集命题；

企业命题要求聚焦国家"十四五"规划战略新兴产业方向，倡导新技术、新产品、新业态、新模式；围绕新工科、新医科、新农科、新文科对应的产业和行业领域，基于企业发展真实需求进行申报；

命题须健康合法，弘扬正能量，知识产权清晰，无任何不良信息，无侵权违法等行为。

2) 参赛要求

本赛道以团队为单位报名参赛，每支参赛团队只能选择一题参加比赛，允许跨校组建、师生共同组建参赛团队，每个团队的成员不少于 3 人，不多于 15 人 (含团队负责人)，须为揭榜答题的实际核心成员；

项目负责人须为普通高等学校全日制在校生 (包括本专科生、研究生，不含在职教育)，或毕业 5 年以内的全日制学生 (不含在职教育)，参赛项目中的教师须为高校教师。

3) 奖项设置

产业命题赛道设置金奖，银奖和铜奖，具体数量详见当年度的大赛章程规定。

职教赛道和萌芽赛道

(二)"青年红色筑梦之旅"活动

1. 活动简介

"青年红色筑梦之旅"活动从第三届"互联网 +"大赛开始增设，是"互联网 +"大赛的重要活动，旨在鼓励广大青年学生扎根中国大地了解国情民情，接受革命传统教育，用创新创业成果服务乡村振兴战略，助力精准扶贫脱贫，走好新时代青年的新长征路。"青年红色筑梦之旅"不仅是一堂创新创业实践课，更是一堂有温度的国情思政课。广大青年大学生深入农村、深入基层，用知识和技能服务贫困群众、服务农业农村现代化，在祖国和人民最需要的地方挥洒青春热血。

2. 主要活动与时间安排

1) 制定方案 (每年 4 月)

省级主管部门聚焦"新农村、新农业、新农民、新生态"建设，围绕乡村"产业振兴、人才振兴、文化振兴、生态振兴、组织振兴"要求，制定活动方案。

2) 活动报名 (每年 4—7 月)

团队可登录全国大学生创业服务网或微信公众号 (名称为"全国大学生创业服务网"

或"中国互联网＋大学生创新创业大赛"）进行报名。

3）组织实施（每年4—9月）

项目团队积极深入基层，利用专业知识开展创新创业，助力乡村振兴。

4）总结表彰（每年4—9月）

遴选优秀活动案例，在总决赛期间的国际大学生创新创业成果展中展出。

参加"青年红色筑梦之旅"活动的项目，符合"互联网＋"大赛参赛要求的，可自主选择参加"青年红色筑梦之旅"赛道。

（三）同期活动

"创撷硕果"——国际大学生创新创业成果展、"创联虹桥"——大赛优秀项目资源对接会、"创享未来"——"新工科、新医科、新农科、新文科"世界高等教育发展校长论坛。

六、大赛赛制

"互联网＋"大赛主要采用校级初赛、省级复赛、总决赛三级赛制，每级赛事分网评、路演答辩两个阶段。

网评是项目团队提交项目材料电子文档后，评委通过登录评分平台或邮箱接收材料，并根据评审规则对项目材料进行打分，赛事组委会根据评委打分，对项目排名得到项目最终网评结果。

路演答辩是路演、答辩的总称。路演是项目路演人在有限时间内，通过线上或线下的形式，向评委或投资人讲解介绍自己的项目。答辩一般在项目路演结束后，由评委或投资人根据路演情况对路演人进行提问，以此来深度了解项目、考核项目。

七、大赛参赛材料

项目商业计划书、项目介绍PPT为网评、路演答辩的必备材料，项目介绍视频不强制要求。

1. 项目商业计划书

项目商业计划书（也叫作创业计划书）是围绕项目商业价值制定的包含项目状况及未来发展潜力的可行性计划书。好的项目商业计划书要具备以下特点：

(1) 逻辑清晰，亮点突出；
(2) 内容简洁，数据可靠；
(3) 排版美观，便于阅读。

2. 项目介绍PPT

项目介绍PPT是商业计划书的精炼化呈现，是能清晰展示项目重点、项目核心竞争力的重点材料。PPT制作要注意以下几点：

(1) 能用图表的不用文字；
(2) 能用图片的不要叙述；
(3) 能用模型的不用解释。

3. 项目介绍视频

将项目概述、重点、亮点等用视频来呈现，能更生动地说明项目，时长不用太长，多用于路演时展示。

第三节 "挑战杯"系列竞赛

"挑战杯"竞赛是"挑战杯"全国大学生系列科技学术竞赛的简称，是由共青团中央、中国科协、教育部和全国学联、举办地人民政府共同主办的全国性的大学生课外学术实践竞赛。"挑战杯"竞赛有两个并列项目，分别为"挑战杯"全国大学生课外学术科技作品竞赛(简称"大挑")和"挑战杯"中国大学生创业计划竞赛(简称"小挑")。这两个项目的全国竞赛交叉轮流开展，每个项目每两年举办一届。"挑战杯"系列竞赛被誉为中国大学生科技创新创业的"奥林匹克"盛会，是国内大学生最关注最热门的全国性竞赛，也是全国最具代表性、权威性、示范性、导向性的大学生竞赛。

一、"挑战杯"全国大学生课外学术科技作品竞赛

"挑战杯"全国大学生课外学术科技作品竞赛自1989年首届竞赛举办以来，始终坚持"崇尚科学、追求真知、勤奋学习、锐意创新、迎接挑战"的宗旨，在推动广大高校学生参与学术科技实践、发现和培养创新型人才、深化高校素质教育等方面发挥了积极作用，促进高校立德树人，体现了鲜明的导向性、示范性和群众性，在高校和社会上产生了广泛、良好的影响。历经十七届，已发展成为吸引广大高校学生共同参与的科技盛会，从最初的19所高校发起，发展到1000多所高校参与，从300多人的小擂台发展到200多万大学生的竞技场，在广大青年学生中的影响力和号召力显著增强。

(一)竞赛历程

"挑战杯"全国大学生课外学术科技作品竞赛历经三十多年(详见表13-4)，参与竞赛承办的高校之多和广，发展历程也经历了发起阶段、成长阶段和成熟阶段，目前进入了改革创新阶段，推动了我国大学生科技创新活动蓬勃开展，构成了当代中国青年运动的亮丽风景线，越来越多从竞赛中走出的青年学子，已成为实现中华民族伟大复兴不断开拓进取、奋发有为的创新力量。

表 13-4 "挑战杯"全国大学生课外学术科技作品竞赛历程

竞赛时间	届数	承办高校	发展历程
1989 年	第一届	清华大学	发起阶段：规模快速增长，赛制逐步完善
1991 年	第二届	浙江大学	
1993 年	第三届	上海交通大学	
1995 年	第四届	武汉大学	

续表

竞赛时间	届数	承办高校	发展历程
1997 年	第五届	南京理工大学	成长阶段：面向社会办赛，服务国家战略
1999 年	第六届	重庆大学	
2001 年	第七届	西安交通大学	
2003 年	第八届	华南理工大学	成熟阶段：融入教育体系，服务经济社会
2005 年	第九届	复旦大学	
2007 年	第十届	南开大学	
2009 年	第十一届	北京航空航天大学	
2011 年	第十二届	大连理工大学	
2013 年	第十三届	苏州大学和苏州工业园区联合	
2015 年	第十四届	广东工业大学和香港科技大学联合	改革创新阶段：培育科创人才，助力民族复兴
2017 年	第十五届	上海大学	
2019 年	第十六届	北京航空航天大学	
2021 年	第十七届	四川大学	

（二）参赛资格

凡在举办竞赛终审决赛的当年 6 月 1 日以前正式注册的全日制非成人教育的各类高等院校在校专科生、本科生、硕士研究生 (不含在职研究生) 都可申报作品参赛。

申报参赛的作品必须是距竞赛终审决赛当年 6 月 1 日前两年内完成的学生课外学术科技或者社会实践活动成果，可分为个人作品和集体作品。申报个人作品的，申报者必须承担申报作品 60% 以上的研究工作，作品鉴定证书、专利证书及发表的有关作品上的署名均应为第一作者，合作者必须是学生且不得超过 2 人；凡作者超过 3 人的项目或者不超过 3 人，但无法区分第一作者的项目，均须申报集体作品。集体作品的作者必须均为学生。凡有合作者的个人作品或者集体作品，均按学历最高的作者划分至本专科生或者硕士研究生类进行评审。

（三）竞赛分类

以第十七届"挑战杯"全国大学生课外学术科技作品竞赛为例，创新搭建了"1+3"赛事架构，"1"为主体赛事，"3"为专项赛事，包括"红色专项"活动、"揭榜挂帅"专项赛和"黑科技"展示活动。

1. 主体赛事

大赛主体赛事为学生课外学术科技作品竞赛，参赛作品按自然科学类学术论文、哲学社会科学类 (简称哲社类) 调查报告和学术论文、科技发明制作三大类进行申报。

1) 自然科学类学术论文

自然科学类学术论文共设有 5 个组别 (详见表 13-5)，分别是机械与控制组、信息技术组、数理组、生命科学组和能源化工组，作品的展现形式以学术论文为主，侧重考核基础学科学术探索的前沿性和学术性。自然科学类学术论文作者限本专科生。

表 13-5　自然科学类学术论文 - 竞赛组别

组　　别	方　　向
A. 机械与控制组	包括机械、仪器仪表、自动化控制、工程、交通、建筑等
B. 信息技术组	包括计算机、电信、通讯、电子等
C. 数理组	包括数学、物理、地球与空间科学等
D. 生命科学组	包括生物、农学、药学、医学、健康、卫生、食品等
E. 能源化工组	包括能源、材料、石油、化学、化工、生态、环保等

2) 哲社类调查报告和学术论文

哲社类调查报告和学术论文共设有 5 个组别 (详见表 13-6)，分别是发展成就组、文明文化组、美丽中国组、民生福祉组和中国之治组，要求围绕 5 个组别形成社会调查报告。侧重考核与经济社会发展热点难点问题的结合程度和前瞻意义，常见的研究方法有四种，分别为：文献综述法、问卷调查法、访谈法、实地观察法。本科生、硕士生 (不含在职研究生) 均可参赛。

表 13-6　哲社类调查报告和学术论文 - 竞赛组别

组　　别	方　　向
发展成就组	着眼于我国经济发展、社会主义市场经济体制建设、市场主体改革创新、对外开放等
文明文化组	着眼于社会文明建设、公共文化服务等
美丽中国组	着眼于环境质量改善、资源利用效率提升、绿水青山就是金山银山理念践行等
民生福祉组	着眼于脱贫攻坚成果、乡村振兴战略实施、教育就业民生发展保障等
中国之治组	着眼于社会治理、法治建设等

3) 科技发明制作

科技发明制作分为 A、B 两类表 (详见表 13-7)：A 类指科技含量较高、制作投入较大的作品；B 类指投入较少，且为生产技术或社会生活带来便利的小发明、小制作等。本科生、硕士生 (不含在职研究生) 均可参赛。科技发明制作类作品更加注重的是应用有关的科学理论知识解决技术领域中特有问题而提出创新性方案、措施的过程和成果。

表 13-7　科技发明制作类

区别	A 类	B 类
科技含量	科技含量较高	科技含量低
制作投入	制作投入较大	制作投入小
作品不同	主要是大作品	主要是为生产技术或社会生活带来便利的小发明、小制作

2. 专项赛事和活动

1) "红色专项"活动

竞赛设置"红色专项"活动，鼓励学生通过社会实践学习宣传贯彻党的二十大精神、感受新时代中国特色社会主义发展伟大成就，形成调研报告。

首届"红色专项"活动知多少？

2) "揭榜挂帅"专项赛道

竞赛设置"揭榜挂帅"专项赛道，聚焦科技发展前沿和关键核心技术，聚焦哲学社会科学领域的重大课题和现实问题，由政府、企业、科研机构等单位发榜命题，学生团队揭榜答题。

首届"揭榜挂帅"专项赛知多少？

3) "黑科技"展示活动

竞赛设置"黑科技"专项赛道，基于现实、突破想象，解决"卡脖子"问题的突破创新，鼓励学生提出和论证充满想象力、创造力的新思路、新方法、新技术。

首届"黑科技"专项赛知多少？

（四）时间安排

竞赛采用国家、省、高校三级赛制，两年一届，总体时间安排如下。

1) 院赛阶段 (1—3 月)

参赛学生所属学院通过报名、资格审查、项目培育、文本评审、答辩评审等环节，排序推荐作品参加校级"挑战杯"竞赛。

2) 校赛阶段 (3 月)

学校将邀请相关领域专家组成竞赛评审组，负责项目评审工作。校赛分文本评审、答辩评审和现场展示三个环节。其中，现场展示环节需采用实物、图片、文字、视频等形式对参赛作品进行现场推介和展示。评审组综合作品文本质量、答辩情况和现场展示情况，确定校赛入围作品。

3) 省赛阶段 (4—5 月)

省级评审委员会对申报作品进行初评；对初评结果进行合议，确定进入终审决赛的作品；举行终审决赛；确定参加全国竞赛的作品。

4) 国赛申报 (5 月)

每个学校选送参加竞赛的作品总数不得超过 6 件，每人限报 1 件，原则上均为在校级赛事、省级赛事中获得高奖次的作品。

5) 逐级审核 (6 月)

参赛作品经过本省份组织协调委员会进行资格及形式审查和本省份评审委员会初步评定，方可上报全国组织委员会办公室。

6) 国赛初评 (7 月)

对参赛作品进行资格及形式审查，不合格的作品取消参赛资格。

7) 国赛复评 (8 月)

全国评审委员会对各省级组织协调委员会和发起高校报送的参赛作品进行预审，评出报送作品中的 35% 左右进入终审决赛，55% 左右获得三等奖，10% 左右淘汰。

8) 全国决赛 (11 月)

在终审决赛中评出特等奖、一等奖、二等奖。同时为激发学生参与基础学科、小众学科的热情，终审决赛各分类小组原则上至少有 1 件特等奖和 1 件一等奖。预审和终审前，组织委员会根据作品数量等确定各分类小组授奖数量。

（五）竞赛奖励

参赛的自然科学类学术论文、哲学社会科学类调查报告和学术论文、科技发明制作三类作品各设特等奖、一等奖、二等奖、三等奖。各等次奖分别约占各类报送作品总数的 5%、10%、20%、55%。本专科生、硕士研究生两个学历层次作者的作品获奖数与其报送作品数成正比例。科技发明制作类中 A 类和 B 类作品分别按上述比例设奖。

二、"挑战杯"中国大学生创业计划竞赛

创业计划竞赛，又称商业计划竞赛，借用风险投资的运作模式，要求参赛者组成优势互补的竞赛小组，提出一项具有市场前景的技术、产品或者服务，并围绕这一技术、产品或服务，以获得风险投资为目的，完成一份完整、具体、深入的创业计划。大赛聚焦为党育人功能，从实践教育角度出发，引导和激励学生弘扬时代精神，把握时代脉搏，通过开展广泛的社会实践、深刻的社会观察，不断增强对国情社情的了解，将所学知识与经济社会发展紧密结合，提高创新、创意、创造、创业的意识和能力，提升社会化能力，为决胜全面建成小康社会、全面建成社会主义现代化强国、实现中华民族伟大复兴的中国梦贡献青春力量。作为学生科技活动的新载体，创业计划竞赛在培养复合型、创新型人才，促进高校产学研结合，推动国内风险投资体系建立方面发挥出越来越积极的作用。

（一）竞赛历程

"挑战杯"中国大学生创业计划竞赛迄今为止已举办二十多年（竞赛历程详见表 13-8）。二十多年来，大赛影响由高校扩展至全社会，通过整合学校、企业、社会力量，让更多优秀项目通过竞赛平台走出校园，走向社会，真正服务于经济社会发展。

表 13-8　"挑战杯"中国大学生创业计划竞赛 - 竞赛历程

竞赛时间	届数	承办高校	参赛情况
1999 年	第一届	清华大学	全国 120 余所高校近 400 件作品参赛
2000 年	第二届	上海交通大学	全国 24 个省 137 所高校的 455 件作品参赛
2002 年	第三届	浙江大学	全国 29 个省、自治区、直辖市 244 所高校的 542 件作品参赛
2004 年	第四届	厦门大学	全国 29 个省、自治区、直辖市 276 所高校的 603 件作品参赛
2006 年	第五届	山东大学	在终审决赛期间的投资意向洽谈会上，共有 3 个项目与 4 家企业正式签约，风险投资达 2225 万元
2008 年	第六届	四川大学	来自内地的 109 所高校的 150 支大学生团队以及港澳地区的 18 支大学生团队角逐金银铜奖
2010 年	第七届	吉林大学	全国 374 所高校（含港澳台）的 640 项创业作品参赛，参赛学生达 6000 多名
2012 年	第八届	同济大学	竞赛以"共挑战·创未来"为主题，内地 152 所高校的 200 件作品，以及来自港澳地区 10 所高校的 23 件作品共两千余名青年学子进入决赛角逐
2014 年	第九届	华中科技大学	全国评审委员会最终评出第九届"挑战杯"大学生创业计划竞赛金奖项目 68 个（含港澳地区金奖项目 3 个），银奖项目 142 个（含港澳地区银奖项目 7 个），铜奖项目 404 个（含港澳地区铜奖项目 9 个）；创业实践挑战赛金奖项目 35 个，银奖项目 70 个，铜奖项目 210 个；公益创业赛金奖项目 20 个，银奖项目 41 个，铜奖项目 119 个
2016 年	第十届	电子科技大学	经过初审、复赛的层层选拔，最终 399 个创业项目从全国 11 万个项目中脱颖而出，进入决赛。大赛评委会最终评定出金奖项目 134 个，银奖项目 262 个，铜奖项目 726 个
2018 年	第十一届	浙江大学	2018 年"创青春"全国大学生创业大赛评审委员会通过网络评审、公开答辩，大赛评委会最终评定 69 个项目为创业计划竞赛金奖，35 个项目为创业实践挑战赛金奖，20 个项目为公益创业赛金奖
2020 年	第十二届	东北林业大学	144 个项目获金奖，288 个项目获银奖，1007 个项目获铜奖。浙江大学荣获"挑战杯"，东北林业大学等 50 所普通高校、金华职业技术学院等 10 所职业院校获"优胜杯"
2022 年	第十三届	北京理工大学	3011 所学校、逾 33 万个项目报名参赛，参赛学生人数达 142.4 万，申报创新创业项目超过 33 万个，规模和质量创历届新高

（二）大赛内容

大赛聚焦创新、协调、绿色、开放、共享五大发展理念，设 5 个组别：

(1) 科技创新和未来产业：突出科技创新，在人工智能、网络信息、生命科学、新材料、新能源等领域，结合实践观察设计项目。

（2）乡村振兴和脱贫攻坚：围绕实施乡村振兴战略和打赢脱贫攻坚战，在农林牧渔、电子商务、旅游休闲等领域，结合实践观察设计项目。

（3）城市治理和社会服务：围绕国家治理体系和治理能力现代化建设，在政务服务、消费生活、医疗服务、教育培训、交通物流、金融服务等领域，结合实践观察设计项目。

（4）生态环保和可持续发展：围绕可持续发展战略，在环境治理、可持续资源开发、生态环保、清洁能源应用等领域，结合实践观察设计项目。

（5）文化创意和区域合作：突出共融、共享，紧密围绕"一带一路"和"京津冀""长三角""粤港澳大湾区""成渝经济圈"等经济合作带建设，在工艺与设计、动漫广告、体育竞技和国际文化传播、对外交流培训、对外经贸等领域，结合实践观察设计项目。

（三）参赛资格

在举办大赛决赛的当年6月1日以前正式注册的全日制非成人教育的各类普通高等学校在校专科生、本科生、硕士研究生（不含在职研究生）均可参加；硕博连读生、直接攻读博士生若在举办大赛决赛的当年6月1日前未通过博士资格考试的，可以按硕士研究生学历申报作品；没有实行资格考试制度的学校，前两年可以按硕士研究生学历申报作品；本硕博连读生，按照四年、二年分别对应本、硕申报；博士研究生仅可作为项目团队成员参赛（不做项目负责人）、且人数不超过团队成员数量的30%。

（四）参赛要求

（1）以学校为单位统一申报，以项目团队形式参赛，每个团队人数原则上不超过10人，每个项目指导教师原则上不超过3人。

（2）每所学校推报参加省级复赛的项目不得超过10件，每个组别限报2件，每人（每个团队）限报1件。各学院每个组别限报2件，所有申报项目排序上报。

（五）时间安排

竞赛采取学校、省（自治区、直辖市）和全国三级赛制，分预赛、复赛、决赛三个赛段进行，即校级初赛、省级复赛、全国决赛。两年一届，总体时间安排如下。

1）组织申报与校级初赛（3—5月）

校级初赛由各校组织，广泛发动学生参与，遴选参加省级复赛项目。

2）省级复赛（5—6月）

省级复赛由各省份组织，省级组委会、评委会将通过相应评审环节，对赛事评出金奖、银奖、铜奖，另设优秀组织奖若干，同时遴选出参加全国决赛项目。

3）全国决赛（7—9月）

全国决赛由全国组委会聘请专家根据项目社会价值、实践过程、创新意义、发展前景和团队协作等综合评定金奖、银奖、铜奖等项目。

（六）奖励设置

竞赛设金奖、银奖、铜奖，分别约占全国决赛项目的 10%、20%、70%。

为进一步增强竞赛的群众性、交流性，扩大赛事覆盖面和参与度，每届的"挑战杯"创业计划赛举办期间将组织开展系列活动。大赛设"挑战积分"，积分根据参赛项目团队、参赛学生参与大赛活动的情况分项设计，并作为参加国赛直通车、组委会组织单项奖、项目单项奖评定的参考，每届竞赛系列活动会根据当届情况有所调整。

国赛直通车

三、"大挑"与"小挑"的区别

两者的比赛侧重点不同，大挑注重学术科技发明创作带来的实际意义与特点，而小挑更注重市场与技术服务的完美结合，商业性更强；小挑奖项设置为金奖、银奖、铜奖，而大挑设置特等奖、一等奖、二等奖、三等奖；大挑发起高校可报六件作品，其中三件为高校直推作品，另外三件要与省赛组织方协商推荐，而小挑只能推荐三件作品进国赛；大挑有学历限制而小挑没有；大挑为专本科组、硕士组、博士组分开评审，大挑国赛最多可以报八人，而小挑最多可以报十人；大挑比赛证书盖共青团中央、中国科协、教育部、全国学联、举办地人民政府的章，而小挑证书盖共青团中央、中国科协、教育部、全国学联的章。

1. 如何理解"互联网 +"大赛和"挑战杯"系列竞赛是提升大学生创新创业能力的有效途径。

2. "互联网 +"大赛和"挑战杯"创业计划竞赛的不同点和侧重点有哪些？

参 考 文 献

[1] [苏]B·B·波果斯洛夫斯基，等. 普通心理学[M].魏庆安，译. 北京：人民教育出版社，1979.

[2] 曹日昌. 普通心理学[M]. 北京：人民教育出版社，1963.

[3] 田运. 关于思维的本质[J]. 浙江树人大学学报，2005，5(3)：87-91.

[4] 喜童，李璐. 论创新思维的涵义、特征、过程及其修炼[J]. 商业时代，2011，529(18)：144-145.

[5] 鲁克成，等. 创造学教程[M]. 北京：中国建材工业出版社，2002.

[6] 蒋笃运. 论创新思维的基础[J]. 郑州大学学报：哲学社会科学版，2002(03)：58-61.

[7] 陈劲，等. 创新思维[M]. 北京：清华大学出版社，2021.

[8] 京联合大学管理学院. 创新思维：基础、方法和应用[M]. 北京：清华大学出版社，2020.

[9] 中国互联网络发展状况统计报告.第51次.

[10] 陈霞，刘志宽，陈冬梅. 高校深化大学生创新创业战略和措施分析[J]. 人才资源开发，2016(18)：143.

[11] 李亚员. 大学生创新创业教育的目标、原则及路径优化[J]. 思想理论教育，2015，439(10)：83-87.

[12] 张晓芳，金喆. 基于"互联网+"特色产业班的创新创业教育模式研究[J]. 创新创业理论研究与实践，2021，4(01)：123-124，127.

[13] 李雅谦. "互联网+"时代下大学生创新创业教育的新模式探究[J]. 山西青年，2021，590(01)：107-109.

[14] 李剑利. 大学生创新创业基础[M]. 北京；高等教育出版社，2021.

[15] 黄群慧，中国特色社会主义创新理论[N]. 光明日报，2017-09-05

[16] 国家创新驱动发展战略纲要[M]. 北京：人民出版社，2016.

[17] 张国良，陈宏民. 关于组织创新性与创新能力的定义、度量及概念框架[J]. 研究与发展管理，2007(1)：42-50.

[18] 李三虎. 自主创新的话语建构：从意识形态到创新文化自觉[M]. 北京：社会科学文献出版社，2013.

[19] 谭志敏. 创新能力内涵的多维阐释[J]. 广东社会科学，2021(02)：81-86.

[20] 戴·艾米顿. 知识经济的创新策略：智慧的觉醒[M]. 北京：新华出版社，1998.

[21] 白福臣. 我国研究生创新能力的现状、原因及对策[J]. 高等教育研究，2013(9)：1-3，14.

[22] 陈力田，赵晓庆，魏致善. 企业创新能力的内涵及其演变：一个系统化的文献综述[J].科技进步与对策，2012(14)：154-160.

[23]   樊兰. 浅谈研究生科研创新能力的培养[J]. 黑龙江教育(高教研究与评估)，2012(08)：26-27.

[24]   黄斌. 工科研究生创新能力研究[D]. 广州：广州工业大学，2008.

[25]   吴德群. 大学生科研创新能力的内涵与结构[J]. 百色学院学报，2015(05)：160-163.

[26]   李光达. 浅谈大创项目对大学生创新能力的培养[J]. 教育教学论坛，2021(27)：9-12.

[27]   王誉凝，冯天如. 新商科背景下提升应用型大学生创新能力的培养与实践[J]. 就业与保障，2022(07)：133-135.

[28]   刘悦，王晓燕. 高校财务管理专业创新创业教育改革的路径探究[J]. 创新与创业教育，2018(3)：94-97.

[29]   戴栗军，颜建勇，洪晓畅. 知识生产视阈下高校专业教育与创业教育融合路径研究[J]. 高等工程教育研究，2018(3)：148.

[30]   贺尊，贺嘉贝. 创业管理学[M]. 北京：高等教育出版社，2020.

[31]   布鲁斯 R 巴林杰. 商业计划：从创意到执行方案[M]. 北京：机械工业出版社，2009.

[32]   Mariotti，Glackin. 创业管理：创立并运营小企业[M]. 2版.北京：电子工业出版社，2012.

[33]   国家大学生创新创业训练计划专家工作组.砥砺十年星火燎原：国家大学生创新创业训练计划十周年(创新篇)[M]. 北京：高等教育出版社，2018.

[34]   国家大学生创新创业训练计划专家工作组.砥砺十年星火燎原：国家大学生创新创业训练计划十周年(管理篇)[M]. 北京：高等教育出版社，2018.